Coleção Dramaturgia

TENNESSEE WILLIAMS

CB065205

Impresso no Brasil, outubro de 2012.

Título original: *27 Wagons Full of Cotton and Other One-Act Plays*
Copyright © 1945, 1953, 1981 by The University of the South

Os direitos desta edição pertencem a
É Realizações Editora, Livraria e Distribuidora Ltda.
Caixa Postal: 45321 · 04010 970 · São Paulo SP
Telefax: (5511) 5572 5363
e@erealizacoes.com.br · www.erealizacoes.com.br

Editor
Edson Manoel de Oliveira Filho

Gerente editorial
Juliana Rodrigues de Queiroz

Equipe de produção editorial
Cristiane Maruyama, Liliana Cruz e William C. Cruz

Tradução
Grupo Tapa (Augusto Cesar, Gisele Freire, Helena Dutt-Ross, Isabella Lemos, Kadi Moreno, Maria Sílvia Betti, Mariana Hein, Rita Giovanna, Sabrina Lavelle) e Luiza Jatobá

Revisão técnica
Maria Sílvia Betti e Eduardo Tolentino

Preparação de texto
Marcio Honorio de Godoy

Revisão
Geisa Mathias de Oliveira

Capa e projeto gráfico
Mauricio Nisi Gonçalves / Estúdio É

Pré-impressão e impressão
Prol Editora Gráfica

Reservados todos os direitos desta obra. Proibida toda e qualquer reprodução desta edição por qualquer meio ou forma, seja ela eletrônica ou mecânica, fotocópia, gravação ou qualquer outro meio de reprodução, sem permissão expressa do editor.

27 CARROS DE ALGODÃO

E OUTRAS PEÇAS EM UM ATO

TENNESSEE WILLIAMS

Tradução Grupo Tapa

Os tradutores agradecem a Johnathan Amacker, jornalista e professor norte-americano radicado em São Paulo, que generosamente nos prestou inestimável ajuda nas várias consultas que fizemos.

SUMÁRIO

Lirismo e Ironia: Apresentação de *27 Carros de Algodão e Outras Peças em Um Ato*.................... 7
Introdução: "Algo de Selvagem..."............................ 27

27 Carros de Algodão 35
A Purificação.. 75
A Dama da Loção Antipiolho................................ 121
O Último dos Meus Relógios de Ouro Maciço..... 133
Retrato de uma Madonna 151
Auto da Fé 175
A Carta de Amor de Lord Byron 199
A Mais Estranha Forma de Amor 217
O Longo Adeus 253
Lembranças de Bertha 283
Esta Propriedade Está Condenada 301
Fala Comigo como a Chuva e me Deixa Ouvir..... 319
Algo Não Dito 331

Lirismo e Ironia: Apresentação de 27 Carros de Algodão e Outras Peças em Um Ato

Maria Sílvia Betti
(FFLCH-USP)

I

As peças reunidas neste volume datam do período compreendido entre o final dos anos de 1930 e o início dos anos de 1950. Definir com exatidão absoluta quando foram criadas, não é tarefa fácil: nem todos os manuscritos de Tennessee Williams apresentam datas, e o conjunto deles não se encontra reunido num acervo único. Por esse motivo, muitas das cronologias disponíveis apoiam-se nas datas dos lançamentos editoriais, apesar de existir um número enorme de diferentes compilações e reedições da maioria dos textos, e de várias apresentarem pequenas alterações feitas pelo próprio dramaturgo ao longo de sua carreira.

Tomando por base as datas fixadas em *The Critical Companion to Tennessee Williams*,[1] as peças desta antologia

[1] Greta Heintzelman; Alycia Smith-Howard, *The Critical Companion to Tennessee Williams*. New York, Facts On File, Inc. 2005.

podem ser agrupadas em dois períodos distintos: um anterior e outro posterior ao da ascensão do autor à condição de grande celebridade do teatro norte-americano moderno, que se deu por ocasião da estreia de *Um Bonde Chamado Desejo*, na Broadway, em 1947.

Ao período anterior pertence o grupo mais numeroso de textos: *Auto da Fé* (de 1938), *A Purificação* e *O Longo Adeus* (ambas de 1940), *Lembranças de Bertha* (de 1941), *A Dama da Loção Antipiolho* e *Esta Propriedade Está Condenada* (escritas antes de 1942), *27 Carros de Algodão* (publicada em 1944), *A Carta de Amor de Lord Byron*, *A Mais Estranha Forma de Amor*, *O Último dos Meus Relógios de Ouro Maciço* e *Retrato de uma Madonna* (todas escritas antes de 1946).

Ao período posterior pertencem *Fala Comigo como a Chuva e me Deixa Ouvir* (escrita aproximadamente em 1950), e *Algo Não Dito* (escrita antes de 1953).

O material ficcional de várias destas peças remete, de diferentes formas, a contos escritos paralelamente por Tennessee Williams: *A Dama da Loção Antipiolho* apresenta elementos de "O Anjo na Alcova", de 1943; *27 Carros de Algodão* apresenta analogia comum a um conto com o mesmo título, datado de 1935; *A Mais Estranha Forma de Amor* guarda fortes semelhanças com "A Maldição", conto publicado em 1945; *Algo Não Dito* trata de uma situação afetiva bastante semelhante à abordada em "Feliz 10 de Agosto", de 1971, e *Auto da Fé*, por colocar em foco a homossexualidade latente do protagonista e sua relação com a figura materna, antecipa elementos de "O Poeta", escrito antes de 1948, ao mesmo tempo em que suscita uma certa aproximação temática com "O Frangote Matador e a

Boneca Enrustida",[2] de 1977 (este, porém, construído em chave lúdica e aparentada com a chamada estética "do absurdo").

Os textos deste volume são extremamente representativos, do ponto de vista de suas características formais, estilísticas e temáticas, do trabalho de Tennessee Williams como dramaturgo. Se procurarmos condensar em duas palavras as principais linhas de expressão que neles encontramos, elas serão, sem dúvida, lirismo e ironia, presentes em igual intensidade e frequência em todas as fases da carreira do autor.

A afinidade de Tennessee com a poesia lírica é um dos traços recorrentes em seu trabalho dramatúrgico, e transparece fartamente na tessitura compositiva de seus textos. A poesia caracteriza-se por condensar significados e por expressá-los por meio de imagens, jogos de sentidos, padrões rítmicos e recursos simbólicos. Estes elementos são abundantes na composição dos diálogos, nas características textuais das rubricas e até mesmo na composição formal de títulos em alguns casos.

Várias das peças de *27 Carros de Algodão e Outras Peças em Um Ato* empregam recursos de expressão simbólica bastante próximos aos empregados na linguagem poética: uma delas é *A Purificação*, peça em versos em que se evidencia a admiração de Tennessee pelo trabalho dramatúrgico de Federico Garcia Lorca (1898-1936) e particularmente pela tragédia *Bodas de Sangue*, de 1933;[3] na peça de Tennessee observa-se, além das falas em versos, a apresentação ritualizada das situações e a utilização de elementos

---

[2] Tennessee Williams, *49 Contos*. Trad. Alexander Hubner; Fernando de Castro Ferro; Jorio Dauster; Sonia Moreira. São Paulo, Companhia das Letras, 2006, p. 663-84.

[3] *Bodas de Sangre. Tragedia en Tres Actos y Siete Quadros*.

oníricos, de coros e de música. A amizade de Tennessee com o primeiro editor norte-americano a publicar trabalhos de Lorca nos Estados Unidos[4] pode ter constituído um fator importante para seu contato e subsequente afinidade com a obra lorquiana.

As rubricas iniciais de *A Purificação* indicam que ela está contextualizada num passado vagamente definido como decorrido "há mais de um século" no Novo México, na região de Taos, nas terras pastoris do Sudoeste norte-americano, mas frisam que as indicações topográficas têm apenas caráter sugestivo para a contextualização.

A forma trágica pressupõe condensação espaçotemporal e esta se configura na peça por meio da concentração das cenas em um tribunal durante o julgamento de um crime. Uma moça (Elena das Fontes, também designada como Elena do Deserto) foi morta e o culpado precisa ser encontrado e punido. Membros de duas poderosas famílias locais de proprietários de terras defrontam-se diante do juiz: os da Casa Blanca e os da Casa Rojo. Uma terrível estiagem castiga a todos na região. O esclarecimento da verdade se mostra tão necessário quanto a chuva, pois um segredo sombrio parece estar ligado ao delito. Ao longo do julgamento, grandes nuvens carregadas concentram-se e anunciam a aproximação de uma tempestade, simbolicamente ligada à catarse e, portanto, à "purificação", indicada no título.

Além da expressão em versos, em algumas cenas as personagens expressam-se também por canções. As falas têm caráter narrativo e as narrativas estão repletas de metáforas e símbolos comuns à tragédia lorquiana: o sangue, as cores, a água, as nuvens, a terra, e,

---

[4] James Laughlin IV, da editora New Directions, fundada em 1936. Fonte: Greta Heintzelman; Alycia Smith-Howard, op. cit., p. 358.

como eixo central, a catártica necessidade de punição do transgressor. Tennessee lança mão de associações imagéticas tocadas por uma delicada estranheza compositiva e configura uma tessitura trágica ritualizada e estática, sugestiva de um tempo arcaico e, ao mesmo tempo, onírico caracterizado pela força primitiva das pulsões e afetos.

O resultado dramatúrgico exige dos atores um trabalho interpretativo fluido e delicado, mas, ao mesmo tempo, dotado de expressividade elocutória compatível com a natureza poética do texto.

A contextualização geográfica da peça, a atmosfera trágica e a forte presença da ideia de culpa foram diretamente associadas pela crítica a circunstâncias biográficas de Tennessee e a situações atravessadas em seu contexto familiar.[5]

A Purificação estreou em Pasadena, na Califórnia, em 1944, sob a direção de Margo Jones, proponente e grande divulgadora do espaço cênico em arena nos Estados Unidos e também do teatro de Tennessee nessa fase inicial de sua carreira.

Outra peça a apresentar elementos fortemente simbólicos é *Auto da Fé*, que faz remissão, em seu título, ao ritual católico e inquisitorial de execução pública dos condenados por heresia. Contextualizada no final da década de 1930 no Vieux Carré, bairro boêmio e também o mais antigo de Nova Orleans, a peça apoia-se

---

[5] Foram apontadas as seguintes circunstâncias: a viagem de Tennessee ao México no início de sua carreira como elemento presente na contextualização, e a tragédia relacionada à lobotomização de sua irmã, Rose Isabel Williams, como elemento desencadeador do sentimento de culpa que teria acompanhado Tennessee, segundo seus biógrafos, pelo fato de não ter sido capaz de impedir que o procedimento fosse realizado. Alguns críticos estabelecem correlações entre essa culpa e a que caracteriza a personagem do filho (Rosalio) em *A Purificação* em decorrência do incesto que praticou.

na relação entre Eloi, rapaz de trinta anos obcecado pela preservação de uma pureza idealizada, e Madame Duvenet, sua mãe, uma aristocrata empobrecida, dominadora e rigorosa. Funcionário do correio, Eloi é tomado por um incontrolável fascínio pela cena registrada numa fotografia que acidentalmente caíra de uma carta agora mantida em seu poder. Sobre a foto, sabe-se apenas que apresenta uma cena que Eloi considera "lasciva" e que envolve a nudez de duas pessoas cujo sexo não é mencionado. Eloi mascara de repulsa a atração obsessiva que sente pela cena fotografada, e sua angústia crescente acaba levando-o não só a investigar o perfil e domicílio do remetente, mas a procurá-lo a pretexto de uma suposta chantagem. Manter a carta consigo é algo que pode culpá-lo perante a sociedade, mas é diante de si próprio que ele passa a se ver na condição de réu, torturado simultaneamente pela atração e pela obsessão punitiva em relação à cena fotografada.

A estrutura da peça é integralmente narrativa: não há ações em progressão, já que todos os fatos são relatados nos diálogos cortantes travados entre Madame Duvenet e o filho. A relação entre ambos, como frisam os críticos, antecipa elementos de *O Zoológico de Vidro*, principalmente no que diz respeito à situação social de Madame Duvenet, representante de uma elite financeiramente decaída, à sua figura dominadora e intrusiva, e ao perfil de Eloi, desejoso de resguardar sua identidade. Cabe a esse respeito uma ressalva importante: ao contrário de Tom Wingfield, de *O Zoológico de Vidro*, Eloi, apesar de tudo, demonstra ter valores e visão de mundo bastante próximos aos de sua mãe, como se depreende do fato de ambos compartilharem um profundo asco aristocrático em relação à vizinhança boêmia e pobre do French Quarter e do Vieux Carré, onde moram.

A crescente divisão interior vivenciada por Eloi transforma-o, simultaneamente, em transgressor e executor de sua própria punição. Há uma profunda ironia no "ato de fé" simbolicamente praticado por ele no final: o horror que fica ressaltado não é o acarretado pela suposta transgressão em que ele incorreu, mas pelas formas atrozes de distorção da autoconsciência geradas pela sociedade em que ele se insere.

O fato de tanto *A Purificação* como *Auto da Fé* tratarem em chave simbólica de questões de transgressão e culpa fez com que vários críticos considerassem as duas peças complementares entre si. No que diz respeito a *Auto da Fé* mais especificamente, observa-se já, nesse texto da fase inicial da carreira do autor, o interesse dramatúrgico pela representação de situações de desagregação psicológica e de desenraizamento social acarretadas pelo choque entre as pulsões e desejos do protagonista e as normas de conduta social introjetadas.

A Carta de Amor de Lord Byron remete ficcionalmente a um dos nomes centrais do romantismo inglês, George Gordon Byron (1788-1824). Os críticos localizam a fonte da situação representada no contato de Tennessee com uma figura pitoresca travado em sua infância no período em que morou em Columbus, no estado do Mississippi: uma senhora que se dizia possuidora de uma carta supostamente manuscrita pelo poeta Byron.[6]

Na peça, uma carta de amor dita autêntica e dirigida pelo poeta a uma jovem na Grécia, no início do século XIX, torna-se, sessenta anos depois, objeto de exibição, visitação museológica, leitura e comentários na casa de sua neta em Nova Orleans, no

---

[6] Greta Heintzelman; Alycia Smith-Howard, op. cit., p. 18.

estado da Louisianna, no Sul dos Estados Unidos. O arcabouço ficcional criado por Tennessee aproveita a aura poética byroniana para engendrar, com sutil ironia, a representação de certa elite sulista que no passado conheceu a fartura e o prestígio e agora se vê na contingência de apelar para situações fantasiosas a fim de assegurar alguns possíveis (ainda que minguados) ganhos extras.

Na peça, a visitação ocorre na época dos festejos de rua do Mardi Gras, data máxima do carnaval em Nova Orleans, e o rumor vago, mas contínuo, dos desfiles de rua ao fundo culmina, ao final, como *crescendo* produzido pela aproximação de uma banda que acompanha as paradas e precipita saborosamente o desfecho. O poeta Byron, que Tennessee admirava por seu lirismo libertário, seria posteriormente retomado como uma das personagens de *Camino Real*, peça em estações de molde strindberguiano de 1953.

Algo Não Dito costuma ser apresentada sob a forma de programa duplo com outra peça escrita por Tennessee Williams na mesma época: *De Repente no Último Verão*. Por serem bastante próximas quanto ao assunto de que tratam, elas foram muitas vezes publicadas em conjunto e também encenadas sob a forma de um programa duplo como título de *Garden District*, o bairro aristocrático de Nova Orleans no qual ambas estão contextualizadas.

Como seu título sugere, *Algo Não Dito* trata de um assunto considerado tabu e não convencionalmente mencionado (e muito menos tolerado) dentro dos códigos de conduta vigentes nas primeiras décadas do século XX. Esse assunto, no caso, é a visibilidade social de uma relação afetiva entre duas mulheres, e mulheres maduras, além do mais: Cornélia Scott, solteirona de sessenta anos da elite local de Nova Orleans, e Grace Lancaster, de aproximadamente quarenta e cinco, que Cornélia acolhera em sua residência há quinze anos como secretária particular.

Ao contrário de *De Repente no Último Verão*, que é composta pela anamnese de fatos passados, *Algo Não Dito* coloca em foco uma ação em curso no presente: a escolha da nova presidente das Filhas da Confederação, entidade de preservação da memória cultural e histórica dos confederados presidida pela elite feminina local. Trata-se, porém, de uma ação que decorre em *off* e que é acompanhada pelas personagens à distância e pelo telefone. Como o espaço representado em cena é o da aristocrática residência de Cornélia, a atenção do leitor e do espectador concentra-se sobre o âmbito do convívio doméstico entre as duas personagens e sobre a natureza dos papéis sociais e afetivos que desempenham.

Cornélia evidencia, desde o início, o desejo de exteriorizar seu afeto por Grace e de tornar clara a natureza dele. O momento é propício, já que se completam agora quinze anos do convívio entre elas. Cornélia aproveita a data para manifestar-se de forma romântica e galante, e o faz por meio de um buquê com quinze rosas (uma para cada ano juntas) com o qual homenageia a companheira. Esta, a princípio, mostra-se reservada e cautelosa, e desvia propositalmente a atenção de Cornélia para as circunstâncias das eleições.

Cornélia é membro antigo das Filhas da Confederação e já ocupou diversas posições em seus quadros, mas nunca a de presidente. Apesar de sua situação de classe e fortuna, algo sempre vetou, ainda que de forma não declarada, suas tentativas de chegar ao posto ao qual, agora, mais uma vez concorre. A eleição está para ter início na sede da entidade, mas Cornélia prefere permanecer em casa e acompanhá-la pelo telefone. Ao longo da peça, ela recebe inúmeras chamadas a respeito dos procedimentos, e é a partir de suas réplicas que as falas de suas interlocutoras e a atmosfera interna da organização podem ser indiretamente apreendidas pelo leitor e pelo espectador.

As eleições na entidade produzem o enquadramento sócio-histórico necessário para que a relação entre Cornélia e Grace seja contextualizada (e, por fim, assumida) e oferecem farto material para que o seja à luz de uma considerável dose de ironia e crítica à elite sulista provinciana, alienada e inculta.

II

O lirismo presente na dramaturgia de Tennessee Williams, geralmente encarado como resultado exclusivo da figuração dos processos subjetivos da memória do indivíduo, é indissociável da representação do Sul dos Estados Unidos e de suas questões sociais e econômicas. O Sul norte-americano é historicamente impregnado por tensões e contradições acumuladas ao longo do tempo e que decorrem diretamente das principais transformações ligadas às estruturas de trabalho, convívio e pensamento nos Estados Unidos na primeira metade do século XX. Ao tomar como matéria dramatúrgica os efeitos gerados por essas transformações, Tennessee engendra, em suas peças, situações ao mesmo tempo representativas e críticas de várias facetas constitutivas da sociedade sulista e da ideologia dominante no país.

27 Carros de Algodão, texto que dá nome ao volume, é um exemplo disso: a peça remete ao contexto rural do Mississippi, nos arredores de Blue Mountain, durante o New Deal, no início do governo de Franklin D. Roosevelt, na década de 1930. Um incêndio criminoso destruiu o descaroçador de algodão do Sindicato Rural dos plantadores, do qual Silvio Vicarro é superintendente. A peça não dá margens a dúvidas quanto à autoria do ato, praticado por Jake Meighan, vizinho arrendatário de terras e proprietário de um descaroçador. Embora tenha fortes razões para suspeitar de Jake, Vicarro acerta com ele a venda de 27 lotes de algodão que já não poderá descaroçar. Enquanto se ausenta para executar a tarefa, Jake deixa Flora, sua mulher, incumbida de fazer companhia a Vicarro e de deixá-lo "à vontade". No diálogo que se segue entre ela e Vicarro, este, sem esforço, leva-a indiretamente a contradizer o álibi do marido e a deixar clara a culpa dele no incêndio.

Ironicamente a transação entre os dois homens não é invalidada em decorrência disso: o tempo que passa a sós com Flora permite que Vicarro não apenas a aborde sexualmente, mas que se sirva dela com toques de sadismo. Na verdade, Vicarro está, com isso, nada mais nada menos do que pondo em prática aquilo que o próprio Jake havia tratado de sugerir de forma oblíqua mas, ao mesmo tempo, clara antes de se ausentar.

Há, na verdade, um acordo tácito entre Jake e Vicarro, mas ele só é exequível em decorrência da relação ambígua que Jake mantém com Flora, submetendo-a a uma infantilização afetiva que ela, por sua vez, parece de várias formas estimular.

Ao tomar como matéria central precisamente o ato que "sela" esse acordo, a peça carrega os diálogos e interações cênicas com duplos sentidos e alusões. A negociação realizada apoia-se, dramaturgicamente, na triangulação de interesses estabelecida entre os dois homens e Flora, e articula um jogo de contrastes de diversos tipos: entre a opulência obesa do corpo dela e o modo pueril com que se expressa e se relaciona, entre as características físicas de Jake, sexagenário claro e encorpado, e as de Vicarro, latino jovem e de porte físico miúdo, entre a condição de Jake como arrendatário e a de Vicarro, ligado ao Sindicato dos proprietários.

A patética ingenuidade de Flora, que parece tocar as raias do déficit cognitivo, acarreta falas de uma ambiguidade comprometedora – tão comprometedora que torna duvidosos, para o leitor e o espectador, os limites entre uma incapacidade de percepção e uma forma estratégica de autopreservação na relação com o marido. Seria possível questionar-se, por exemplo, se ao comentar com o superintendente que na noite do incêndio Jake saíra misteriosamente deixando-a "plantada na varanda" e sem uma "Coca-Cola" sequer, Flora não estaria, sutil, mas voluntariamente, expondo a culpa do marido no incêndio do descaroçador.

Ao contrário do que uma primeira leitura da peça poderia sugerir, Flora não é uma personagem simplista ou desprovida de relevo, e demonstra plena consciência, ao final, de seu "papel" na negociação e no estabelecimento, a partir de agora, de uma "política de boa vizinhança" entre Vicarro e Jake: Vicarro passará a confiar a Jake o descaroçamento do algodão do Sindicato, e enquanto Jake se ocupa da tarefa, Flora ficará incumbida de "entreter" o superintendente. Essa incumbência não parece desagradá-la (muito pelo contrário) e é bastante sintomática a forma como, entre alguns acessos de riso e vários comentários de duplo sentido, ela chega a fazer críticas à gabolice e ao chauvinismo de Jake, e à própria dubiedade da posição dele como marido diante do arranjo.

Na base da situação aí representada, a peça trata da queda de braço estabelecida, no contexto do New Deal e mais especificamente da Agricultural Adjustment Administration, entre os plantadores sulistas de algodão de um lado e os arrendatários (*tenants*) do outro.

A remissão ao contexto histórico e econômico do Sul nesse período é explícita desde o título, pois consta que, durante seu primeiro mandato na presidência, Franklin D. Roosevelt implantou, em apenas um dos condados do Sul, nada menos do que 27 agências federais.[7]

Ao incendiar o descaroçador do superintendente do Sindicato Rural, Jake reage, como arrendatário que é, à situação injusta a que se refere em sua conversa final com Flora:

> O Sindicato tava comprando toda terra por aqui, pono pra fora os veio lavrador sem pagá nada – por pouco num acaba com o comércio do condado de Two Rivers! Aí montaram a própria máquina pra descaroçar o próprio algodão. Por um tempo achei que tava num mato sem cachorro. Mas quando a máquina pegô fogo e seu Vicarro achou melhor passar um pouco de trabalho pra mim – acho que a situação melhorou muito.

Embora Jake tenha conseguido uma forma de reagir às táticas espúrias do Sindicato patronal e de levar vantagem em relação a Vicarro, isso só ocorre por meio da participação que Flora terá desse momento em diante, o que significa que ele, como marido, deverá fechar os olhos para tudo o que se passar entre Flora e Vicarro, a fim de assegurar novas negociações do mesmo tipo e ao mesmo tempo a manutenção da "boa vizinhança" entre ambos.

---

[7] Cf. Frank Burt Freidel; James C. Cobb; Michael V. Namorato et al. (eds.), *The New Deal and the South: Essays*. Jackson, University Press of Mississippi, 1984, p. 37.

Não se pode deixar de ressaltar, a esse respeito, o que parece ser o início de uma nova linha de conduta da própria Flora: doravante, como ela avisa Jake no final, ela será "mamãe" e não mais "nenê", como ele costumava chamá-la, e é bastante sintomático o acalanto que se põe a cantar enquanto aconchega nos braços sua volumosa e inseparável bolsa de pelica branca como se fosse um recém-nascido.

Dentro desse contexto, tem função paródica as várias menções feitas, em diferentes momentos da peça, à política externa da gestão Roosevelt. Sabe-se que na noite que precedera os fatos apresentados, Jake havia acompanhado no rádio o discurso em que o presidente apresentava a política de boa vizinhança como medida para a condução dos interesses políticos, econômicos e militares dos Estados Unidos. A peça apresenta uma indiscutível carga de ironia que perpassa todas as alusões a essa política no contexto da negociação entre Vicarro e Jake, e que culmina quando este, ao rebater o comentário da mulher – "cê num entende bem a política – da boa vizinhança" – responde autointitulando-se o "inventor" dela.

Classificada pelo próprio Tennessee como "comédia", *27 Carros de Algodão* é uma peça instigante e que impõe desafios e cuidados de leitura para que não se corra o risco de aplainar ou mesmo ignorar as questões sócio-históricas e econômicas nela representadas.

Várias outras peças do volume dão igual centralidade a questões do contexto socioeconômico e cultural dos Estados Unidos e principalmente do Sul norte-americano: na maioria delas a matéria ficcional é decupada a partir de flagrantes situacionais que remetem à vida e ao convívio dos despossuídos e deserdados, dos párias e desenraizados, enfim, daqueles que, por vários motivos e por tortuosos caminhos, deixaram de ter um lugar nas relações de produção e no sonho capitalista de consumo e ascensão social.

Em alguns casos essas personagens são lúmpens, efetivamente: prostitutas decadentes e carentes, como a personagem título de *Lembranças de Bertha* ou como Miss Hardwicke-Moore, de *A Dama da Loção Antipiolho*, jovens em situação de abandono familiar e pobreza, como a menina Willie, de *Esta Propriedade Está Condenada*, andarilhos solitários que sobrevivem precariamente de expedientes e trabalhos temporários, como o Homenzinho de *A Mais Estranha Forma de Amor*. Em outros, trata-se de representantes de uma classe média empobrecida e desconectada da realidade, como Miss Collins em *Retrato de uma Madonna*. As personagens são flagradas em circunstâncias de crise em que a solidão, a ausência de recursos e a perda de perspectivas de convívio afetivo colocam irreversivelmente em cheque suas expectativas e seu senso de identidade. Os laços familiares e amorosos, quando presentes, ostentam as marcas de uma desagregação já consumada ou então em processo, como é o caso de *Fala Comigo como a Chuva e me Deixa Ouvir*, e deixam poucas ilusões quanto às perspectivas de futuro.

A matéria ficcional de Tennessee provém do lado mais sombrio e aversivo do *establishment* capitalista norte-americano. Os espaços sociais figurados são, em muitos casos, as pensõezinhas sórdidas e bordéis, as antigas mansões agora transformadas em cortiços, e as pousadas à margem das ferrovias, antes prósperas e repletas de fregueses e agora abandonadas e vazias.

É comum (e também um "lugar comum") falar-se do "apego ao passado" como elemento central representado nas peças de Tennessee. De fato, reminiscências do passado são frequentes seja sob a forma de narrativas, seja sob a de projeções em bruto de cenas da memória das personagens. Trata-se, porém, de um passado que, "confiável" ou duvidoso, é evocado diante de rupturas e perdas sofridas no presente, o que indica que é nessas rupturas e perdas, e não num vago "apego ao passado", que se apresenta objetivamente a matéria dramatúrgica tratada.

Isso acontece em O Longo Adeus, peça contextualizada numa área degradada de uma cidade grande e não especificada do Meio-Oeste norte-americano em plena era da Depressão econômica dos anos de 1930: num apartamento prestes a ser esvaziado, um rapaz (Joe) aguarda a chegada de carregadores de uma empresa de mudança em companhia de seu amigo (Silva). Durante o tempo da espera presentificam-se, em cena, ao sabor de suas lembranças, fragmentos esparsos do passado familiar. A irrupção desse passado não obscurece o presente de Joe: pelo contrário, coloca em relevo sua falta de perspectivas, a incipiência de suas expectativas e a esqualidez das estruturas de vida ao seu redor. Como ocorre na música dos *blues*, o tom lírico das falas apresenta uma ressonância épica implícita: as cenas evocadas poderiam compor as reminiscências de tantos milhões de indivíduos em situação igual ou semelhante. As histórias e lembranças não enclausuram a personagem no interior de uma individualidade particularizante: elas lhe dão abrangência e tridimensionalidade para além da própria *persona* figurada em cena, e configuram, assim, uma dimensão épica latente concretamente integrada ao trabalho do dramaturgo.

Também em O Último dos Meus Relógios de Ouro Maciço a relação entre presente e passado fundamenta a situação representada, e permite enquadrar aspectos importantes das transformações econômicas registradas entre a primeira e a segunda metades do século XX nos Estados Unidos.

A estrutura da peça é simples e concentra-se no presente e no espaço compartilhado pelas personagens: num quarto de hotel decadente do Delta do Mississippi, Charlie Colton, de 78 anos, bem-sucedido vendedor itinerante do ramo de calçados de luxo no passado, relata suas experiências e lembranças a Harper, de 35, um vendedor da nova geração. Os tempos são outros e Harper, que se distrai lendo gibis, mostra pouco interesse pelas histórias de Charlie: os argumentos de venda do veterano vendedor já não condizem com o mercado e os hábitos de consumo no presente, e os vários relógios de ouro maciço que acumulou como prêmios por seu desempenho em vendas são relíquias de uma época encerrada.

A matéria dramatúrgica da peça, entretanto, não é o "apego" de Charlie ao passado. As histórias que ele desfia ao longo dos diálogos não abstraem o presente: elas lhe dão relevo e o evidenciam à luz de transformações que são objetivas e reais, que continuarão em processo, e que transcendem os limites da sua trajetória pessoal. Charlie tem senso da realidade, e isso lhe traz uma consciência agônica a respeito de tudo o que o cerca: sua vida está no fim, suas condições de trabalho se deterioraram, suas perspectivas são exíguas e ele o sabe. Sua pungente falta de saída resulta de condições geradas pelo mesmo sistema que ele, durante toda uma vida, representou exemplarmente. As condições passadas (sucesso como homem de vendas, prestígio pessoal e reconhecimento profissional) não o isentaram da situação limitante e inelutável com que se defronta no presente. A matéria ficcional da peça, com isso, alarga significativamente seus contornos na direção do épico e permite detectar em Charlie Colton aspectos que prefiguram o caixeiro viajante Willie Loman, da peça milleriana que representa o grande marco da dramaturgia moderna no século XX.

III

O lirismo irônico da dramaturgia de Tennessee Williams, fartamente representado nas peças deste volume, oferece a seus leitores e intérpretes cênicos um material de maior complexidade e relevo do que a incomensuravelmente grande fortuna crítica e várias décadas de canonicidade do autor permitem avaliar.

Ao tornar-se uma celebridade teatral internacionalmente reconhecida e ao passar a ter um número crescente de trabalhos roteirizados para o cinema e a televisão, Tennessee foi atrelado a uma roda vertiginosa de compromissos contratuais no mercado editorial, na Broadway e em Hollywood. Se isso ampliou extraordinariamente a repercussão de seu trabalho, acarretou, paralelamente, efeitos de difícil reversão sobre sua recepção por parte do público e da crítica. O gigantesco circuito cinematográfico em que suas peças passaram a circular, roteirizadas de modo a atender as normas do *star system* de então, contribuiu decisivamente para difundir a ideia de que ali se encontrava, verdadeiramente, o cerne compositivo de sua dramaturgia. Não causa espanto, dessa forma, o fato de seu trabalho ser encarado quase que invariavelmente como fruto de glamorizações consideradas poetizantes e de efabulações de cunho psicologizante tão caras ao universo hollywoodiano.

No contexto brasileiro, algo não menos complicado aconteceu: os ecos da estreia norte-americana de *Um Bonde Chamado Desejo* e o impacto de sua adaptação cinematográfica, ambas dirigidas por Elia Kazan, contribuíram para que o nome de Tennessee fosse estreitamente associado à linha interpretativa do Actors' Studio, e consequentemente a um assim chamado "realismo psicológico". Some-se a isto o padrão de análise que se institucionalizou de modo amplo (principalmente no âmbito acadêmico) com base na correlação entre as obras e as circunstâncias de vida do autor. Mesmo nos dias atuais, com a vigência de releituras vigorosamente desconstrutivas nos circuitos experimentais e nas escolas de formação de atores, essas formas de recepção do teatro de Tennessee ainda não se alteraram significativamente, por surpreendente que isso possa parecer. É possível que muito tempo ainda deva se passar até que novas leituras possam colocar outros parâmetros para a discussão de seu trabalho.

Um primeiro passo necessário nesse sentido será lembrar que seus textos "não canônicos" nunca chegaram a receber a merecida atenção, e que sua dramaturgia não está circunscrita à época em que suas peças mais famosas tornaram-se internacionalmente conhecidas. O teatro de Tennessee foi contemporâneo das principais linguagens cênicas e correntes dramatúrgicas desde o final dos anos de 1930 até o início dos anos de 1980, o que significa que se desenvolveu paralelamente, por exemplo, à emergência das formas de teatro dito "do absurdo", às décadas iniciais de trabalho de dramaturgos como Arthur Miller, Edward Albee e Sam Shepard (entre tantos outros), à articulação e consolidação do trabalho de núcleos experimentais como o Living Theater, o Open Theater, o La Mama Cafe, e o Wooster Group, à circulação inaugural das obras e do pensamento estético de Bertolt Brecht e de Antonin Artaud nos Estados Unidos, ao fortalecimento de uma dramaturgia negra revolucionária com Amiri Baraka, às concepções cênicas de Bob Wilson e às performances de Andy Warhol, isto para mencionarmos apenas aquilo que é representativo do âmbito mais especificamente novaiorquino dos circuitos teatrais. O trabalho de Tennessee não é alheio ao contexto em que todos esses grupos, autores e tendências se desenvolveram, mas é necessário investigar de que forma e com que recursos e perspectivas ele o figurou.

O passo decisivo na direção de novas leituras do trabalho de Tennessee Williams, entretanto, é o de enfrentar o desafio de reler seus trabalhos na contramão da crítica dominante, que o desbastou de tudo o que não fosse condizente com as balizas estabelecidas em torno de sua canonicidade e do padrão biográfico de interpretação que lhe foi aplicado.

A dramaturgia de Tennessee, épico-lírica por excelência, apresenta uma demanda particularmente grande de atenção às suas nuances compositivas, ou seja, à sua prosódia exuberantemente sulista, aos diálogos repletos de impurezas léxicas e gramaticais, à expressividade poética delicadamente imperfeita, e à recorrência de um certo mordente de humor com toques de ironia.

As traduções que aqui apresentamos resultaram, precisamente, de um longo mergulho analítico e interpretativo nas peças de *27 Carros de Algodão*. O processo de leituras, releituras, pesquisas, investigações históricas de época, cotejamento de soluções e discussões em sala de ensaio foi um longo caminho prazerosamente trilhado e compartilhado pelos atores do Grupo Tapa até que chegassem às versões definitivas aqui apresentadas. Ao mesmo tempo em que representa uma homenagem aos cem anos de nascimento do autor, completados em 2011, este trabalho representa um convite para que novos olhares de pesquisa e encenação sejam lançados sobre o seu teatro.

13 de setembro de 2012.

Introdução

"Algo de selvagem..."

Tennessee Williams
(Tradução Luiza Jatobá)

Quando estava em turnê com *Verão e Fumaça*, saí uma noite com uma companhia de teatro comunitário, uma iniciativa pioneira desse tipo de grupo e uma das poucas que consegue não só se autossustentar, mas também operar com lucro. Fazia muito tempo que eu não tinha contato com um teatro comunitário. Fui profissionalmente gerado num desses teatros, dez anos atrás, em St. Louis, mas, como a maioria dos filhos que não retorna ao ninho materno depois de abandoná-lo, nunca mais olhei para trás. De qualquer modo, olhar para trás é uma atividade pouco prática numa carreira teatral.

Agora, sentia certa curiosidade sobre o contato que estava retomando: mas na hora que passei pela porta, senti algo estranho. Mais que estranho, sentia que faltava algo. Tudo parecia tão respeitável. Conservadores, corretos e engomados eram os ternos, os cortes de cabelo e os sapatos dos homens que passariam facilmente por advogados de grandes empresas. Para não falar das mulheres, melhor dizendo, esposas, que pareciam senhoras elegantes de maneira impecável. Não havia nem um disco riscado na vitrola, não havia alcovas onde casais dançassem quase parados à meia-luz, nem sinal de sofás rasgados nem guirlandas de papel crepom colorido despencando do teto por não estarem bem coladas.

Para mim, arte é um tipo de anarquia e teatro é da esfera da arte. O que faltava ali era a sensação de anarquia no ar. Vou reformular o que disse sobre arte e anarquia. Arte só é uma anarquia quando justaposta à sociedade organizada. Ela vai contra um tipo de sistema que aparentemente deve reger a sociedade organizada. É uma anarquia benevolente: a arte tem que ser isso e, se é arte verdadeira, ela é. É benevolente no sentido de construir algo que está faltando e o que se constrói pode meramente ser uma crítica das coisas como existem. Em vez de crítica, senti nesse grupo uma adaptação quase servil. E meu pensamento se transportou para aquele grupo de St. Louis de que lhes falei, que se chamava The Mummers.

Os Mummers usavam cabelos compridos. É claro que o mero fato de não gostar de barbeiro não vem a ser uma virtude. Suponho que não houvesse uma virtude especial naquelas garotas por andarem com meias rasgadas. Mesmo assim, não deixo de sentir saudade, às vezes, daquele tipo de desleixo.

De todo jeito, isso desperta em você associações a coisas que não têm relações lógicas com os fatos. Você associa isso a uma época realmente maravilhosa, com aquela intensidade de sentimentos e com convicção. Acima de tudo, com convicções. Naquela festa em que eu estava, a falta de convicção era visível. Ninguém estava gritando contra nem a favor de nada; havia apenas um papinho muito educado rolando entre as pessoas que pareciam se conhecer o suficiente para terem exaurido qualquer interesse pelas ideias uns dos outros.

Enquanto estive lá entre eles, a sensação de que algo estava faltando se consolidou em mim por meio de violentas ondas de saudade que eu não tinha consciência de estar sentindo até aquele momento. O céu aberto de minha juventude! Uma juventude americana peculiar que, de algum modo, parece passar despercebida hoje em dia...

Os Mummers de St. Louis eram jovens profissionais. Eram os desordeiros do grupo de teatro de St. Louis, que eram socialmente, se não também artisticamente, o oposto do grupo certinho do Little Theater. Esse grupo oposto dispensa descrições. Mais velhos e respeitabilíssimos, dedicavam-se a montar os sucessos da Broadway uma ou duas estações depois da Broadway. Seu palco era estreito e as críticas quase sempre mencionavam o fato de eles terem ultrapassado suas limitações espaciais, mas nunca me pareceu que eles tenham produzido algo necessário para ultrapassar as limitações de espaço. O dinamismo intrínseco ao teatro era tão estranho à sua filosofia como a língua chinesa.

Dinamismo não faltava aos Mummers: por cinco anos, aproximadamente de 1935 a 1940, arderam como uma das impetuosas velinhas de Miss Millay – e então expiraram. Sim, eles tinham a chama do romantismo excessivo da juventude, que é a melhor e mais pura parte da vida.

A primeira vez que trabalhei com eles foi em 1936, quando eu era um estudante na Universidade de Washington em St. Louis. Estavam então sob o comando de um homem chamado Willard Holland, seu coordenador e diretor. Holland sempre usava um terno azul que, além de ser folgado, era também brilhante.

Precisava muito de um corte de cabelo e às vezes usava uma echarpe em vez de uma camisa. O hábito não faz o monge, mas que grande diretor era ele! Tudo que ele tocava se eletrizava imediatamente. Será que era minha juventude que me fazia ver as coisas desse jeito? Talvez, mas não acho provável. Na verdade, nem mesmo possível: a gente julga o teatro, realmente, pelos seus efeitos provocados no público, e o trabalho de Holland nunca deixou de atingir o público – e quando digo atingir, quero dizer que ele desferia um verdadeiro murro!

A primeira coisa que montei com eles foi *Bury the Dead* [Enterre os Mortos], de Irwin Shaw. Essa peça durava um pouquinho menos do que o tempo padrão e eles precisavam de um pequeno interlúdio para completar o programa. Holland me chamou. Ele não tinha uma voz atraente. Era estridente e nervosa. "Disseram-me que você vai à faculdade e que você escreve." Admiti alguma culpa nas duas acusações. Aí perguntou: "O que você acha do serviço militar obrigatório?". Assegurei-lhe que tinha abandonado a Universidade de Missouri porque não consegui fazer o serviço militar. "Bárbaro!", disse Holland, "você é exatamente o cara que eu estava procurando. Topa escrever algo contra o militarismo?". Foi exatamente o que eu fiz.

A peça de Shaw, uma das grandes peças líricas que a América produziu, tinha a solidez de uma brasa. Os atores e o roteiro, sob a dinâmica direção de Holland, constituíam uma vibrante trama humana. Saint Louis não é uma cidade com a qual nos impressionamos facilmente agora. Adoram música, são fervorosos devotos de concertos sinfônicos, mas eles mantêm o decoro quando confrontados com a alteridade, com algo diferente do que estão familiarizados. Certamente não estavam acostumados com o tipo de "chumbo grosso" que os Mummers lançaram em seus estômagos naquela noite da peça do Shaw. Não estavam habituados a isso e então ficaram paralisados. Não havia nem uma tosse nem um pio no teatro e ninguém se levantava do lugar no Auditório do Clube (que os Mummers alugavam para suas apresentações), sem um nó no estômago ou tremor nos nervos, e duvido que tenham se esquecido disso até hoje.

Foi dos Mummers que me lembrei naquele jantar bem comportado a que compareci o mês passado.

Agora vou descrever os Mummers para vocês! Quase todos trabalhavam em outro emprego além do teatro. Tinham que fazê-lo, já que não ganhavam nada com teatro. Eram trabalhadores. Eram balconistas. Eram garçonetes. Eram estudantes. Havia prostitutas e vagabundas e tinha até uma pós-debutante que era membro da Liga Júnior de St. Louis. Muitos eram bons atores. Muitos não eram. Alguns não sabiam nem mesmo representar, mas o que faltava em habilidade, Holland os insuflava com entusiasmo. Creio que aquilo tudo só acontecia por bruxaria! Era como uma definição daquilo que penso que o teatro é. Algo selvagem, excitante, algo que você não está acostumado a ver. Excêntrico é a palavra.

Apresentavam espetáculos que não eram assim tão bons, mas nunca montavam algo que não tivesse um soco no estômago, talvez não no primeiro ato, não no segundo, mas, por fim, sempre vinha o vigoroso golpe final que impactava e fazia a diferença na vida dos espectadores que tinham ido àquele lugar e assistido àquela apresentação.

As peças que escrevi para eles eram ruins. Mas a primeira dessas peças foi um sucesso incrível. Recebi críticas elogiosas em todos os três jornais, e houve uma verdadeira demonstração na noite de abertura com gritos, aplausos e batidas de pés, e o autor, de rosto afogueado, fez seu primeiro gesto de agradecimento entre os mineiros de rostos cinza que ele tinha criado, por meio de uma imaginação nunca estimulada pela visão de uma mina real. A segunda peça que escrevi para eles, *Fugitive Kind* [Um Tipo de Fugitivo], foi um fracasso. Teve uma crítica elogiosa no *Star-Times*, mas o *Post-Dispatch* e o *Globe Democrat* acabaram com ela. No entanto, conseguiu bater forte no público e ainda hoje tem gente que se lembra dela. Peças ruins, as duas: amadoras, toscas, juvenis e verborrágicas. Mas eram representadas por Holland e seus atores na ribalta sem pudor. Entregavam-se sem reservas a essa explosão que é o teatro.

Ah, quanto tempo faz tudo isso!

Os Mummers viveram apenas cinco anos. Sim, tinham algo em comum com o verso lírico de natureza excessivamente romântica. Pequena mas intensa, sua chama ardeu de 1935 a 1940 e se extinguiu, e, agora, não há sequer um vestígio deles. Onde andará Holland? Creio que em Hollywood. E os atores? Só Deus sabe...

E cá estou eu, com minhas melancólicas reminiscências.

Agora devo dizer algo para dar a essa recordação um sentido para vocês.

Está certo. É isso aí.

Hoje estamos vivendo num mundo ameaçado pelo totalitarismo. O fascismo e o comunismo nos jogaram numa reação de pânico. A opinião reacionária cai como uma tonelada de tijolos na cabeça de qualquer artista que vai contra a corrente das ideias prescritas. Estamos sempre nos escondendo de uma maneira ou de outra, tremendo diante do espectro dos comitês investigativos e mesmo com medo de Buchenwald,[1] ainda bem fresco em nossa mente, quando decidimos se ousamos ou não assumir que somos a favor de Henry Wallace.[2] *Sim, é tão ruim assim.*

No entanto, não é *realmente* assim tão ruim.

A América ainda é a América, a democracia ainda é a democracia.

Em nossos livros de história ainda mencionam os nomes de Jefferson e Lincoln e Tom Paine. A direção do impulso democrático, que é completa e intrinsecamente distante do estado policial e apartada de todas as formas de controle do pensamento e do sentimento, é total e inabalavelmente voltada para aquilo que é individual, humano, igualitário e livre. É uma direção que pode até ser difícil de enxergar, mas não se pode perdê-la de vista.

Tenho um jeito de saltar do particular para o abstrato, pois o particular é algumas vezes tudo que se sabe do abstrato.

Agora vou pular de volta: para onde? Para o assunto de teatros comunitários e sua função.

Parece-me, a mim como a muitos artistas hoje em dia, que existe um esforço para manter o trabalho criativo e seus trabalhadores em sigilo.

Nada poderia ser mais perigoso para a democracia, se o grão de areia fecundo que é o trabalho criativo dentro de uma sociedade, for mantido dentro da concha ou da pérola do progresso idealista e não puder ser realizado. Pelo amor de Deus, vamos nos defender contra toda e qualquer hostilidade sem imitar a coisa da qual temos medo!

---

[1] Campo de concentração nazista localizado no leste da Alemanha. (N. E.)
[2] Foi o 33º vice-presidente, em plena Segunda Guerra Mundial (entre 1941 e 1945) na gestão do presidente Franklin D. Roosevelt. (N. E.)

Os teatros comunitários têm uma função social e representam um tipo de provocação na concha de sua comunidade. Não para se conformar, não para usar o mesmo terno de trabalho conservador de sua audiência. Mas para deixar crescer o cabelo ainda mais, até ficar gorduroso. Para fazer gestos selvagens, quebrar copos, brigar, gritar e cair lá embaixo! Quando você os vê interpretando assim – nem tão respeitáveis nem tão decentes! – aí você saberá que algo vai acontecer naquele espetáculo, algo perturbador, irregular, corajoso, algo honesto.

Um biólogo lhes diria que o progresso é o resultado de mutações. Mutações é outro nome para malucos. Por Deus do céu, precisamos de mais maluquices, não menos.

Quem sabe se 90% dos malucos não serão mais do que malucos, ridículos e patéticos, sem conseguir chegar a lugar nenhum, a não ser se metendo em encrenca.

Então, eliminemos os doidos – vamos obrigá-los a serem normais – e ninguém na América jamais será jovem e ficaremos lá, de pé, no meio do nada, no centro morto de lugar nenhum.

²7 Carros de Algodão[1]
(Uma Comédia do Delta do Mississippi)

Tradução
Kadi Moreno
Rita Giovanna
Sabrina Lavelle

---

[1] O título original *27 Wagons Full of Cotton* constitui, do ponto de vista dos padrões rítmicos da métrica em língua inglesa, um pentâmetro trocaico, ou seja, um conjunto de cinco sílabas fortes seguidas por fracas: "TWEN-ty SEV-en WAG-ons FULL of COT-ton". Procurou-se, tanto quanto possível, preservar esse padrão na tradução para o português: "VIN-te SE-te CAR-ros de AL-go-DÃO", ficando o último pé quebrado. (N. T.)

* *

*Agora Eros agita minha alma,
um vento sopra sobre a montanha,
caindo sobre os carvalhos.*
Safo

PERSONAGENS

JAKE MEIGHAN, *dono de um descaroçador de algodão*
FLORA MEIGHAN, *sua esposa*
SILVIO PRATI VICARRO, *superintendente do Sindicato Rural**

* Optou-se por Sindicato Rural na tradução por se tratar de uma entidade patronal. (N. T.)

* *

CENÁRIO

A cena se passa na varanda da frente de uma casa rural dos Meighan perto de Blue Mountain, Mississippi. A varanda é estreita, encimada por um telhado triangular estreito. Altas colunas brancas sustentam o telhado dos dois lados da varanda, uma porta entre duas janelas em estilo gótico. Na porta pontiaguda há um vitral oval de cores vivas: anil, carmim, esmeralda e dourado. Nas janelas, leves cortinas brancas e amarradas ao meio, com esmero feminino, por laços de cetim azul-bebê. O efeito não é diferente de uma casa de bonecas.

* * *

Cena I

É fim de tarde e o crepúsculo é levemente rosado. Logo após subir as cortinas, Jake Meighan, um homem gordo de sessenta anos, sai sorrateiramente pela porta da frente e contorna a casa correndo, carregando um galão de querosene. Um cachorro late para ele. Ouve-se o barulho de um carro sendo ligado e logo desaparecendo ao longe. Após um momento, Flora chama de dentro da casa.

FLORA: Jake! Perdi minha bolsa branca! (*Mais perto da porta.*) Jake? Vê se deixei no balanço. (*Pausa.*) Será que deixei na caminhonete?[2] (*Ela se aproxima da porta de tela.*) Jake. Vê

---

[2] No original, "Chevy": Apelido de Chevrolet. (N. T.)

se deixei na caminhonete. Jake? (*Ela sai enquanto o crepúsculo rosado vai sumindo. Liga a luz da varanda e olha ao redor, afasta com as mãos os mosquitos que são atraídos pela luz. Os gafanhotos são os únicos a se manifestar. Flora, num grito longo e anasalado*). Ja-ay–a-a-ake! (*Ao longe, uma vaca muge com a mesma inflexão. Há uma explosão abafada a mais ou menos meia milha de distância. Uma estranha luz trêmula aparece, reflexo das chamas da explosão. Vozes ao longe exclamam.*)

VOZES (*cacarejos estridentes como de galinhas*):
Ouviu esse barulho?
Ouvi. Parece uma bomba!
Ai, Olha!
É fogo!
Onde? Você sabe?
No Sindicato Rural!
Ai, meu Deus! Vamo![3] (*Um alarme de incêndio toca ao longe.*)
Henry! Liga o carro! Cês vem co' a gente?
Vamo! Tamo indo!
Corre meu bem! (*Ouve-se um carro sendo ligado.*)
Tô indo!
Então corre.

VOZ (*do outro lado da estrada de terra*): Dona Meighan?

FLORA: O quê?

---

[3] A supressão de algumas letras e o uso de corruptelas nas falas das personagens têm o objetivo de manter o caráter da linguagem original sem, no entanto, indicar uma fala regionalista. (N. T.)

VOZ: "Num" vai vê o fogo?

FLORA: Queria, mas o Jake saiu com a caminhonete.

VOZ: Vai, vem com a gente filhinha!

FLORA: Ah, num posso deixá a casa escancarada! O Jake levou a chave. Que será que tá pegando fogo?

VOZ: O Sindicato Rural.

FLORA: O Sindicato Rural? (*O carro sai e some.*) Ai, meu Deus! (*Ela sobe com esforço de volta para a varanda e senta no balanço que está de frente. Ela fala em tom trágico para si mesma.*) Ninguém! Ninguém! Nunca! Nunca! Ninguém! (*Ouvem-se gafanhotos. Um carro se aproxima e para a uma distância nos fundos da casa. Após um instante, Jake vem andando displicentemente a passos lentos pelo lado de fora da casa*).

FLORA (*em tom petulante e infantil*): Bonito!

JAKE: Que foi, Nenê?

FLORA: Num sabia que uma pessoa pudia sê tão ruim e sem consideração.

JAKE: Ê, quanto exagero, dona Meighan. Qual a queixa agora?

FLORA: Zarpou de casa sem dizê nada!

JAKE: E qual o problema?

FLORA: Falei pru cê que tava ficando com dor de cabeça e precisava de uma coca e não tinha uma garrafa em casa e cê falô, se veste que a gente vai de carro pra cidade agora mesmo!

Aí eu me visto e num consigo achá minha bolsa branca. Daí eu me lembro que deixei no banco da frente da caminhonete. Eu saio aqui pra pegá. E cadê ocê? Sumiu! Sem dizê nada! Aí tem uma baita explosão! Sente meu peito!

JAKE: Sentir o peito do meu nenê? (*Coloca a mão no busto enorme dela.*)

FLORA: É, sente só, batendo que nem martelo! Como vou sabê que aconteceu? Cê não tava, sumiu num sei pr'onde!

JAKE (*brusco*): Cala a boca! (*Empurra a cabeça dela com rudeza.*)

FLORA: Jake! Pra que cê fez isso?

JAKE: Não gosto de gritaria. Você só fala gritando!

FLORA: O que cê tem?

JAKE: Nada, não tem nada comigo.

FLORA: Bom, por que sumiu?

JAKE: Não sumi!

FLORA: *Sumiu* sim! Vai dizê que num sumiu, se vi e ouvi o carro lá trás agora mesmo? Acha que sou o quê? Burra?

JAKE: Se fosse inteligente, calava esse bocão.

FLORA: Num fala assim comigo.

JAKE: Vamo entrar.

FLORA: Num vô. Egoísta, sem consideração, é isso que cê é! Falei na janta, num sobrô nem uma garrafa de Coca-Cola aqui. Cê falou, tá bom, depois da janta a gente vai de carro até a venda *White Star* e faz um bom estoque. Quando saí de casa –

JAKE (*parado na frente dela, agarrando-lhe o pescoço com as duas mãos*): Olha aqui! Escuta o que vou te dizer!

FLORA: *Jake!*

JAKE: Shhh! Só escuta, nenê.

FLORA: Me larga! Desgraçado, solta o meu pescoço.

JAKE: Vê se presta atenção no que eu vou te falar!

FLORA: Falá o quê?

JAKE: Eu não saí da varanda.

FLORA: Hum!

JAKE: Eu não saí da varanda! Desd'a janta! Entendeu, agora?

FLORA: Jake, meu bem, cê ficou louco!

JAKE: Talvez. Não interessa. Só enfia isso direitinho na sua cachola. Eu fiquei nesta varanda desd'a janta.

FLORA: Mas Deus tá de prova quc cê saiu. (*Ele torce o pulso dela.*) Aiiii! Para, para, para!

JAKE: Onde eu fiquei desd'a janta?

FLORA: Aqui, aqui! Na varanda! Pelo amor de Deus para de torcê!

JAKE: Onde eu fiquei?

FLORA: Varanda! Varanda! Aqui!

JAKE: Fazendo o quê?

FLORA: *Jake*!

JAKE: Fazendo o quê?

FLORA: Me larga! Pelo amor de Deus, Jake! Solta! Para de torcê, cê vai quebrá meu pulso!

JAKE (*rindo entre os dentes*): Fazendo o quê? O quê? Desd'a janta?

FLORA (*gritando*): Inferno, como vou sabê!

JAKE: Porque cê tava bem aqui comigo, o tempo todo, cada segundo! Cê e eu, coração, a gente ficou aqui sentado juntinho no balanço, o tempo todo só balançando pra frente e pra trás desd'a janta. Enfiou isso direitinho na sua cachola agora?

FLORA (*choramingando*): Sol-ta!

JAKE: Entendeu? Entrou na sua cachola agora?

FLORA: Tá, tá, tá – Solta!

JAKE: Então, o que eu tava fazendo?

FLORA: Balançando! Pelo amor de Deus – balançando! (*Ele a solta. Ela choraminga e esfrega o pulso, mas a impressão que fica é de que a experiência não deixou de ser prazerosa para os dois. Ela geme e choraminga. Ele agarra os cachos soltos dela e puxa a cabeça dela para trás. Ele dá um longo beijo molhado na sua boca.*)

FLORA (*choramingando*): Mmmm-hmmmm! Mmmm!

JAKE (*com voz rouca*): Meu docinho!

FLORA: Mmmmm! Dói! Dói!

JAKE: Dói?

FLORA: Mmmm! Dói!

JAKE: Beijinho?

FLORA: Mmmm!

JAKE: Bom?

FLORA: Mmmm...

JAKE: Ótimo! Dá um espacinho.

FLORA: Muito quente!

JAKE: Vai, dá um espacinho.

FLORA: Mmmmm...

JAKE: Emburrada?

FLORA: Mmmmmm.

JAKE: Quem é meu nenê? Grande? Doce?

FLORA: Mmmmm! Dói!

JAKE: Beijinho! (*Ele leva o pulso dela aos seus lábios e faz sons como se os tivesse devorando.*)

FLORA (*risinhos*): Para! Bobo! Mmmm!

JAKE: O que eu faria se você fosse um pedação de bolo?

FLORA: Bobo!

JAKE: Nhac! Nhac!

FLORA: Ah, seu –

JAKE: O que eu faria se você fosse um pão doce? Um pedação branco com um montão de creme gostoso?

FLORA (*risinhos*): Para!

JAKE: Nhac, nhac, nhac!

FLORA (*dando um grito estridente*): Jake!

JAKE: Hã?

FLORA: Faz cosqui-nha!

JAKE: Responde a perguntinha!

FLORA: O que-é?

JAKE: Onde eu fiquei desd'a janta?

FLORA: Saiu na caminhonete! (*Rápido ele pega o pulso dela de novo. Ela grita.*)

JAKE: Onde eu fiquei desd'a janta?

FLORA: Varanda! Balanço!

JAKE: Fazendo o quê?

FLORA: *Balançando!* Meu Deus, Jake, solta!

JAKE: Dói?

FLORA: Mmmmm...

JAKE: Bom?

FLORA (*choramingando*): Mmmmm...

JAKE: Agora cê sabe onde eu tava e o que tava fazendo desd'a janta?

FLORA: Sei...

JAKE: Se alguém perguntá?

FLORA: Quem vai perguntá?

JAKE: Num interessa quem vai perguntá, só que cê sabe a resposta! Ahã?

FLORA: Ahã. (*Ciciando infantil.*) Cê ficou aqui. Sentado no balanço desd'a janta. Balançando – pra frente pra trás – pra frente pra trás... Cê num saiu na caminhonete. (*Devagar.*) E levô um baita susto quando o Sindicato pegô fogo! (*Jake dá um tapa nela.*) Jake!

JAKE: Tudo que cê disse tá certo. Mas não vem com ideia.

FLORA: Ideia?

JAKE: Uma mulher que nem você num foi feita pra tê ideia. Foi feita pra sê abraçada e apertada!

FLORA (*infantil*): Mmmm...

JAKE: Mas não pra tê ideia. Então, nada de ideia. (*Ele se levanta.*) Vai e entra na caminhonete.

FLORA: A gente vai vê o fogo?

JAKE: Não, a gente num vai vê fogo nenhum. A gente vai pra cidade comprar um engradado de Coca porque a gente tá com calor e com sede.

FLORA (*vagamente, enquanto levanta*): Eu perdi minha – bolsa – branca...

JAKE: Tá onde você deixou, no banco da caminhonete.

FLORA: Onde *cê* vai?

JAKE: No banheiro. Já volto. (*Ele entra, deixando a porta de tela bater. Flora caminha arrastando os pés até a beira dos degraus e para com um sorriso levemente idiota. Ela começa a descer usando sempre o mesmo pé, como uma criança aprendendo a andar. Ela para no degrau de baixo e olha absorta e vagamente para o céu, seus dedos fecham-se gentilmente sobre seu pulso machucado. Ouve-se Jake cantando do lado de dentro.*)

> My Baby don' care fo' rings
> Or other expensive things –
> My baby just cares – fo' – me![4]

CORTINA

* * *

---

[4] "My Baby Just Cares for Me". Música composta em 1928. Letra de Gus Kahn e música de Walter Donaldson. Tradução: Meu amor não se importa com anéis / Ou outras coisas caras / Meu amor só se importa comigo. (N. T.)

Cena II

Começo da tarde. O céu está da mesma cor dos laços de cetim das cortinas – um azul translúcido e inocente. A onda de calor cria uma miragem sobre toda a planície do Delta e a frente branca pontiaguda da casa é como uma exclamação estridente. A máquina de Jake trabalha, sua pulsação contínua é ouvida do outro lado da estrada. Uma delicada fibra de algodão paira no ar. Jake aparece, um homem grande e resoluto, com braços que parecem pernis, cobertos de penugem loura. Atrás dele vem Silvio Prati Vicarro, que é o superintendente do Sindicato Rural onde ocorreu o incêndio na noite anterior. Vicarro é um homem bem pequeno e atarracado, moreno, de origem latina. Ele veste calças de vaqueiro, botas de amarrar e uma camiseta branca. Ele usa uma medalhinha de santo no pescoço.

JAKE (*com a bem-humorada condescendência de um homem muito grande para com um pequeno*): É, seu moço, só posso dizer que o senhô é um carinha de sorte.

VICARRO: Sorte? Que sorte?

JAKE: D'eu poder pegar um trabalho desses agora! Vinte e sete carros de algodão é um senhor de um trabalho, seu Vicarro. (*Para nos degraus.*) Nenê! (*Morde um pedaço de tabaco prensado.*) Qual seu nome todo?

VICARRO: Silvio Prati Vicarro.

JAKE: Prati? Como se escreve?

VICARRO: P-R-A-T-I.

JAKE: Prati? Como prata? A palavra é de prata e o silêncio é de ouro! De onde é isso? Da *Bíblia*?[5]

VICARRO (*sentando nos degraus*): Não, da Carochinha.[6]

JAKE: Pois é, sorte sua mesmo eu poder fazer. Se tivesse ocupado como há duas semanas, eu tinha recusado. NENÊ! VEM AQUI FORA UM MINUTO! (*Ouve-se uma resposta vaga de dentro da casa.*)

VICARRO: Sorte. Muita sorte. (*Acende um cigarro. Flora abre a porta de tela e sai. Ela está com seu vestido de seda rosa melancia e aperta contra o corpo a enorme bolsa de pelica branca com suas iniciais gravadas numa placa niquelada grande.*)

JAKE (*com orgulho*): Seu Vicarro – Quero que conheça dona Meighan. Nenê, esse moço tá arrasado e eu queria que animasse ele. Ele acha que tá sem sorte porque a máquina dele pegou fogo. Ele tem 27 carros de algodão pra descaroçar. Uma encomenda urgente dos seus maiores clientes de Móbile.[7] Eu disse pra ele, seu Vicarro, o senhor devia dar graças – não porque a máquina pegou fogo, mas porque agora, por acaso, eu posso pegar esse trabalho. Diz pra ele como ele tem sorte!

---

[5] No original o nome da personagem é Silva, cuja sonoridade é muito próxima de "silver" (prata), dando assim ensejo a um jogo semântico na observação seguinte de Jake, que cita o dito popular "Ev'ry cloud has got a silver lining" [Mesmo as coisas não intrinsecamente boas podem ter algo de bom]. Procurou-se empregar, na tradução, um dito popular que resgatasse a presença do elemento "prata" na fala. (N. T.)

[6] No original, *Mother Goose Book*: livro de contos infantis popular equivalente aos Contos da Carochinha.

[7] Cidade no estado do Alabama, nos Estados Unidos. (N. T.)

FLORA (*nervosa*): Aposto que ele não vê sorte da máquina pegá fogo.

VICARRO (*ácido*): Não, dona.

JAKE (*rápido*): Seu Vicarro. Tem caras que casam com a garota quando ela é pequena e magra. Eles gostam das miúdas, né? Aí a garota se acomoda – e o que acontece? Ela encorpa – claro!

FLORA (*envergonhada*): Jake!

JAKE: E aí, então! O que eles fazem? Aceitam como parte da vida, como coisa natural? Não, meu velho, nada disso. Eles começam a se achar injustiçados. Acham que o destino virou contra eles, porque a pequena não é tão pequena como era antes. Porque virou uma matrona. É, meu caro, essa é a raiz de muitos problemas domésticos. Mas eu, seu Vicarro, não fiz essa besteira não. Quando me apaixonei por esse bombom, ela já era desse tamanho.

FLORA (*indo timidamente até o corrimão da varanda*): Jake...

JAKE (*com um leve sorriso*): Não uma gorda, mas imensa. Gostei dela assim – imensa! Falei logo que pus aliança nela, num sábado à noite, num ancoradouro em Moon Lake – eu disse, benzinho, se perdê um quilinho só desse corpo – largo de você! Eu disse: largo de você, assim que vê que começô a perdê peso!

FLORA: Ai, Jake – por favô!

JAKE: Não quero nada pequeno, não numa mulher. Não tô atrás de nada *petite*, como dizem os franceses. Isso é o que eu queria – e consegui! Olha pra ela, seu Vicarro. Olha ela ficando corada! (*Ele agarra Flora pela nuca e tenta virá-la.*)

FLORA: Ai, para, Jake! Para, vai?

JAKE: Vê que boneca? (*Flora vira-se de repente e bate nele com a bolsa. Ele dá uma gargalhada e desce as escadas rapidamente. Ele para no canto da casa e vira-se.*) Nenê, deixa seu Vicarro à vontade enquanto desencaroço aqueles 27 carros de algodão. Política da boa vizinhança,[8] seu Vicarro. Você me dá uma coisa boa, te dou outra em troca! Té lógo! Té, nenê! (*Sai com passadas vigorosas.*)

VICARRO: A política da boa vizinhança! (*Ele senta nos degraus da varanda.*)

FLORA (*sentando no balanço*): Ele num é abu-sa-do! (*Ela ri abobada e põe a bolsa no colo. Com um olhar triste, Vicarro fita a claridade dançante dos campos. Ele faz beiçinho como uma criança. Um galo canta ao longe.*)

FLORA: Eu não ia tê coragem de me expô desse jeito.

VICARRO: Expor? A quê?

FLORA: Ao sol. Fico toda queimada. Nunca vou me esquecer de uma vez que tostei. Foi em Moon Lake, num domingo, bem antes de casá. Nunca gostei de pescá, mas esse moço, um dos Petersons, insistiu pra gente pescá. Ele num pegô nada, mas ficô pescando e pescando e eu fiquei sentada no barco com todo aquele sol em cima de mim. Eu disse: "fica debaixo dos

---

[8] Alusão à Good Neighborhood Policy [Política da Boa Vizinhança], política externa dos Estados Unidos durante a gestão (1933-1945) do presidente Franklin Delano Roosevelt. Baseava-se no princípio de não intervenção nos assuntos internos dos países da América Latina. (N. T.)

chorões". Mas ele não me ouviu, e é claro que eu me queimei tão feio que tive que dormí de bruços nas outras três noites.

VICARRO (*distraído*): O que disse? Se queimou no sol?

FLORA: É. Uma vez, em Moon Lake.

VICARRO: Que pena. Mas ficou bem, né?

FLORA: Ah é. Depois fiquei. É.

VICARRO: Deve ter sido muito ruim.

FLORA: Também já caí no lago uma vez. De novo com um dos Petersons também. Em outra pescaria. Eram endiabrados aqueles Petersons. Nunca saí com eles que num acontecia uma coisa que eu preferia num tê ido. Uma vez queimei, uma vez quase afoguei. Uma vez – urtiga! Olhando pra trás agora, apesá disso tudo a gente se divertia muito.

VICARRO: Política da boa vizinhança, hein? (*Ele bate na bota com o chicote de montaria. Depois levanta dos degraus.*)

FLORA: Melhó vi pra varanda pra ficá mais à vontade.

VICARRO: Uh-huh.

FLORA: Eu não sou muito boa de – puxá assunto.

VICARRO (*notando-a, finalmente*): Não precisa puxar assunto por minha causa, dona Meighan. Sou do tipo que prefere um acordo tácito. (*Flora ri sem convicção.*) Uma coisa que eu sempre reparo em vocês mulheres...

FLORA: O que, seu Vicarro?

VICARRO: Estão sempre agarradas em alguma coisa. Essa bolsa...

FLORA: Minha bolsa?

VICARRO: Não tem por que ficar com a bolsa na mão. Não tá com medo que eu pegue, tá?

FLORA: Meu Deus, não! Num tava com medo disso.

VICARRO: Não seria política da boa vizinhança, né? Mas agarra essa bolsa só pra ter onde se apoiá. Não é verdade?

FLORA: É. Eu gosto de sempre ter uma coisa na mão.

VICARRO: Claro que gosta. Sente que tem muita coisa incerta por aí. Máquinas pegam fogo. Brigada de incêndio sem equipamento decente. Não há proteção nenhuma. O sol da tarde é quente. Não há proteção. As árvores nos fundos da casa. Não são uma proteção. O tecido desse vestido – não é uma proteção. E o que a senhora faz, dona Meighan? Pega a bolsa branca. Ela é sólida. Ela é firme. Ela é certa. É uma coisa pra se agarrar. Entende o que eu quis dizer?

FLORA: É. Acho que sim.

VICARRO: Ela te dá a sensação de estar ligada a alguma coisa. A mãe protege o bebê? Não, não, não – o bebê protege a mãe! De estar perdida e vazia e não ter nada na mão além de coisas sem vida! Talvez a senhora ache que não há muita conexão!

FLORA: Dá licença d'eu não pensá. Sou muito preguiçosa.

VICARRO: Qual o seu nome, dona Meighan?

FLORA: Flora.

VICARRO: O meu é Silvio Prati. Não de ouro, mas de prata.

FLORA: Como um dólar de prata.

VICARRO: Como um centavo de prata. É um nome italiano. Sou de Nova Orleans.

FLORA: Então não é queimado de sol. É moreno de nascença.

VICARRO (*levanta a camiseta e mostra a barriga*): Olha só!

FLORA: Seu Vicarro!

VICARRO: Tão moreno como meu braço!

FLORA: Num precisa me mostrá! Num sô do Missouri!

VICARRO (*gargalha*): Desculpe.

FLORA (*rindo nervosa*): Ufa! Desculpe, mas não tem Coca-Cola. A gente ia comprar um engradado de Coca-Cola ontem à noite, mas com todo aquele alvoroço –

VICARRO: Que alvoroço?

FLORA: Ah, o fogo e tudo.

VICARRO (*acendendo um cigarro*): Não achei que o fogo ia causar todo esse alvoroço aqui.

FLORA: Fogo sempre causa alvoroço. Depois do fogo, cachorros e galinhas não dormem. Acho que nossas galinhas não dormiram a noite toda.

VICARRO: Não?

FLORA: Cacarejaram, brigaram, um escarcéu no galinheiro – uma coisa horrível! Também num consegui dormi. Fiquei deitada, suando a noite toda.

VICARRO: Por causa do fogo?

FLORA: E do calor, e dos mosquitos. E eu tava brava com o Jake.

VICARRO: Brava com seu Meighan? Por quê?

FLORA: Ah, ontem à noite ele saiu e me deixou aqui plantada nesta varanda sem uma Coca-Cola.

VICARRO: Ele saiu e te deixou aqui, é?

FLORA: É. Logo depois da janta. E quando voltou o fogo já tinha começado, mas em vez de me levar pra cidade de carro como disse, resolveu dá uma olhada na máquina queimada. Entrô fumaça no meu olho e no meu nariz e garganta. Me deu alergia. Eu tava exausta e nervosa, comecei a chorá. Chorei feito um bebê. Aí tomei duas colherinhas de elixir paregórico. Dava pra derrubá um elefante. Mas mesmo assim fiquei acordada, ouvindo o escarcéu das galinhas!

VICARRO: Parece que sua noite não foi lá muito boa.

FLORA: Parece? Num foi *mesmo*.

VICARRO: Então o seu Meighan – como a senhora disse, sumiu depois do jantar? (*Há uma pausa enquanto Flora olha inexpressivamente para ele.*)

FLORA: Hum?

VICARRO: Quer dizer que seu Meighan ficou fora um tempo depois do jantar? (*Pelo tom da voz dele, ela percebe a própria indiscrição.*)

FLORA: Ah – uh – só um instantinho.

VICARRO: Só um instantinho, é? Quanto durou o instantinho? (*Ele a encara duramente.*)

FLORA: Onde qué chegá, seu Vicarro?

VICARRO: Chegar? Lugar nenhum.

FLORA: Tá me olhando tão esquisito.

VICARRO: Ele sumiu por um instantinho! Não foi isso? Quanto durou esse instantinho que ele sumiu? Consegue se lembrar, dona Meighan?

FLORA: Que diferença faz? E o que tem com isso?

VICARRO: Qual o problema de eu perguntar?

FLORA: Parece que eu tô sendo julgada por alguma coisa!

VICARRO: Não gosta de brincar de testemunha?

FLORA: Testemunha do quê, seu Vicarro?

VICARRO: Ah – por exemplo – vamos dizer – um caso de incêndio doloso!

FLORA (*molhando os lábios*): Caso de –? O que é incêndio doloso?

VICARRO: A destruição deliberada de uma propriedade pelo fogo. (*Ele bate rispidamente o chicote de montaria nas botas.*)

FLORA (*assustada*): Ahh (*Nervosa, ela tamborila na bolsa.*) Num vem com – ideias estranhas.

VICARRO: Que ideias, dona Meighan?

FLORA: O sumiço do meu marido – depois da janta. Eu posso explicá.

VICARRO: Pode?

FLORA: Claro que posso.

VICARRO: Bom! Como explica? (*Ele a encara. Ela olha para baixo.*) Qual o problema? Não consegue organizar as ideias, dona Meighan?

FLORA: Não, é que –

VICARRO: Deu branco?

FLORA: Agora, olha aqui – (*Ela se retorce no balanço.*)

VICARRO: Não consegue lembrar por que seu marido sumiu depois do jantar? Não faz ideia do que ele foi fazer quando saiu, né?

FLORA: Não! Não faço!

VICARRO: Mas quando ele voltou – deixa eu ver... O fogo tinha acabado de começar no Sindicato?

FLORA: Seu Vicarro, num tenho a menor ideia de onde qué chegá.

VICARRO: A senhora é uma testemunha muito fraca, dona Meighan.

FLORA: Num consigo pensá – quando me encaram.

VICARRO: Tá bem. Então eu olho para o outro lado. (*Ele se vira de costas para ela.*) Melhorou sua memória, agora? Agora consegue se concentrar na pergunta?

FLORA: Haãããã.

VICARRO: Não? Não consegue? (*Ele se vira novamente, sorrindo com malícia.*) Bom... Vamos mudar de assunto?

FLORA: Eu ia gostá muito.

VICARRO: Não adianta chorar sobre uma máquina queimada. Neste mundo é olho por olho, dente por dente.

FLORA: O que qué dizê?

VICARRO: Nada específico. Se importa se eu...

FLORA: O quê?

VICARRO: Quer chegar um pouco mais pra lá pra me dar um espacinho? (*Flora abre espaço no balanço. Ele senta-se ao seu lado.*) Eu gosto de um balanço. Sempre gostei de balançar. Relaxa a gente... Está relaxada?

FLORA: Claro.

VICARRO: Não, não está. Está tensa.

FLORA: O senhô me deixou um pouco nervosa. Todas aquelas perguntas sobre o fogo.

VICARRO: Eu não perguntei sobre o fogo. Eu só perguntei sobre a saída do seu marido depois do jantar.

FLORA: Eu expliquei pro senhô.

VICARRO: Claro. É verdade, explicou. A política da boa vizinhança. Foi uma bela observação do seu marido sobre a política da boa vizinhança. Agora eu entendo o que ele quer dizer com isso.

FLORA: Ele tava pensando no discurso do presidente Roosevelt.[9] Uma noite, na semana passada, a gente sentô e ouviu.

VICARRO: Não, acho que ele estava falando de alguma coisa mais próxima, dona Meighan. Você me faz um favor, e eu te faço outro, foi isso que ele disse. Tem um fiapinho de algodão no seu rosto. Não mexe – Vou tirar. (*Ele delicadamente retira a fibra.*) Pronto.

FLORA (*nervosa*): Obrigada.

VICARRO: Têm muitas fibras finas de algodão flutuando pelo ar.

FLORA: Eu sei que tem. Irrita meu nariz. Acho que dá alergia.

VICARRO: Bom, a senhora é uma mulher delicada.

FLORA: Delicada? Eu? Ah, não. Sou muito grande pra ser delicada.

VICARRO: Seu tamanho faz parte da sua delicadeza, dona Meighan.

FLORA: Como assim?

VICARRO: A senhora é grande, mas cada pedacinho é delicado. É só escolher. Uma delícia, devo dizer.

FLORA: Hum?

---

[9] Discurso proferido pelo presidente Franklin Delano Roosevelt, em 14 de agosto de 1936, em Chautauqua, Nova York. (N. T.)

VICARRO: Eu quero dizer que a senhora toda é desprovida de qualquer aspereza. A senhora é macia. Textura fina. E lisinha.

FLORA: Nossa conversa tá ficando muito pessoal.

VICARRO: É. A senhora me faz pensar em algodão.

FLORA: Hum?

VICARRO: Algodão!

FLORA: Bom! Devo dizer obrigada ou o quê?

VICARRO: Não, apenas sorria, dona Meighan. O seu sorriso é encantador. Covinhas!

FLORA: Não...

VICARRO: É, a senhora tem! Sorria, dona Meighan! Vamos – sorria! (*Flora desvia o rosto, sem conseguir conter um sorriso.*) Aí. Vê? A senhora tem! (*Ele delicadamente toca em uma de suas covinhas.*)

FLORA: Por favor, não me toca. Num gosto de sê tocada.

VICARRO: Então por que o risinho?

FLORA: Não deu pra evitá. O senhô me deixa meio nervosa, seu Vicarro. Seu Vicarro –

VICARRO: O quê?

FLORA: Espero que não ache que o Jake tá metido com esse fogo. Juro por Deus que ele nunca saiu da varanda. Agora lembro bem. A gente ficou aqui sentado no balanço até o fogo começá e aí ele foi de carro pra cidade.

VICARRO: Pra comemorar?

FLORA: Não, não, não.

VICARRO: Vinte e sete carros de algodão é um senhor negócio pra cair no colo como um presente dos deuses, dona Meighan.

FLORA: Achei que disse que ia mudá de assunto.

VICARRO: Foi a senhora que começou dessa vez.

FLORA: Num tenta me confundi de novo, por favô. Juro por Deus que o fogo já tinha começado quando ele voltô.

VICARRO: Não foi isso que disse agora há pouco.

FLORA: O senhô tá me confundindo. A gente foi pra cidade. O incêndio tinha começado e a gente não sabia.

VICARRO: Pensei que tinha dito que deu alergia.

FLORA: Ai, meu Deus, o senhô põe palavras na minha boca. Melhó fazê uma limonada.

VICARRO: Não se incomode.

FLORA: Vou entrá e prepará num instante, mas neste momento tô muito fraca pra levantá. Num sei pur quê, mas mal consigo ficá de olho aberto. Eles num param de fechá... Acho que dois num balanço é muito apertado. Faz favô de voltá pra lá?

VICARRO: Por que quer que eu saia?

FLORA: Dá muito calô no corpo ficá apertado junto.

VICARRO: Um corpo pode refrescar o outro.

FLORA: Sempre ouvi dizê que um corpo esquenta o outro.

VICARRO: Não nesse caso. Eu sou frio.

FLORA: Num parece.

VICARRO: Eu sou frio que nem gelo. Se não acredita, toca em mim.

FLORA: Onde?

VICARRO: Em qualquer lugar.

FLORA (*levantando-se com muito esforço*): Dá licença. Preciso entrá. (*Ele a puxa de volta.*) Por que fez isso?

VICARRO: Ainda não quero me privar da sua companhia.

FLORA: Seu Vicarro, o senhô tá tomando liberdade demais.

VICARRO: A senhora não leva nada na brincadeira?

FLORA: Isso não é brincadeira.

VICARRO: Então por que o risinho?

FLORA: Tenho cócegas. Para com o chicote.

VICARRO: Só estou espantando as moscas.

FLORA: Por favô, deixa elas. Elas num faz mal a ninguém.

VICARRO: Acho que gosta de um chicote.[10]

[10] Procurou-se, nesta passagem, manter o jogo de ambiguidades semânticas presentes no uso do verbo "to switch" no diálogo original. A ideia do chicote, presente no gesto de Vicarro ao espantar as moscas, aproxima-se semanticamente da ambiguidade implícita nos comentários que faz diante das reações de Flora. (N. T.)

FLORA: Num gosto. Quero que pare.

VICARRO: Ia gostar até mais forte.

FLORA: Não, não ia.

VICARRO: Essa mancha roxa no seu pulso –

FLORA: Que é que tem?

VICARRO: Eu tenho uma suspeita.

FLORA: Do quê?

VICARRO: Foi torcido. Pelo seu marido.

FLORA: O senhô tá louco.

VICARRO: É, foi sim. E a senhora gostou.

FLORA: É claro que não. Pode tirá o braço, por favô?

VICARRO: Não fica tão nervosa.

FLORA: Tudo bem. Então vou levantá.

VICARRO: Levanta.

FLORA: Tô tão fraca.

VICARRO: Tonta?

FLORA: Um pouquinho. É. Minha cabeça tá girando. Quero que pare o balanço.

VICARRO: Não está balançando muito.

FLORA: Mas mesmo um pouquinho é demais.

VICARRO: A senhora é uma mulher delicada. É também bem grande.

FLORA: Como a América. Grande.

VICARRO: Que comentário engraçado.

FLORA: É. Não sei pur que falei isso. Minha cabeça tá muito confundida.

VICARRO: Confusa?

FLORA: Confusa e – confundida... Tem alguma coisa no meu braço?

VICARRO: Não.

FLORA: Então o que tá esfregando?

VICARRO: Tirando o suor.

FLORA: Deixa.

VICARRO: Me deixa enxugar. (*Ele seca o braço dela com um lenço.*)

FLORA (*rindo fraca*): Não, por favô, não. É esquisito.

VICARRO: Esquisito como?

FLORA: Faz cócegas. De cima a baixo. Para com isso agora. Se não pará vou chamá alguém.

VICARRO: Chamar quem?

FLORA: Aquele pretinho. O pretinho que tá cortando o mato do outro lado da estrada.

VICARRO: Vai. Chama.

FLORA (*fraca*): Ei! Ei, muleque!

VICARRO: Não consegue chamar mais alto?

FLORA: Tô tão esquisita. O que tá acontecendo comigo?

VICARRO: Está relaxando. A senhora é grande. Um mulherão. Gosto da senhora. Não fica agitada!

FLORA: Não tô, mas o senhô –

VICARRO: O que eu estou fazendo?

FLORA: Suspeitas. Do meu marido e ideias sobre mim.

VICARRO: Como o quê?

FLORA: Que ele botô fogo na sua máquina. Ele não botô. E eu não sô um pedação de algodão. (*Ela se levanta.*) Vô entrá.

VICARRO (*levantando*): Boa ideia.

FLORA: Eu disse que eu ia. Não o senhô.

VICARRO: Por que não eu?

FLORA: Eu e o senhô lá dentro é gente demais.

VICARRO: Três é demais. Nós somos dois.

FLORA: O senhô fica fora. Espera aqui.

VICARRO: O que vai fazer?

FLORA: Uma jarra de limonada gelada.

VICARRO: Ótimo. Vai.

FLORA: E o senhô vai fazê o quê?

VICARRO: Eu vou atrás.

FLORA: É o que achei que tava planejando. Nós dois vamos ficá aqui fora.

VICARRO: No sol?

FLORA: Vamos sentá de novo na sombra. (*Ele a impede.*) Sai da minha frente.

VICARRO: A senhora é que está na minha frente.

FLORA: Tô tonta.

VICARRO: É melhor deitar.

FLORA: De que jeito?

VICARRO: Entra.

FLORA: O senhor vai me segui.

VICARRO: E se eu seguir?

FLORA: Tô com medo.

VICARRO: A senhora está começando a chorar.

FLORA: Tô com medo.

VICARRO: De quê?

FLORA: Do senhô.

VICARRO: Eu sou pequeno.

FLORA: Tô tonta. Não me aguento em pé. Preciso sentá.

VICARRO: Entra.

FLORA: Num posso.

VICARRO: Por que não?

FLORA: O senhor vai me segui.

VICARRO: E isso seria tão ruim?

FLORA: O senhô tem maldade nos olhos e num gosto do chicote. Juro por Deus que ele nunca... Ele não, juro!

VICARRO: Fez o quê?

FLORA: O fogo...

VICARRO: Entra.

FLORA: Não, por favô.

VICARRO: Não o quê?

FLORA: Baixa. Baixa o chicote, por favô. Deixa ele aqui na varanda.

VICARRO: Está com medo do quê?

FLORA: Do senhô.

VICARRO: Entra. (*Ela vira-se desamparada e se dirige à porta de tela. Ele a abre.*)

FLORA: Não me segue. Por favô, não me segue! (*Ela oscila. A mão dele pressiona a dela. Ela entra. Ele a segue. A porta fecha em silêncio. A máquina pulsa, devagar e constante, do outro lado da estrada. De dentro da casa, um grito desesperado e violento. Uma porta bate. O grito se repete mais fraco.*)

CORTINA

* * *

Cena III

Por volta das nove horas da mesma noite. Apesar do crepúsculo rosado no céu atrás da casa, uma exuberante lua cheia de setembro dá à fachada da casa uma aura fantasmagórica. Cachorros uivam como demônios pela planície extenuada do Delta. A varanda dos Meighan está vazia. Após um instante a porta de tela abre-se devagar e Flora Meighan surge lentamente, com aparência devastada. Seus olhos à luz do luar são vagos e serenos, seus lábios estão ligeiramente entreabertos. Ela se move com as mãos estendidas, tateando até alcançar uma coluna da varanda, para, e geme por um momento. Seu cabelo está solto e desgrenhado. Desnuda da cintura pra cima, exceto por uma faixa rasgada cor-de-rosa sobre os seios. Veem-se vergões roxos nos braços e ombros nus e uma mancha grande numa das bochechas. Um filete escuro, agora seco, escorre de um canto da boca. Ela cobre estes indícios mais aparentes com uma das mãos quando Jake chega à varanda. Ele cantarola baixinho enquanto se aproxima.

JAKE: *By the light – by the light – by the light – Of the silvery mo-o-on!*[11] (*Flora, instintivamente, recua para a sombra bem definida do telhado da varanda. Jake está cansado e triunfante demais para notar a aparência dela.*) Como está, nenê? (*Flora dá um grunhido queixoso.*) Cansada? Muito cansada pra falar? Bom, é assim que eu tô. Muito cansado pra falar. Muito cansado para falar qualquer coisa. (*Ele senta-se pesadamente nos degraus, resmungando e só dá um olhar de*

---

[11] Música composta por Gus Edwards, letra de Edward Madden, de 1909. Popularizada em 1940 por Fats Waller. A tradução é: Sob a Luz – sob a luz – sob a luz – Da lua prateada. (N. T.)

relance para Flora.) Vinte e sete carros de algodão. Foi o que descaroçei desde as dez da manhã. É trabalho pra macho.

FLORA (*com voz rouca*): Uh-huh... trabalho – pra macho...

JAKE: *Vin-te se-te car-ros de al-go-dão!*

FLORA (*repetindo, sem sentido*): *Vin-te se-te car-ros de al-go-dão!* (*Um cachorro late. Flora ri ofegante.*)

JAKE: Tá rindo de que, meu bem? Não de mim, espero.

FLORA: Não...

JAKE: Que bom. O trabalho que eu tive não tem a menor graça. Trabalhei feito uma mula mandando na crioulada. Eles não têm miolo. Só tem corpo. Tem que mandar, mandar, mandar. Eu nem sei como crioulo come sem alguém pra mandar botar a comida na boca! (*Ela ri novamente, como se estivesse cuspindo água.*) Hã! Você tá rindo que nem – Cruz-credo. Eu tive um dia de trabalho tremendo.

FLORA (*devagar*): Eu não me gabava – disso...

JAKE: Num tô me gabando, só tô dizendo que foi um longo dia de trabalho, tô acabado e quero um pouco de consideração, sem resposta atravessada. Meu bem...

FLORA: Num tô – (*Ri de novo.*) – dando resposta atravessada.

JAKE: Pegar um trabalhão desses, acabar, e dizer que acabei, não acho que é me gabar.

FLORA: Cê não é o único – que teve um longo dia de – trabalho.

JAKE: Quem mais teve? (*Uma pausa.*)

FLORA: Você deve achá que meu dia foi fácil. (*Ela ri, cuspindo de novo.*)

JAKE: Tá rindo feito bêbada. (*Flora ri.*) Entornou o quê? Veneno de barata ou citronela? Acho que te dou muita moleza, trabalho feito uma mula pra você pagar uma crioula pra lavar e arrumar a casa. Uma elefanta que banca de gatinha assustada, essa é a mulher que eu arranjei.

FLORA: Claro... (*Ela ri.*) Cê só me dá moleza!

JAKE: Tô pra vê você levantar um dedo. Tem preguiça até pra vestir uma roupa. Andando quase pelada pela casa o tempo todo. Vive no mundo da lua. Só pensa em: "Me dá uma Coca-Cola!". É melhor tomar cuidado. Tem uma nova agência no guverno. Chama M.I.A.: Mulheres Inúteis da América. Tem um plano secreto em andamento pra fuzilar elas. (*Ele ri da própria piada.*)

FLORA: Plano – secreto – em andamento?

JAKE: Pra *fuzilar* elas.

FLORA: Que bom. Tô feliz de ouvi isso. (*Ela ri novamente.*)

JAKE: Chego em casa cansado e cê começa a me encher. Tá arrevesada com o quê?

FLORA: Acho que foi um erro.

JAKE: O que foi um erro?

FLORA: Querê fazê o Sindicato de bobo...

JAKE: Num sei nada disso. A gente tava meio contra eles, meu bem. O Sindicato tava comprando toda terra por aqui, pono pra fora os veio lavrador sem pagá nada – por pouco num acaba com o comércio do condado de Two Rivers! Aí montaram a própria máquina pra descaroçar o próprio algodão. Por um tempo achei que tava num mato sem cachorro. Mas quando a máquina pegô fogo e seu Vicarro achou melhor passar um pouco de trabalho pra mim – acho que a situação melhorou muito.

FLORA (*rindo de leve*): Então cê num entende bem a política – da boa vizinhança.

JAKE: Não entendo? Ah, eu sou o cara que inventou.

FLORA: Huh-huh! Que – *invenção*! Tudo que eu posso dizer é – tomara que cê teja satisfeito agora que descaroçou – 27 carros de – algodão!

JAKE: Vicarro tava bem satisfeito quando chegô lá.

FLORA: É. Ele tava – bem – satisfeito.

JAKE: Como vocês se deram?

FLORA: A gente se deu bem. Bem – pra chuchu.

JAKE: Até que aquele baixinho é legal. Toma atitudes sensatas.

FLORA (*sem conter o riso*): Ele – toma – mesmo!

JAKE: Espero que tenha deixado ele à vontade?

FLORA (*com um risinho*): Fiz pra ele uma bela jarra de limonada – gelada!

JAKE: Com um pouquinho de gim, né? Foi assim que ficou bêbada. Um drinque gelado agora não ia cair nada mal. Sobrou?

FLORA: Nem um pouquinho, seu Meighan. A gente bebeu tu-di-
-nho! (*Ela se joga no balanço.*)

JAKE: Então, seu dia não foi tão cansativo?

FLORA: Não. Nem um pouquinho. Tive uma boa conversa com seu – Vicarro...

JAKE: Falaram de quê?

FLORA: Política da boa vizinhança.

JAKE (*gargalhando*): O que ele acha da política da boa vizinhança?

FLORA: Ah – (*Dá risinhos.*) – Acha que é uma – boa ideia! Ele disse –

JAKE: Hum? (*Flora ri de leve.*) Disse o quê?

FLORA: Disse – (*Tem outro ataque de riso.*)

JAKE: Seja o que for, deve ter sido uma piada.

FLORA: Ele disse – (*Controlando o riso.*) – ele num acha que vai montá mais uma máquina nova. Ele vai te deixá descaroçar tu-di-nho pra ele!

JAKE: Falei que ele ia tomar uma atitude sensata.

FLORA: É. Ele vai voltá amanhã – com muito mais algodão. Talvez mais 27 carros.

JAKE: É?

FLORA: Enquanto cê tivé descaroçando – ele qué que eu distraia ele com – uma bela limonada. (*Tem outro ataque de risinhos.*)

JAKE: Quanto mais escuto falar dessa limonada mais eu gosto. Limonada "calibrada", né? Thomas Collins?[12]

FLORA: Acho que – vai sê assim – pelo resto do – verão...

JAKE (*levanta e se espreguiça, feliz*): Bom, logo... vai ser outono. Noites mais frescas estão chegando.

FLORA: Num acho que isso vai – pará – mas...

JAKE (*com um tom óbvio*): Já tá mais fresco. Você não devia tá sentada aqui fora sem blusa, meu bem. Se o tempo mudá, você pega uma baita gripe.

FLORA: Num tava aguentando botá nada em cima de mim – na pele.

JAKE: Não é o calor que tá te dando brotoeja, é muito álcool. Esse vermelho é de birita, isso sim! Eu vou no banheiro. Quando eu sair (*Ele abre a porta de tela e entra.*) a gente vai de carro pra cidade e vê o que tá passando no cinema. Vai indo pro carro! (*Flora ri consigo mesma, abre devagar a enorme bolsa de pelica, tira um maço de lenços de papel e toca com suavidade seu próprio corpo aqui e ali, dando risinhos ofegantes.*)

FLORA (*em voz alta*): Eu não devia mesmo tê uma bolsa bebê.[13] Tá estufada, cheia de Kleenex[14] – pra ficá grande –

---

[12] Tom Collins é um drink norte-americano feito com gim, suco de limão, açúcar e soda, servido com gelo, uma cereja e uma fatia de laranja. (N. T.)

[13] No original, "kid purse" refere-se a uma bolsa de pelica, e cria um jogo de palavras intraduzível, já que "kid", que pode significar tanto criança como couro de bezerro (pelica), apresenta uma conotação metafórica que se procurou reter na tradução empregada, "bolsa bebê". (N. T.)

[14] Marca registrada mundialmente conhecida no ramo de lenços de papel. (N. T.)

que nem um bebê! Grande – nos meus braços – que nem um bebê!

JAKE (*de dentro*): O que foi que você disse, neném?

FLORA (*levanta-se apoiada na corrente do balanço*): Num sô – nenê. Mamãe! Mãe! É o que eu sô... (*Ela aconchega a grande bolsa branca nos braços e avança vagarosa e ternamente para a beira da varanda. A lua cheia brilha em seu rosto sorridente e devastado. Ela começa a balançar devagar, embalando a bolsa em seus braços e canta baixinho.*)

>Rock-a-bye Baby-in uh tree-tops!
>If a wind blows – a cradle will rock!

(*Desce um degrau.*)

>If a bough bends – a baby will fall!

(*Desce outro degrau.*)

>Down will come Baby – cradle –an'-all![15]

(*Ri e olha absorta e vagamente para a lua.*)

CORTINA

---

[15] Canção de ninar de domínio público cujo título em português é "Dorme Nenê". A tradução literal dos versos da canção tal como citada na peça é: Balança neném – no topo da árvore / Se um vento soprar – um berço vai balançar / Se um galho pender – um neném vai cair / Pra baixo cai o neném – e o berço também. (N. T.)

A Purificação

Tradução
Augusto Cesar
Maria Sílvia Betti

* *

Uma peça em versos para ser representada com um acompanhamento musical ao violão. A ação se passa em ranchos do Oeste há mais de um século.* Os personagens são rancheiros espanhóis e índios.

Os nomes dos lugares usados nesta peça estão associados principalmente à área que circunda Taos,** Novo México, mas isso apenas porque esses nomes e essas terras me são os mais familiares: é o tipo de lugar que gosto de imaginar como pano de fundo para a peça. Na verdade, não sei se povos deste tipo chegaram a viver lá e não acredito que isso tenha importância.

Para Margo Jones

PERSONAGENS

O JUIZ, *um rancheiro aristocrata de meia idade*
O FILHO, *um jovem de vinte anos, bonito, emocionalmente instável*
A MÃE, *puro sangue castelhano, cabelos grisalhos escuros, vestida de luto suntuoso*
O PAI, *alto e abatido, bebedor contumaz de vinho: lento e meditativo*
O RANCHEIRO DA CASA ROJO,*** *o projétil detonado de uma cobiça que levou à violência. Seu sangue é mais rude que o do povo da Casa Blanca. Mas ele é um homem de dignidade e força*

---

* A peça estreou em 1944, tendo sido escrita pouco antes. A época à qual remete deve, portanto, ser calculada com base nessa data. (N. T.)
** Cidade no Condado de Taos na região Centro-Norte do estado do Novo México, incorporada em 1934. (N. T.)
*** Casa Rojo e Casa Blanca – as duas famílias. (N. T.)

LUISA, *uma serviçal índia – um pouco de sangue espanhol. Uma natureza selvagem. Ela usa muitas joias e um xale chamativo*
UM ÍNDIO JOVEM
UM CORO DE TRÊS HOMENS E TRÊS MULHERES, *rancheiros*
O VIOLONISTA, *traja um dominó e uma capa forrada de escarlate – senta-se em um banco ao lado da grande porta em arco*
ELENA DAS FONTES E ELENA DO DESERTO, *duas visões da mesma personagem – a menina perdida*

* *

CENÁRIO

Uma sala vazia, branca ou cinza perolado. Vários bancos de madeira modestos, uma mesinha quadrada para o Juiz. Cabeça de um bezerro na parede. A ampla porta em arco proporciona uma vista da planície e do céu: o céu é cor de água-marinha suave, a planície, de ouro-claro. Uma cordilheira de montanhas arroxeadas no meio. Duas janelas altas com a luz do sol entrando transversalmente através delas.

Um crime foi cometido: um julgamento informal está sendo realizado. O Coro se enfileira silenciosamente sobre o palco e se senta nos bancos enquanto a cortina sobe. Em seguida entra o Violonista. Ele toca suavemente enquanto os personagens principais entram. O Juiz permanece em pé atrás da mesa até os outros se sentarem.

* * *

CENA I

O JUIZ:
> Bom, meus vizinhos, entendo tanto de processo judicial
> como qualquer lebre razoavelmente bem informada.
> Não obstante, parece que sou o Juiz.
> E fui colocado no cargo mais, eu espero,
> pelo que vocês sabem sobre mim do que o que eu sei.
> Não acredito em um homem julgando outro:
> Eu preferia que aqueles que precisam de julgamento
> julgassem a si próprios.
> A honra sendo
> mais do que uma palavra entre nós
> eu não tenho dúvida
> de que este é o tipo de julgamento que irá prevalecer.
> Todos nós somos rancheiros – vizinhos –
> Nossas inimizades, às vezes sangrentas, em geral são breves.
> Nossas amizades – mais duradouras.
> E isso é bom... O que quero dizer é simplesmente isso –
> Nós nos conhecemos suficientemente bem, eu acho,
> para convivermos sem muita cerimônia.
> Uma coisa ruim aconteceu.
> Os motivos ainda são obscuros.
> Isso sabemos bem: as chuvas estão há muito atrasadas.
> A estiagem está terrível.
> Nossos corações, como florestas acometidas pela seca,
> podem se inflamar rapidamente.
> Bem, as chamas se irromperam, não somente nos Lobos,
> mas aqui, entre os dois ranchos.

A chuva é necessária.
A chuva é o tratamento para uma queimada na floresta.
Para ações violentas também a chuva é necessária.
A chuva da qual falo é a chuva da verdade,
a verdade entre os homens é a única purificação.
Como está acima dos Lobos, *señor* Moreno?

RANCHEIRO (*aquele que está mais perto da porta*): Um pouco nublado.

JUIZ: *Bueno*!

(*avistando um frasco*)

Beber aqui dentro é proibido – fora daqui não é da minha conta
Então vamos continuar com o que viemos fazer.
Vocês vizinhos da Casa Blanca –
Eu peço a vocês primeiramente
Que falem a respeito de sua filha –

(*encarando a Mãe*)

Você, a mãe,
o que tem para dizer?

(*A Mãe abaixa a cabeça.*)

PAI: Ela não consegue falar.

JUIZ: Você consegue?

PAI: Não como um homem senhor dos seus sentidos.

JUIZ:

    Então como um homem sem eles, se quiser –
    Mas fale livremente –
    Fale abertamente a linguagem fraturada de seus corações
    e supriremos o sentido onde for necessário.

    (*Acorde no violão.*)

PAI:

    Não é fácil lhes contar
    sobre nossa filha.
    Seu nome era Elena.

FILHO:

    Ela não tinha nome
    pois ninguém aqui pode lhe dar um nome.

MÃE: O nome dela – era Elena.

FILHO:

    Seu esqueleto,
    elástico demais,
    uniu pela costura
    o gelo dos dois polos azuis isolados!

    (*Um murmúrio entre O Coro.*)

LUISA: A fonte contaminada – está borbulhando.

PAI:

    Ele quer dizer
    que ela expandiu nossas cercas.

FILHO:
> Eu quero dizer
> que ela expandiu todas as cercas.
> As gramas do prado
> continuavam muito, muito
> distantes de onde o portão
> foi quebrado – em vários – lugares...

LUISA (*debochando*): Escutem – borbulhando, borbulhando!

PAI: Nosso filho enlouqueceu.

MÃE: Desde a morte de nossa filha.

LUISA: A fonte contaminada – está borbulhando!

> (*O Coro murmura. O Juiz levanta a mão para adverti-los.*)

JUIZ: O garoto vai falar?

MÃE (*rapidamente*): Ele não sabe falar!

JUIZ:
> Eu acho que sabe,
> mas na linguagem da visão.
> Rosalio, você poderia
> falar de sua irmã?

FILHO (*levantando lentamente*):
> Os olhos dela sempre foram
> claros demais pela manhã.
> Transparência é um mau agouro
> em meninas muito novas!

Ela torna o voo
necessário
às vezes!

(*encarando seus pais*)

Vocês deveriam ter comprado para ela
as longas contas de cristal que ela queria...

MÃE (*gentilmente, sem levantar os olhos*):
Mas como poderíamos saber
que as contas a satisfariam?

FILHO:
Ah, eu sei, Mãe,
seu receio é que ela pudesse ter querido
descobrir nelas reflexos
de alguma coisa muito mais distante
que aquelas correntezas em que se banhava,
nua, apertando a virilha
com firmeza, com as duas palmas,
contra o frio
beijo, imaculado, da água da neve!

(*O Coro murmura.*)

LUISA: A fonte contaminada – está borbulhando!

(*O Rancheiro segura Luisa pelo ombro com a mão.*)

PAI:
Ele quer dizer
que ela expandiu nossas cercas.

FILHO:
> Expandiu todas as cercas, Pai.
> Ela também conhecia
> geleiras de um azul intenso
> vales brilhantes de sol,
> amarelos-limão, incríveis!
> E a desolação
> que esgarçou ao extremo
> os ossos brancos do seu peito!

LUISA: Borbulhando – borbulhando!

> (O *Pai toca seu braço, mas ele continua voltado para a porta.*)

FILHO (*violentamente*):
> Nem mesmo o clamor
> > estrondoso
> > > do meio-dia
> > > > crescente
> > > > > da distância!
> Derrubando paredes
> > com dois
> > > brutais
> > > > punhos nus
> > > > > azuis
> > > > > > cerrados contra o imprevisível
> nunca poderia – (*ternamente*)
> > certamente nunca poderia – acolher
> anseio tal como o da minha irmã!
> Quanto menos a noite,

destemidamente expressando com estrelas
aquela cadência sôfrega –
Para sempre?

(*O canto sem palavras se intensifica. O amplo portal em arco que dá para o céu água-marinha do deserto agora se ilumina com um resplendor fantasmagórico. Sinos dobram suavemente. O violão tece um padrão de êxtase.*

A irmã de Rosalio, Elena das Fontes, entra pela porta. Ela veste uma túnica totalmente branca e carrega flores brancas. Com dedos delgados como velas ela retira o xale que cobre sua cabeça e revela seu rosto. Os lábios sorriem. Mas somente O Filho, Rosalio, percebe a aparição – ele e O Violonista. Os outros olham fixamente para a Índia, Luisa, que se levanta bruscamente do banco ao lado do Rancheiro da Casa Rojo.)

LUISA (*agarrando as contas de madeira*):
Vocês ouviram a dama morta comparada à água da montanha.
Uma comparação muito boa, eu acho.
Uma vez eu guiava cabras pelas montanhas:
nós paramos para beber.
Parecia a mais pura das fontes.
Cinco dos cabritos morreram.
Eu só sobrevivi porque tinha prometido ao mestre
que iria retornar
a tempo para a Festa da Virgem...
A água era cristalina – mas estava contaminada na fonte.
A água era – água envenenada!

(*A garota da visão abaixa a cabeça e cobre o rosto e sua grinalda com o xale. O violão soa – triste e sinistro. Ela vira e se afasta da porta.*)

FILHO (*saltando furiosamente para a serviçal*): Madre de Dios!

JUIZ: Detenham-no.

(*O Pai o segura, acordes dramáticos no violão.*)

FILHO: Esta prostituta deveria sentir o gosto da bastonada!

MÃE:
Paciência, meu filho.
O *zopilote* vai grasnar – não podemos impedir!

JUIZ: Vocês, gente da Casa Blanca, nos serão mais úteis antecipando sua própria satisfação ao manterem a paz até que esta testemunha tenha terminado.

(*Para Luisa.*)

Continue, *señora*. Mas por favor evite ofensa desnecessária a estas pessoas.

LUISA:
O jovem é demente. Isso é verdade.
Ele passava pela nossa casa montado no pônei.
Ele gritava para algumas criaturas invisíveis como agora mesmo vocês o viram lançar um olhar de êxtase para a entrada vazia.
A lua, eu suspeito,
fez cafuné demais na cabeça dele.

CORO:
> A lua, nós suspeitamos,
> fez cafuné demais na cabeça dele.
>
> (*Eles balançam a cabeça e murmuram.*)

LUISA:
> Vocês sabem como é em agosto?
> Em agosto os céus
> ganham mais brilho, mais fogo.
> Ficam – instáveis.
> E então eu acho que é bom ficar em casa,
> manter-se numa ocupação sensata.
> Este aqui carecia de prudência, contudo.
> Ele cavalgava à noite sem sela
> por todo o Sangre de Cristo,[1]
> gritando em altos brados e fazendo gestos ridículos.
>
> (*O violão soa – acordes líricos.*)
>
> Vocês sabem como é em agosto?

CORO: Sim, em agosto!

LUISA:
> As estrelas fazem – excursões repentinas.
> A lua está – torta.
> Os cachorros ficam uivando como demônios pelos ranchos.

---

[1] Sangre de Cristo: cadeia de montanhas localizada no sul do Colorado e norte do Novo México. Acredita-se que o nome se deve à cor avermelhada dos picos das montanhas. (N. T.)

CORO: Uivando como demônios!

LUISA:
>Eu sou sábia – Fico dentro de casa.
>Mas este aqui, este jovem da Casa Blanca,
>continuamente corria e corria
>entre os lariços da montanha
>até cair de exaustão.
>Quando ele parava –
>nem sempre era dentro dos seus próprios cercados.

>(*O Coro murmura e concorda com a cabeça. O Juiz os adverte.*)

>Não –
>Algumas noites levava o pônei para pastar em Casa Rojo.
>Suas visitas eram anunciadas apenas pelo pônei
>relinchando à distância, avançando contra o vento.
>Numa dessas ocasiões
>Subi as escadas para avisar a senhora.
>Isso não foi necessário: a cama dela estava vazia:
>A colcha – jogada de lado.

>(*Violão. O Coro sussurra. O Juiz exige silêncio.*)

>Não incomodei o patrão, ele estava dormindo,
>mas atravessei sozinha o prado:
>A grama estava fria: eu tremia:
>Eu não levava lanterna – a luz das estrelas bastava.
>Eu não tinha chegado ao celeiro
>quando de repente, pela janela do sótão,
>iluminada com o brilho trêmulo de uma vela –
>duas figuras nuas apareceram em um tipo de – dança...

(*Acordes dramáticos altos no violão. Castanholas e tambores. Murmúrio de surpresa entre as mulheres. O Coro se levanta e seus membros falam entre si.*)

RANCHEIRO: Basta! Basta, Luisa!

(*Ele contorce as mãos, atormentado.*)

LUISA: Alguém tem que falar!

MÃE (*levantando-se*):
Então por fim veio à tona –
esta calúnia infame sussurrada contra nossa casa!

(*Silêncio.*)

PAI (*com voz embargada*): Que homem da gente desta mulher vai responder por isso?

LUISA:
Estou sozinha.
Eu mesma vou responder por isso.

O JUIZ:
Retomem seus lugares, *mis vecinos*.
É bobagem fingir surpresa sobre a acusação agora proferida.
Uma coisa tão persistentemente sussurrada em nossas cozinhas é melhor dita abertamente na presença de todos.
Então agora é necessário encarar isso de frente.

(*O violão toca – trágico, atormentado. O Filho olha para baixo sem se mexer.*)

LUISA (*rindo*): Por que ele não se levanta?

PAI: Rosalio, levante-se! – E fale!

MÃE (*levantando*): Não! – Espere!

(*Ela fala suave e ternamente e faz gestos delicados com as mãos cheias de anéis com rubis e safiras.*)

Meu filho é vítima de um êxtase inocente.
Ele puxou a mim.
Eu também cavalgava pelas montanhas
tanto em agosto quanto março –
Eu também gritava e fazia gestos ridículos
antes de ficar mais velha e aprender a inutilidade disso...
Se isso imputa alguma culpa tenebrosa sobre quem o pratica,
Então eu, mãe dele, preciso compartilhar esta censura pública.
Sangre mala – pode chamar assim.

CORO (*sussurrando*): *Sangre mala! Sangre mala!*

MÃE:
Nosso povo – era de índios guerreiros...
Os índios agora estão subjugados –
Então o que podemos fazer senão lutar contra nossas próprias sombras estranhas?

O JUIZ: *Señora* –

MÃE:
Deixe-me falar mais um pouco
preciso explicar coisas a vocês.

PAI:
Callate, Maria!
Rosalio, levante-se e fale!

(*O Filho olha para o Juiz.*)

O JUIZ: Isso, Rosalio, fale.

(*O Filho se levanta lentamente, torcendo a corda branca entre suas mãos.*)

FILHO: O que vocês querem que eu conte?

O JUIZ (*rindo*): Simplesmente a verdade.

FILHO:
A verdade?
Por que me pedir isso?
Peça a ele, o violonista –
porque a música às vezes fala a verdade.
Mas a teia das palavras é frouxa demais para apanhá-la...
Um pássaro pode ser pego enquanto alça voo
ou despedaçado no chão pelo falcão.
Sua música, que é a verdade,
não deve ser capturada nunca.
Ela é uma imagem, um sonho,
é a ligação com a mãe,
o cordão umbilical que deixou nossos corpos caírem de Deus
há muito mais tempo do que nos lembramos!
Eu – esqueço.

(*O Coro murmura.*)

LUISA: A fonte de água contaminada – está borbulhando.

FILHO: Músico! Acompanhe-me com música.

(*O Violonista percute as cordas num arpejo.*)

FILHO (*com um sorriso repentino*):
Como poderei descrever
o efeito que uma música tinha sobre nós?
Nas noites de fiesta
os garotos do rancho, ávidos por May,
rodeavam nossas cercas
com tamborzinhos de cabaça, com violões.

(*encarando a Mãe*)

Você, Mãe, lavava
as delicadas cortinas de renda branca,
varria as longas escadarias
e perfumava as alcovas com limão.

(*Acorde no violão.*)

Como poderei descrever
o efeito que uma música tinha sobre nós?
Nossas genitálias estavam ávidas demais!

MÃE (*involuntariamente*): Não!

LUISA: Ouçam!

FILHO:
Músico, acompanhe-me com música
Pois perdi o fio da meada.
Teça de novo a imagem da minha irmã.

(*Música.*)

Não. Ela se perdeu,
Capturada enquanto florescia

ou despedaçada no chão pelo falcão!
Não, ela está perdida,
Irrecuperavelmente perdida,
Foi-se por entre cordilheiras de nomes espanhóis.

(*Ele sorri vagamente.*)

Longe demais para ir atrás
   a não ser nas costas de um lagarto...

LUISA: Borbulhando! Borbulhando!

MÃE: Rosalio!

(*O Pai toca o ombro dela.*)

FILHO:
   ... Cuja fosforescência verde,
     perturba meia-noite
       que nem cimitarra,
   sibilando na espreita do céu metálico...

JUIZ:
   É esta quimera que você,
     Você, jovem desvairado pela lua,
     perseguia pelas montanhas?

FILHO: Não...

(*Luisa ri desagradavelmente.*)

LUISA:
Como ele poderia descrever
o efeito que uma música tinha sobre ele!

FILHO: Lavei meu corpo na neve.

LUISA: Porque era vergonhoso!

FILHO:
   Sim!
   E agora vocês poderão saber
   Como de fato fui bem-sucedido
   em apagar nossos incêndios.
   Minha irmã está livre.
   (*Ao Rancheiro.*)
   A mão dele concedeu liberdade a ela.
   Mas a minha – um agente menos generoso –
   Deu a ela somente – anseios...

   (*A Mãe grita. O Pai levanta. O Coro murmura.*)

LUISA: *Sangre mala!*

   (*Um estrondo de trovão lá fora.*)

JUIZ:
   Uma casa que procria de si mesma
   vai gerar destruição.

LUISA: *Sangre mala!*

PAI (*apaixonadamente*):
   No nosso sangue
   estava a força que entalhou este país!
   Você chama isso de s*angre mala?*

O JUIZ:

    Seu orgulho introjetou-se demais,
    excluiu o mundo de fora e se perdeu num espelho.

MÃE:

    Não, assimilamos o mundo demais, eu acho.
    Deveríamos ter erguido mais cercas.
    Os Conquistadores não podem negligenciar suas cercas.

PAI: As nossas foram negligenciadas.

MÃE: Derramamos nosso sangue no deserto para que ele florescesse.

PAI: As flores não foram boas flores.

(*O céu através da entrada escurece. O vento geme.*)

MÃE: Elas foram negligenciadas.

FILHO (*atormentado*): Mãe!

MÃE: Eu nunca deveria ter servido – vinho escuro – na ceia.

FILHO: Mãe!

MÃE:

    Sim – sim, ultimamente o lugar
        tem ficado mais agreste
    por causa de negligência
        ou talvez porque
           os ventos tomam mais liberdade com ele.
        Parece que as tempestades vêm com mais frequência.

PAI:
    Ano após ano é a mesma coisa.
    Dou um passo porta afora, um tanto embriagado após a ceia
    para observar o vale –
        Cinco milhas de distância, até mesmo dez,
        as tempestades avançando
        como exércitos de homens altos e silenciosos.
        Nada muda...

MÃE:
    Mas não é estranho
    como as coisas crescem em uma vida?
    Como árvores –
    Plantadas em uma primavera – aceitas – quase esquecidas,
    Então de repente – enchendo o quintal de sombras!

PAI:
    Invasores!
    Nós mesmos somos invasores.
    Estes ranchos, estes vales dourados –
    Uma terra tão ferozmente contestada como esta.
    O sangue do pai e a angústia da mãe a compraram!
    É para ser usada só como pasto para o gado?
    É para não construirmos nada nela a não ser celeiros e cercas?
    Não, não, somos invasores. Nós usamos a terra não demos
        nada!
    Mas mesmo assim –
    Este homem matou nossa filha.
    Pedimos sua vida em troca.

MÃE: Exigimos sua vida em troca.

LUISA: Escutem como o desejo de sangue neles grita alto!

O JUIZ:
> Rosalio, na sua presença sua irmã foi assassinada.
> É para você acusar o homem que...

FILHO (*levantando repentinamente*): Sim, eu o acuso!

LUISA:
> Sua língua deveria ser arrancada da sua boca e jogada aos urubus!
> Desavergonhado! Desavergonhado!

FILHO:
> Sim, eu sou desavergonhado – desavergonhado.
> A mulher da cozinha falou sua verdade de cozinha.
> O sótão do celeiro foi ocupado por amantes
> não uma vez, não duas, mas várias e várias vezes,
> sempre que a rebelião do nosso sangue derrubava as grades.
> Sem resistência foi
> esta união de pássaros juntos
> no centro do céu...
> Plumagem – canto – as espirais tontas do voo
> tudo repentinamente forçado junto
> em uma breve, ardente conjunção!
> Ah – ah –
> um pequeno espasmo apaixonado de asas e gargantas
> que agarrava – e pronunciava – escuridão...
> Queda
>   queda
>   queda

Depois, estilhaçados,
encontramos nossos corpos na grama.

(*Música suave.*) O frescor nos curou
a noite drenou nossa febre
cobriu a ferida com bandagem de seda das estrelas...
E então o vento deteve o pônei assustado
e o arremessou pelos arroios abaixo na direção da aurora!

(*Ele se afunda no banco entre seus pais.*)

O JUIZ (*levantando*):
Basta por enquanto – basta. O tribunal está com sede.

(*Ele cruza até a porta e grita.*)

Muchachos! Corram até o poço e tragam água para nós!
Ou se preferirem – *habanero!*
Músico – toque!

(*Sorrindo com altivez. O Violonista se move sinuosamente para frente. Ele fica em pé na luz através da janela e toca um danson. Cabaças e baldes de água são trazidos e passados entre os bancos. O Juiz retorna pela porta.*)

* * *

CENA II

O JUIZ:

As nuvens continuam escurecendo.
Se o céu nos der a graça de nos mandar chuva
a sessão será suspensa até amanhã
Agora vamos continuar.

(*Ele para diante do povo da Casa Blanca.*)

Rosalio, você não conseguiu prever
que este crime de sangue que você admitiu
iria – mais cedo ou mais tarde –
trazer vergonha – desastre?

FILHO:

Nós sabíamos – e não sabíamos.
Nos esquecemos deste homem fustigado pelo sol,
taciturno, que sonhava possui-la.
Mas ele extraiu de nós sua verde suspeita,
   a única coisa verde nele,
nutrida por esta índia astuta.
Ele, nosso antigo reparador,
restaurador das nossas cercas rompidas,
que meio sem percebermos cresceram para serem dele,
até que ele possuísse a garota – e não a Casa Blanca.
Ao descobrir por fim que tudo de que se apoderara fora em vão,
Apoderou-se de um machado!
Pois ele havia de ser o proprietário de algo – ou o seu destruidor.

(*O violonista toca. Ele encara o Rancheiro.*)

    Você, restaurador, venha cedo,
    antes que a aurora o traia.
    Aperte agora em sua mão
    o cabo liso e branco do machado!
    Mas espere! Espere – primeiro
    Encha os baldes de lata
    com fluido calcário, o leite branco
    daquele lagarto verde fosforescente –
    Memória, paixão.

LUISA:
    A fonte contaminada...

FILHO:
    Velhos apetites não saciados –
    Misture-os junto –
    cuidadosamente, para não entornar –

LUISA: ... está fervendo!

FILHO (*para Luisa*):

    Você, também,
    ajude nesta tarefa.
    Traga uma lâmina de escápula
    para raspar as manchas da madeira –
    um punhado de trapos
    para esfregar os respingos.

MÃE (*gemendo*): Ahhh – ahhh...

FILHO (*num tom delirante*):
>Pois com frequência, ante o alvorecer, naquele gelo fino, as pegadas do réptil, em forma de losango...

LUISA (*em tom de deboche*): Ele está divagando de novo. A fonte contaminada está fervendo!

FILHO:
>... facilitam a perseguição
>para aqueles que desejam persegui-lo.
>Ele depende do movimento rápido da sua cauda,
>em forma de cimitarra – relâmpago verde –
>para afastar os caçadores!
>Você tem que pular corda com leveza, artesão,
>nosso antigo restaurador,
>você tem que pular corda leve – leve – com leveza!
>Leve seu machado e seu balde
>retinindo devagar ao passar pelos galinheiros gélidos
>onde aves, estalactites sinistras, tecem comentários severos
>garra – bico –
>aos poucos, perceptivelmente mexendo as penas ruivas
>por causa da sua passagem silenciosa.
>Vá – vá para onde
>o celeiro,
>aquela construção clareada de luar,
>ampla
>e com arco de madeira como de igreja,
>saliente entre os dedos sensuais das vinhas
>aguarda intratável
>esta faceta da sua cópula mortal!

Pare lá, restaurador,
pois com certeza a luz irá pará-lo se nada mais conseguir.
(*Violão.*)
RANCHEIRO (*como em um transe*):
Ficava
num profundo poço de luz.
Ficava como um enorme navio naufragado – em profundos mares de luz!

FILHO: Você parou...

CORO (*como um eco*): Pare!

RANCHEIRO: Sim.

FILHO: Nesta catacumba imemorial,

CORO: Catacumba!

FILHO:
este lugar de planaltos
e cordilheiras de montanhas com nomes espanhóis...

CORO: Montanhas!

RANCHEIRO:
Sim.
Armei a escada.

FILHO:
Armou a escada íngreme –
Estreita...

RANCHEIRO:
    Estreita! – Indagando
    Se Cristo ainda está na Cruz!

CORO: Cruz!

FILHO: Armou na parede norte.

RANCHEIRO:
    Armei e subi...
    (*Ele agarra a testa.*) Subi!

CORO: Subiu!

FILHO:
    Subiu!
    Ao lado do sótão
    que deu ao céu todas as coisas.
    O machado –
    por um único momento –
    saudou a lua – depois golpeou!

CORO: Golpeou!

FILHO: E ela não chorou...

RANCHEIRO:
    Golpeou?
    Isso, golpeou – golpeou – *golpeou*!

CORO: Golpeou!

    (*Acordes dissonantes no violão com pratos. Os dois homens enfurecem juntos e lutam como animais até serem separados. Há um estrondo de trovão.*)

O JUIZ:
: Trovão? – Sobre os Lobos.
: *Señores*,
: A paixão de vocês não cabe aqui.
: Esta é a hora de refletir para acalmar a cabeça
: assim como, espero, a chuva irá depois refrescar nossos ranchos.
: Eu sei que a verdade
: escapa do discurso lógico
: mas penetra gradual e obliquamente
: na mente liberta pelo sono e pelo sonho.
: O grito que gagueja revela mais verdade do que a mão
: conseguiria registrar em um impassível papel...
: Meu vizinho da Casa Rojo,
: levante-se e recite sua parte neste relato sombrio.
: Você diz que a mulher Elena
: nunca lhe deu livremente aquilo a que o casamento dá direito?

RANCHEIRO:
: Nunca livremente, e nunca de outro modo.
: Não era um casamento.
: Eles a comparavam à água – e água, de fato, ela era.
: Água que corria entre os meus dedos quando eu estava sedento.
: Ah, do tempo que trabalhei na Casa Blanca,
: um trabalhador da sua gente, como eles mencionaram,
: eu sabia que havia algo obscuro – subterrâneo –
: frio – do qual ela tirava sua persistência,
: quando por todos os direitos
: do que eu sentia como sendo a natureza,

ela deveria ter secado – como campos em um verão sem chuva,
um verão como este que no momento mata de fome nossos
trigais,
ela deveria ter secado, esta mulher aparentemente sem amor,
e mesmo assim não secou.
Sim, ela era fria, ela era água,
Assim como a descreveram –
Mas a água represava sob a pedra – onde eu estava aflito.
Eu queimava.
Eu queimava.
Eu queimava...

(*Três notas dissonantes soam no violão. Há um murmúrio incessante como se o vento soprasse um monte de folhas secas.*)

RANCHEIRO (*com voz rouca*):
Por fim eu disse a ela, certa vez
era fim da tarde, e ela estava em pé na soleira da porta...

(*As notas dissonantes são repetidas. O murmúrio fica mais alto. Um som de riso debochado fora da porta, repentino e breve. A Elena do Deserto aparece. É a mesma garota perdida, mas não como o irmão a tinha visto. Esta é a visão da noiva sem amor, a água represada sob a pedra da sede do amante – não o verde das montanhas e os riachos ligeiros e claros, mas o deserto ressecado pelo sol. O corpo dela está inteiramente coberto por juta alvejada e seu cabelo está amarrado rente à cabeça. Ela carrega uma vasilha em cada mão como se fossem pratos equilibrados de balança, uma contendo um cacto, e a outra uma cruz* fúnebre de madeira com uma coroa de flores artificiais secas. O Rancheiro a observa.)

RANCHEIRO:
"Mulher" eu disse a ela, "Mulher, o que a mantém viva?"
"O que a mantém tão cintilante, sua fonte de faz de conta?"
(Para a visão.)
"Você e o deserto", eu disse a ela,
"Vocês são irmãs – irmãs sob a pele!"
Mas mesmo o deserto às vezes está prenhe de alguma coisa,
progênie distorcida,
torcida, seca, imbecil,
dá luz aos cactos,
a árvore ressequida de Judas.
O sangue da raiz faz o álcool queimar o cérebro e
colocar juras loucas na língua.
Mas você – você, mulher, não gera nada,
nada exceto a morte – que é tudo que você vai conseguir
com seu deplorável – corpo petrificado.

ELENA: Ah, não – vou conseguir algo mais.

O JUIZ:
Mais? Você vai conseguir algo mais?
De onde isso vai vir – adorável, dama sorridente?

(As folhas mortas farfalham.)

Isso virá cantando e gritando e mergulhando de costas em cânions

    e vai correr para Sangre de Cristo como pássaros selvagens
    para casa
    quando agosto enlouquecer o céu?

ELENA (*sorrindo*): Sim!

RANCHEIRO (*para o Juiz*):
    Sim, ela admitiu, sim!
    Porque na casa deles, este povo da Casa Blanca – ninguém
    pode dizer que eles temem falar a verdade!

ELENA:
    Talvez virá como você diz – mas até então
    As cercas estão quebradas – conserte-as.
    A lua está carente de uma nova camada de cal sobre ela!
    Cuide disso, reparador! Estes são seus deveres.
    Mas mantenha suas mãos longe de mim!

RANCHEIRO: Minhas mãos estão vazias – famintas!

ELENA: Encha-as de penas de galinha! Ou penas de urubu!

RANCHEIRO: Meus lábios estão secos.

ELENA:
    Então beba da cisterna. Ou se a cisterna estiver vazia, molhe
    seus lábios com o sangue faminto da raposa que mata
    nossas aves.

RANCHEIRO: O sangue da raposa queima!

ELENA:
    O meu também.

Não tenho alento para vocês:
minhas mãos são feitas da matéria dos poços de enxofre ressecados.
Estas são minhas dádivas:
o cacto, a cruz fúnebre desbotada com a coroa de flores mortas de vinhas sobre ela.
Ouçam! O vento, quando ele sopra,
está chocalhando castanholas secas no cemitério inquieto.
Os monges velhos entalham – eles fazem contas de rosários no porão.
Os dedos deles estão ficando muito rígidos para continuar o trabalho.
Eles temem os sinos. Porque os sinos são pesados e de ferro e não possuem nenhuma umidade.
Os ossos dos mortos se quebraram por falta de umidade.
As irmãs saem em uma fila rápida e contínua e suas saias pretas sussurram mais secas e mais secas e mais secas,
até pararem
antes que sua marcha desesperada tenha alcançado o rio.
O rio se tornou subterrâneo.
As irmãs desintegram-se: desintegram-se debaixo de suas saias pretas,
as saias são sopradas e os corpos salgados granulares
vão sussurrando entre as gramíncas sem vida...
Eu preciso ir também,
Porque eu, como estes, avistei uma cidade em chamas.
Agora me deixe ir!

(*Ela se vira com austeridade e sai pela porta. Três notas dissonantes no violão e o som de folhas mortas farfalhando é repetido. Um clarão amarelo de relâmpago no portal, agora vazio, e o som do vento.*)

RANCHEIRO:
    Minha mão disparou, como um chicote, para pegar o pulso dela,
    Mas ela já tinha saído...
    Minha esposa – aquela fonte de mentira – tinha fugido pela porta.

    (*Ele cobre o rosto com as mãos.*)

O JUIZ (*se levantando*):
    Músico, toque para nós a música
    do vento que promete chuva.
    O tempo está seco.[2]
    Mas nuvens vieram,
    e o som do trovão é bem-vindo.
    Agora deixe as índias pisarem a terra
    na dança que destrói o gafanhoto.

    (*As três mulheres de túnicas brancas levantam-se do banco e dão um passo à frente. Elas fazem uma dança lenta e com movimentos rígidos ao som dos tambores e violão. Os movimentos delas tornam-se mais lentos. A dança e a música se tornam um pano de fundo reticente para a fala.*)

---

[2] Intraduzível! O sentido usual seria "the weather is dry", mas Tennessee empregou "The time is dry". Para nós, falantes de português, nada de diferente. Mas em inglês, "weather" e "time" têm sentidos bem diferentes, já que "weather" se refere ao clima e "time" ao tempo cronológico. (N. T.)

RANCHEIRO:
Elena tinha fugido pela porta enquanto a tempestade caía
sobre nós.
Ela tinha fugido pela porta aberta, para os campos
escurecendo o vale
onde a chuva estava avançando
seus esquadrões de prata altos e silenciosos.
A figura dela se perdeu
no meio de uma convulsão repentina de sombras
lançadas pelos eucaliptos.

(*Os dançarinos levantam seus braços.*)

A chuva caía
enquanto o som de trompetes extasiados rolava sobre a terra,
e ainda
o delicado amarelo apático
do fim da tarde persistia
atrás
daquela cortina transparente de prata.
Imediatamente as nuvens
tinham transformado seu peso em movimento,
sua negritude afinada, diluída
as formas de seus cúmulos subiam mais alto,
suas bordas foram revolvidas
como penas radiantes, para cima, acima das montanhas.

(*Coral distante cantando. Sem letra. "La Golondrina"*[3] *é entrelaçada na música.*)

---

[3] Música composta por Narciso Serradel Sevilla (México, 1883). (N. T.)

RANCHEIRO:
    Um coro agudo
    agora cantou nos eucaliptos,
    um Angelus tocou!

    (*Sinos.*)

    A catacumba inteira do vale,
    a varredura da planície
    assumiu uma claridade curiosa sob a chuva.
    Os pássaros já, as andorinhas,
    antes que a tempestade parasse,
    tinham começado a subir
    as espirais limpas da atmosfera.
    Vinho etéreo
    embriagou estes bêbados
    suas notas eram selvagens
    e pródigas como a prata do tolo.
    A lua,
    opaca e branca como um osso,
    permaneceu sobre as montanhas Lobos
    e sorriu e sorriu
    como um idiota mudo em que
    a massa das nuvens diluía-se...
    Eu a vi mais uma vez – brevemente,
    correndo ao longo da cerca no fim do prado.
    A longa e tremenda
    canção dos eucaliptos descrevia este voo:
    os ombros rígidos inclinados para a frente,
    os braços atirados para fora, garganta arqueada,

mais como se bêbados com um tipo de abandono heroico – do que vendados – por susto.

(*Ele cobre o rosto.*)

Me perdoem...

(*A nuvem que cobriu o sol passa. A corrente de luz solar feroz retorna através da porta e das janelas. As mulheres retornam para o banco.*)

* * *

Cena III

(*O Juiz derrama água de uma cabaça para molhar seu lenço e limpa a testa.*)

O JUIZ:
As nuvens nos enganaram novamente – e afastaram-se.
Nosso amigo, o sol, retorna como um inimigo agora.
Queremos a chuva – o alento – a sombra...
Não nos foram dados ainda.

AS MULHERES (*cantando suavemente*):

Rojo – rojo
Rojo de sangre es el sol.

O JUIZ:
É a falta daquilo que um homem deseja mais intensamente
que o desvia da natureza.
Quando você era um garoto, meu amigo da Casa Rojo,
você era gentil – afastou-se demais do mundo.
Este isolamento, quase nobre, persistiu por toda a juventude,
mas depois, quando você ficou mais velho,
um vazio, ainda não preenchido, tornou-se um porão,
um porão em que o negrume se infiltrava gota a gota,
um vazamento lento e corrosivo.
Então o isolamento
já não era nobre – mas travado – ressentido
e criava uma necessidade de destruição.
O que estava claro?

RANCHEIRO: Nada estava claro.

O JUIZ: O que estava certo?

RANCHEIRO: Nada estava certo.

O JUIZ: Como a luz atravessou?

RANCHEIRO: Pela entrada mais desonesta, pela passagem mais estreita!

O JUIZ: E onde você andou – o que era aquilo por onde você andou?

RANCHEIRO: Uma pilha dos meus próprios ossos mortos – como madeira descartada.

O JUIZ: O dia estava parado.

RANCHEIRO: Opressivamente parado.

O JUIZ:
Meio-dia – sem fôlego. O céu estava vazio.
Branco – como praga – exaurido.

RANCHEIRO:
Certa vez ele vomitou
um enxame turbulento de gafanhotos.
O calor fez movimentos ondulados
por sobre a terrível
declaração de distância do deserto.
Gigantes desceram,
invisivelmente,
batendo enormes – enormes – tambores!

AS MULHERES (*suavemente*):
Rojo – rojo
Rojo de sangre es el sol.

(*Som de tambores tocados suavemente.*)

RANCHEIRO:
Tocadores de tambor!
Tocadores de tambor!
Voltem para dentro do meu crânio.
Há um tempo para o pesadelo da realidade mais tarde!
Ahhh – ahhh – com repugnância.
Com pelo na língua,
com globo ocular inflamado de muco,
a febre agigantando a alcova horrível à noite!

AS MULHERES:
Rojo – rojo
Rojo de sangre es el sol.

RANCHEIRO:
Agora você imagina
que sem qualquer outra varinha de condão que não a minha sede
procurei o alento das fontes
no corpo da mulher?
Que sem encontrar nenhuma
ou descobrindo que tinha sido exaurida – drenada
na própria nascente – no mínimo suspeitei,
eu bati?
E *bati*?
E parti a rocha falsa?

AS MULHERES: *Rojo – rojo.*

RANCHEIRO:
    Eu tenho minha culpa.
    Eu a possuo perante vocês, rancheiros, perante vocês, mulheres.
    Digo que golpeei com um machado
    o corpo falso da esposa
    e que teria golpeado o dele, também,
    mas minha força se esvaiu.
    Eu encontrei os dois juntos
    e os separei
    com aquilo – o machado.
    Nada mais,
        não há nada mais.

AS MULHERES:
    Rojo de sangre es el sol!
    Rojo – rojo.
    Rojo de sangre es el sol!

    (*O Rancheiro afunda no banco. O Filho se levanta. Uma nuvem passa de novo pelo céu. Há um vislumbre de relâmpago e o murmúrio inquieto do vento. Uma obscuridade substitui o clarão que havia na sala. As mulheres murmuram e puxam seus xales sobre elas.*)

FILHO (*encarando o Rancheiro*):
    Você não deve caluniá-la nem deve contaminá-la
    esta menina irrequieta
    esta mergulhadora dos ares

esta caçadora de pérolas
Batalhadora da terra!
Azul –
    Azul –
        Imortavelmente azul
é o espaço por fim...
Acho que ela sempre soube
que estaria perdida nele.
Perdida nele? Onde!
Em qual direção, se é que seguiu alguma?
Músico, conduza-nos com música!
Conduza-nos – Aonde?

(*O Violonista, com um sorriso de consentimento, coloca-se perto da porta.*)

FILHO (*com gestos de anseio infinito*):
Ah! amante garanhão
a noite é sua branca égua violentada!
A relva do prado continuou distante ao extremo
além do portão – quebrado em vários pontos.
Agarre-se a ele, criança morena,
até que ele a leve cada vez mais longe.
Ah, faça-o galopar
até os lugares mais selvagens e abertos!
Os lugares mais – indestrutíveis!
Pois agora nada te detém,
nada te impede de prosseguir,
garotinha perdida, minha irmã,

nem mesmo aquelas – pequenas – veias azuis
que carregavam a luz até suas têmporas,
Ah, chuvas de primavera
tão torrenciais que estouraram os vasos deles
e borrifaram o céu!

(*Sinos dobram suavemente mais uma vez e a garota reaparece à porta. É a primeira visão novamente – Elena das Primaveras. O Filho depara-se com ela.*)

FILHO: Elena.

(*Ela balança a cabeça afirmativamente com um sorriso pesaroso.*)

Elena!

(*Ele saca uma faca do seu cinto e ergue-a.*)

Testemunhe – neste golpe – nossa purificação!

(*Ele enfia a faca em seu próprio peito. Todos se levantam tomando fôlego baixinho. O Violonista se põe de pé e arranca sua capa cor de carmim. Ele acompanha o discurso e a ação com acordes delicados.*)

MÃE (*com sofrimento insuportável*): Meu filho!

FILHO: Elena...

(*A visão se retira sorrindo, transcendente. O Filho deixa a faca cair e encosta-se na soleira da porta aberta. O céu escurece e há um rufar do tambor. Uma voz distante grita "Chuva!".*)

FILHO (*olhando para fora com um sorriso*):
Peeto, nosso pônei,
fareja a tempestade chegando...

(*Um acorde delicado no violão.*)

Quando Peeto nasceu
ele se ergueu sobre as quatro pernas logo em seguida e aceitou o mundo.
Ele foi mais sábio que eu.
Quando Peeto tinha um ano de idade,
ele era mais sábio que Deus!

UMA VOZ (*mais perto*): A chuva! A chuva! A chuva!

FILHO (*com um sorriso débil, olhando para cima*):
Peeto! Peeto!
Os garotos índios correm atrás chamando...

VOZ (*ainda mais perto*): a chuva!

FILHO:
... tentando fazer que ele pare
tentar parar – o vento...

(*Ele cambaleia para a frente e cai no chão. Um Índio Jovem de camisa azul molhada e sombreiro entra subitamente pela porta, gritando.*)

JOVEM: A chuva! A chuva! A...

(*Ele arranca o sombreiro e esparge por toda a sala do tribunal a chuva que se acumulou na borda. Então ele repentinamente* observa o corpo no chão. Ele silencia respeitosamente e faz reverência com a cabeça. Ouve-se lá fora a música suave e persistente dos violões, acompanhada pelo canto sem palavras das mulheres. A chuva pode ser ouvida caindo contínua e suavemente no telhado.)

MÃE (*silenciosamente, põe-se de pé, encarando o Rancheiro*):
Passe a faca para ele.

RANCHEIRO:
Eu agradeço, *señora*,
Esta oferta generosa, contudo, ela não é necessária.

(*Ele remove do seu cinto uma faca de prata.*)

Eu também vim preparado para a – purificação.

(*Ele se volta para o Índio.*)

O que você disse? – A chuva?
Como alguém que sofreu tempo demais com a seca,
eu gostaria de sentir o frescor da chuva nos meus lábios.

(*Ele faz uma reverência.*)

Señoras – Señores...
Sigam-me se quiserem – vou pra fora.

(*Ele se dirige à porta.*)

LUISA: Segure-o! Segure-o!

(*Ela encara o coro em súplica, mas todos estão imóveis. Com um soluço, ela tenta correr para fora com o Rancheiro. Os Índios, postados em cada lado da porta, agarram seus braços* e a amarram na arcada. Ela se contorce entre eles. O Violonista ataca um acorde sombrio.)

O JUIZ:
Não é preciso testemunha.

(*Ele atravessa a área à frente da mesa.*)

Aqui nesta planície,
entre estas cordilheiras de montanhas,
parece que criamos entre nós
um sentimento de honra
mais profundo que a lei.
Isso é bom.
É bom que possamos mantê-lo brilhando ao longo do tempo
Quando raças inferiores a nós,
invasores! – ladrões desonrados e assassinos sem consciência,
vierem – como virão um dia
para pôr a honra à prova.
Se a honra for preservada, o resto pode ser arranjado.
O resto se arranjará sozinho – no curso do tempo.

(*Do lado de fora ouve-se trompetes num toque de alarme. Luisa grita. O Violonista arremessa seu chapéu no meio do palco.*)

O JUIZ (*voltando-se e reverenciando a plateia*): Mañana es otro dia. A peça está encerrada!

(*O Violonista percute as cordas enquanto a cortina cai lentamente.*)

CORTINA

A Dama da Loção Antipiolho[1]

Tradução
Isabella Lemos
Rita Giovanna

---

[1] O título original, "The Lady of Larkspur Lotion", alude a um produto bastante popular nos anos de 1930: uma loção composta à base da erva silvestre "larkspur" (planta da família das ranunculáceas conhecida em português como delfínio, espora ou espora brava), usada no tratamento de parasitas venéreos. (N. T.)

✶ ✶

PERSONAGENS

MISS HARDWICKE-MOORE
MRS. WIRE
O ESCRITOR

✶ ✶

CENÁRIO

Um quarto miseravelmente mobiliado no bairro francês de Nova Orleans. O quarto é um cubículo sem janelas, separado de vários outros por falsas paredes. Através de uma claraboia uma luz fraca entra diagonalmente pelo quarto, e vemos que é fim de tarde de um dia acinzentado. Há um guarda-roupa alto e negro com espelhos rachados, uma lâmpada balançando, uma cômoda sem graça, um quadro de mau gosto de um santo romano e acima da cama um brasão de armas emoldurado. Miss Hardwicke-Moore, uma loira descolorida de quarenta anos, está sentada passivamente na beirada da cama como se não conseguisse pensar em nada melhor para fazer.

Há uma leve batida na porta.

* * *

MISS HARDWICKE-MOORE (*com uma voz aguda e afetada*): Quem é, por favor?

MRS. WIRE (*do lado de fora, sem rodeios*): Eu! (*Seu rosto expressa um pânico momentâneo, Miss Hardwicke-Moore levanta-se tensa.*)

MISS HARDWICKE-MOORE: Ah... Mrs. Wire. Entre. (*A senhoria entra. É uma mulher gorda, desleixada, de cinquenta anos.*) Eu estava indo ao seu quarto para lhe falar uma coisa.

MRS. WIRE: É? Sobre o quê?

MISS HARDWICKE-MOORE (*com humor, mas com um sorriso dolorosamente falso*): Mrs. Wire, sinto muito, mas não acho que essas baratas sejam as melhores companheiras de quarto. A senhora não acha?

MRS. WIRE: Baratas?

MISS HARDWICKE-MOORE: É, exatamente. É que eu não tive muita experiência com baratas, mas as poucas que vi eram do tipo pedestres, daquelas que andam. Estas, Mrs. Wire, me parecem ser baratas voadoras! Fiquei chocada, na verdade, fiquei mesmo foi atônita quando uma delas levantou voo e começou a zumbir pelo ar, girando e girando em círculos, e por um triz não esbarrou no meu rosto. Mrs. Wire, sentei-me na beirada desta cama e comecei a chorar, fiquei tão chocada e enojada! Imagine! Baratas voadoras, algo que nunca imaginei que existisse, zumbindo em voltas e mais voltas e mais voltas na minha frente! Porque, Mrs. Wire, eu quero saber –

MRS. WIRE (*interrompendo*): Eu não vejo razão para tanta surpresa por causa de baratas voadoras. Elas estão por todas as partes, até mesmo nos bairros mais chiques, mas não é isso que eu queria –

MISS HARDWICKE-MOORE (*interrompendo*): Isso pode ser verdade, Mrs. Wire, mas devo lhe dizer que tenho horror a baratas, até mesmo das tradicionais, do gênero pedestre. Agora, essas que voam! Se eu ficar aqui, essas baratas voadoras têm de desaparecer e desaparecer de uma vez por todas!

MRS. WIRE: Como é que vou fazer para que essas baratas voadoras não entrem pelas janelas? De qualquer maneira, não é por isso –

MISS HARDWICKE-MOORE (*interrompendo*): Eu não sei como Mrs. Wire, mas tem de ter um jeito. Tudo o que sei é que elas têm de desaparecer antes que eu durma aqui mais uma noite, Mrs. Wire. Porque se eu levantasse à noite e achasse uma na minha cama, eu teria uma convulsão, juro por Deus, eu morreria de convulsões!

MRS. WIRE: Me desculpe pelo que vou dizer Miss Hardshell-Moore, mas é muito mais provável que a senhorita morra de bebedeira do que de convulsões de baratas! (*Ela pega uma garrafa sobre a cômoda.*) O que é isso aqui? Loção Antipiolhos! Ah, bom!

MISS HARDWICKE-MOORE (*envergonhada*): Eu uso isso para tirar o esmalte das minhas unhas.

MRS. WIRE: É, quanto esmero!

MISS HARDWICKE-MOORE: O que a senhora quer dizer?

MRS. WIRE: Que não há nenhuma casa velha nesse bairro que não tenha baratas.

MISS HARDWICKE-MOORE: Mas não nessa quantidade, não é? Esse lugar está infestado!

MRS WIRE: Não está tão mau assim. E, aliás, a senhorita ainda não me pagou o que falta do aluguel desta semana. Não quero fugir do assunto das baratas, mas quero receber o dinheiro.

MISS HARDWICKE-MOORE: Eu pagarei o aluguel, assim que a senhora acabar com essas baratas!

MRS. WIRE: Ou a senhorita me paga o aluguel agora ou vai pra rua.

MISS HARDWICKE-MOORE: Eu pretendo sair se as baratas não saírem!

MRS. WIRE: Então saia e não se fala mais nesse assunto!

MISS HARDWICKE-MOORE: A senhora deve estar louca, eu não posso sair agora.

MRS. WIRE: Então o que quis dizer quando falou das baratas?

MISS HARDWICKE-MOORE: Eu quis dizer o que disse das baratas, que elas não são, na minha opinião, as melhores companheiras de quarto.

MRS. WIRE: Tudo bem! Não divida seu espaço com elas! Arrume suas coisas e vá morar num lugar sem baratas.

MISS HARDWICKE-MOORE: Quer dizer que a senhora insiste em ficar com as baratas.

MRS. WIRE: Não, eu quero dizer que eu insisto em receber o que a senhorita me deve.

MISS HARDWICKE-MOORE: Nesse momento isso está fora de questão.

MRS. WIRE: Fora de questão, é?

MISS HARDWICKE-MOORE: É, e vou lhe dizer por quê! Os pagamentos trimestrais que recebo do homem que toma conta da minha plantação de borracha ainda não me foram repassados. Há semanas espero por eles, mas hoje de manhã recebi a carta dizendo que houve um pequeno mal-entendido com os impostos do ano passado e –

MRS. WIRE: Pare com isso, eu já ouvi demais sobre essa maldita plantação de borracha! Plantação de borracha no Brasil! Você pensa que eu estou nesse negócio há dezessete anos e não aprendi nada sobre mulheres do seu tipo?

MISS HARDWICKE-MOORE (*tensa*): O que a senhora quer dizer com isso?

MRS. WIRE: Quer dizer que os homens que a senhorita recebe à noite vêm discutir sobre plantações de borracha no Brasil?

MISS HARDWICKE-MOORE: A senhora deve estar louca para dizer uma coisa dessas!

MRS. WIRE: Eu escuto muito bem e sei o que vem acontecendo.

MISS HARDWICKE-MOORE: Eu sei que a senhora espiona, eu sei que a senhora escuta atrás das portas!

MRS. WIRE: Eu nunca espiono e nunca escuto atrás das portas! A primeira coisa que uma senhoria de bairro francês aprende é não *ver* e não *escutar*, somente a receber o *dinheiro*! Enquanto eu estiver recebendo, sou cega, surda e muda, mas assim que o dinheiro parar de entrar, eu recupero minha audição, minha visão e minha voz. Se necessário, eu pego o telefone e ligo para o chefe de polícia que, por acaso, é cunhado da minha irmã! Ontem à noite, escutei a discussão sobre dinheiro.

MISS HARDWICKE-MOORE: Que discussão? Que dinheiro?

MRS. WIRE: Ele gritava tão alto que tive de fechar a janela da frente para que a rua inteira não ouvisse os gritos! Não ouvi nada sobre a plantação no Brasil, mas ouvi muitas outras coisas sobre aquela conversinha que tiveram à meia-noite! Loção Antipiolho para tirar o esmalte das unhas! Você acha que eu sou criança, é? Essa história é páreo para a história da maravilhosa plantação de *borracha*. (*O escritor entra, usando um antiquado roupão roxo.*)

ESCRITOR: Pare!

MRS. WIRE: *Ah*, é o senhor!

ESCRITOR: Pare de perseguir essa mulher!

MRS. WIRE: Entra em cena o senhor Shakespeare Segundo.

ESCRITOR: Seus gritos infernais atormentaram meu sono!

MRS. WIRE: *Sono?* Há-há! Eu acho que o senhor quer dizer *coma alcoólico*!

ESCRITOR: Eu descanso por causa da minha doença! Eu não tenho direito –

MRS. WIRE (*interrompendo*): Doença – *bebedeira*! Não venha com essa história para cima de mim. É bom o senhor ter vindo. Pois vou repetir agora para o seu bem o que acabei de dizer para essa mulher. Estou *cheia* de *parasitas*! Está claro? Estou de saco cheio de todos vocês, ratos de pensão, mestiços, bêbados, degenerados, que se viram usando promessas, mentiras, tapeações!

MISS HARDWICKE-MOORE (*tampando os ouvidos*): Ah, por favor, *por favor, por favor, pare de gritar*! Não é necessário!

MRS. WIRE (*para Miss Hardwicke-Moore*): A senhorita com sua plantação de borracha no Brasil. Aquele brasão na parede que comprou na loja de bugigangas – a mulher que vendeu *me contou!* Uma das Hapsburgs! É! Uma dama com título de nobreza! *A Dama da Loção Antipiolho! Este é o seu título!* (*Miss Hardwicke-Moore se joga na cama e chora descontroladamente.*)

ESCRITOR (*com pena*): Pare de atormentar essa pobrezinha! Não existe mais piedade no mundo? O que foi feito da compaixão e compreensão? Onde foram parar? Onde está Deus? Onde está Cristo? (*Apoia-se no armário com fraqueza.*) E se não tiver nenhuma plantação de borracha no Brasil?

MISS HARDWICKE-MOORE (*senta-se com dignidade*): Eu digo que existe, existe sim! (*Levanta o queixo com convicção.*)

ESCRITOR: E se não houver nenhum rei da borracha na vida dela! *Tem* que ter um rei da borracha na vida dela! Ela deve ser culpada de ter a necessidade de compensar as cruéis deficiências da realidade exercitando um pouco – como vou dizer? O dom inato que tem para imaginação!

MISS HARDWICKE-MOORE (*se jogando na cama novamente*): Não, não, não, não, *não é* imaginação!

MRS. WIRE: Eu lhe peço, por favor, pare de jogar na minha cara essas frases rebuscadas! Você com a sua obra-prima de 780 páginas – faz uma boa dupla com a dama da Loção Antipiolho se levarmos em conta o dom para imaginação!

ESCRITOR (*com voz cansada*): Ah, muito bem. E se a senhora estiver certa? Suponhamos que não exista uma obra-prima de 780 páginas. (*Fecha seus olhos e toca sua testa.*) Suponhamos que não exista obra-prima nenhuma! E daí, Mrs.Wire? Mas apenas poucos, muito poucos – rabiscos soltos – no fundo da minha gaveta velha... Suponhamos que eu quisesse ser um grande artista, mas me faltassem a força e o poder! Suponhamos que meus livros decepcionassem no capítulo final, e que meus versos fossem esboços fracos e incompletos! Suponhamos que as cortinas das minhas fantasias mais sublimes se abrissem para dramas magníficos – mas as luzes do teatro se apagassem antes das cortinas se fecharem! Suponhamos que todas essas coisas lamentáveis sejam verdade! E suponhamos que eu – cambaleando de bar em bar, bebendo um drink após o outro até finalmente me jogar no colchão infestado de piolhos deste bordel – suponhamos que, enquanto eu precisar continuar como o protagonista indefeso deste pesadelo, eu queira fazer que ele seja suportável, e o ornamente, o ilumine – o glorifique! Com sonhos e ficções e fantasias! Como a existência de uma obra-prima de 780 páginas – prestes a ser estreada na Broadway – e livros de poesias maravilhosos nas mãos dos editores esperando apenas por assinaturas para serem lançados! Suponhamos que eu viva nesse lamentável mundo de ficção! Que satisfação a senhora pode ter, boa mulher, em rasgar tudo isso em pedaços, em esmagar – em chamar tudo isso de *mentira*? Vou lhe dizer uma coisa – agora ouça! Não existem mentiras, só aquelas que nos são socadas boca adentro pela necessidade, pelo punho de ferro da necessidade, Mrs.Wire! Então eu sou um mentiroso, sim! Mas o seu mundo é construído em cima da mentira, seu mundo é uma fábrica hedionda de mentiras! Mentiras! Mentiras!... Agora estou cansado e já disse o que penso e não tenho dinheiro pra lhe dar, então vá embora e deixe essa mulher em paz! Deixe-a em paz. Vamos, saia, saia daqui! *(Ele a empurra com firmeza até a porta.)*

MRS. WIRE *(gritando do lado de fora)*: Amanhã de manhã! Dinheiro ou rua! Os dois. Os dois juntos! Obra-prima de 780 páginas e plantação de borracha no Brasil! LOROTAS! *(Vagarosamente o escritor desamparado e a mulher desamparada se viram um para o outro. A luz do dia vai desaparecendo no céu cinzento. Devagar e tenso o escritor estende os braços num gesto de desamparo.)*

MISS HARDWICKE-MOORE *(vira-se para evitar seu olhar)*: Baratas! Em toda parte! Nas paredes, no teto, no chão! O lugar está infestado.

ESCRITOR *(gentil)*: Eu sei. Suponho que não tinha nenhuma barata na plantação de borracha no Brasil.

MISS HARDWICKE-MOORE *(amorosa)*: Não, claro que não. Tudo sempre esteve impecável – sempre. *Impecável!* O chão era tão claro e limpo, que brilhava como – espelho!

ESCRITOR: Eu sei. E as janelas, suponho que tinham uma vista adorável!

MISS HARDWICKE-MOORE: Indescritivelmente adorável!

ESCRITOR: A que distância ficava do Mediterrâneo?

MISS HARDWICKE-MOORE (*vagamente*): Do Mediterrâneo? Apenas uma ou duas milhas!

ESCRITOR: Numa manhã bem clara, ouso dizer que seria possível distinguir os cumes brancos de Dover?... Do outro lado do canal?

MISS HARDWICKE-MOORE: Sim – Em dias bem claros. (*O escritor silenciosamente passa para ela uma garrafinha de uísque.*) Obrigada, senhor –?

ESCRITOR: Tchékhov! Anton Pavlovitch Tchékhov!

MISS HARDWICKE-MOORE (*sorrindo coquete*): Obrigada, senhor – Tchékhov.

CORTINA

O Último dos Meus Relógios de Ouro Maciço

Tradução
Augusto Cesar

* *

> Ce ne peut être que la fin du monde, en avançant.*
>
> Rimbaud

Esta peça é dedicada a Mr. Sidney Greenstreet,** para quem o protagonista foi esperançosamente concebido.

PERSONAGENS

MR. CHARLIE COLTON

UM NEGRO, *porteiro do hotel*

HARPER, *um caixeiro viajante*

---

* Só pode ser o fim do mundo, chegando. (N. T.)

** Sidney Greenstreet (1879-1974): ator inglês que se tornaria conhecido por seus papéis no cinema. Atuou nos filmes *Casablanca* e *O Falcão Maltês*, entre outros. (N. T.)

* *

CENÁRIO

Um quarto de hotel em uma cidade no Delta do Mississippi. O quarto tem o mesmo ar meio decadente de trinta ou quarenta anos atrás. As paredes são de cor mostarda. Há duas janelas com persianas verdes desbotadas, levemente danificadas, um ventilador de teto, uma cama de ferro branca com uma colcha rosa, sobre um lavabo um jarro e uma bacia com botões de rosa pintados e na parede uma litografia colorida da Esperança de olhos vendados com sua lira quebrada.
A porta se abre e Mr. Charlie Colton entra. Ele é um personagem legendário, 78 anos de idade, mas ainda "bem vigoroso". Ele é pródigo de carne, de uma corpulência soberba e com uma dignidade imperial de comportamento. No passado ele se locomovia com a mesma facilidade e energia das marés. Agora bufa e resmunga; quando ninguém está olhando, ele aperta a mão no peito e abaixa a cabeça para o coração em alerta. Sua imensa vastidão de peito e barriga está entrecruzada por múltiplas correntes de ouro com vários pingentes e berloques pequenos pendurados. Na parte de trás de sua cabeça um chapéu coco, e na sua boca um charuto. Este é "Mistuh Charlie" – que com pesar, mas orgulho, refere-se a si mesmo como o "último dos caixeiros viajantes do Delta". Um porteiro negro tão velho quanto ele magro, desdentado e grisalho – segue-o pelo quarto arrastando as compridas malas de couro alaranjado com amostras dos sapatos que Mr. Charlie vende. Ele as coloca ao pé da cama enquanto Mr. Charlie procura um níquel no bolso.

* * *

MR. CHARLIE (*entregando a moeda ao Negro*): Upaaa!!

NEGRO (*sem fôlego*): Brigaduseu!

MR. CHARLIE: Huh! Você tá velho e preto demais pra carregar essas malas pesadas.

NEGRO (*dando um riso forçado, com pesar*): Num fala assim, Mistuh Charlie.

MR. CHARLIE: Aposto que não vai parar até um dia cair de maduro.

NEGRO: Isso mesmo, Mistuh Charlie. (*Mr. Charlie procura no bolso outro níquel e joga para o Negro que se agacha e ri alto ao recebê-lo.*)

MR. CHARLIE: Upaaa!

NEGRO: Brigaduseu! Brigaduseu!

MR. CHARLIE: Agora põe aquele ventilador pra funcionar e me traz água gelada, já!

NEGRO: U ventiladô num funciona, Mistuh Charlie!

MR. CHARLIE: Huh! Decadência! Aqui tá tudo indo morro abaixo ultimamente!

NEGRO: É, sôr, de vedade, Mistuh Charlie, tudo indo morro abaixo.

MR. CHARLIE: Algum hóspede conhecido? Alguém da velha guarda na cidade?

NEGRO: Não, sôr, Mistuh Charlie.

MR. CHARLIE: "Não – sôr – Mistuh Charlie", só sabe dizer isso! Quer dizer que não vou conseguir jogar pôquer?

NEGRO (*se sacudindo de rir, melancólico*): Mistuh Charlie, o sinhô é que sabe!

MR. CHARLIE: É, tá tudo mudado. Toda cidade que chego tem cada vez mais novo no lugar do velho e, pelo amor de Deus, crioulo, não vale a pena colher dessa safra que eu vejo por aí no Delta. Desce e diz pro Bob Harper subir aqui prum trago.

NEGRO (*retirando-se*): Sim, sôr.

MR. CHARLIE: Senão vou acabar jogando paciência!

(*O Negro fecha a porta. Mr. Charlie vai até a janela e levanta a persiana. A noite está caindo azulada. Ele suspira, abre a valise e retira uma garrafa de uísque e alguns baralhos que joga sobre a mesa. Ele para e aperta a mão sobre o peito.*)

MR. CHARLIE (*sinistramente para si mesmo*): Boom, boom, boom, boom, boom! Aí vem o cortejo! (*Depois de alguns instantes ouve-se uma batida na porta.*) Entra! (*Harper, um vendedor de 35 anos, entra. Ele nunca conheceu os "grandes dias da estrada" e não há vestígio de grandeza nos seus modos. Ele é magro, pálido e tem um gibi colorido enfiado no bolso do paletó.*)

HARPER: Como está o cavalo velho de guerra?

MR. CHARLIE (*entusiasmado*): Muito bem, em grande estilo! E o galinho de briga?

HARPER: Ok.

MR. CHARLIE: Assim é que se fala! Vem aqui e serve um trago! Charuto?

HARPER (*aceitando os dois*): Obrigado, Charlie.

MR. CHARLIE (*fitando o outro com desgosto, pelas costas*): Por que anda com esses gibis pra cima e pra baixo?

HARPER: Pra rir de vez em quando.

MR. CHARLIE: Pobreza de imaginação! (*Harper ri um pouco ressentido.*) Não vai dizer que isso aí tem alguma graça. (*Ele puxa o gibi do bolso do casaco de Harper.*) *Super-homem, As Aventuras de Tom Tyler*! Hah! Não tem nem a metade da graça da vida! Quando chegar à minha idade – 78 anos – você vai ter a perspectiva do tempo e vai ficar assombrado! Literalmente assombrado! Aí, vai dizer que não é verdade, que tudo aquilo não pode ter acontecido! E por quê? Aí! Você começa a se perguntar... Bom... Você está na Schultz and Werner?

HARPER: Isso mesmo, Charlie.

MR. CHARLIE: Essa firma é relativamente nova.

HARPER: Não acho. "Tão no ramo" há 25 anos, Charlie.

MR. CHARLIE: Recém-nascidos! Recém-nascidos! Ouviu, Bob? Um bebê na infância não se diverte nem a metade que os adultos – no adultério! (*Ele urra de rir. Harper ri amarelo. Mr. Charlie se cala abruptamente. Esperava uma reação mais* efusiva. Ele lembra quando uma piada dessas desencadearia um tornado. Enche de uísque o copo de Harper.)

HARPER: Não tá bebendo?

MR. CHARLIE: Não, sôr. Parei!

HARPER: Por quê?

MR. CHARLIE: Estômago! Perfurado!

HARPER: Úlcera? (*Mr. Charlie grunhe. Ele se curva com dificuldade e joga uma maleta de amostra na cama.*) Uma vez tive úlcera.

MR. CHARLIE: Todo homem que bebe tem úlcera uma vez. Às vezes, *duas*.

HARPER: Você emagreceu um pouco, né?

MR. CHARLIE (*abrindo a maleta de amostras*): Quatorze quilos desde agosto. (*Harper assovia. Mr. Charlie está procurando alguma coisa entre as amostras.*) Isso aí! Quatorze quilos desde agosto. (*Ele retira um oxford[1] que examina com desdém.*) Hmmm... Desperdício de couro de vaca! (*Ele joga o oxford de volta e continua procurando.*) Um homem da minha idade e constituição, Bob – não devia carregar tanto – tecido adiposo assim! É – (*Ele se endireita, com o rosto vermelho e arquejando.*) – um esforço terrível – pro coração! Passa aquela outra amostra – ali. Vou te mostrar um sapato, o carro chefe da nossa coleção de primavera! Dizem que a Cosmopolitan parou no tempo! Nego e vou provar o

---

[1] Sapato bicolor. (N. T.)

contrário só mostrando uma sandália de pelica! (*Abrindo a segunda maleta.*) Olha só, garoto! (*Procurando entre as amostras.*) Você conheceu o velho Langner de Marblehead[2] em Friar's Point,[3] Mississippi.

HARPER: O velho Langner de Marblehead? Claro.

MR. CHARLIE: Sábado passado à noite foi encontrado morto na banheira. Ah, achei!

HARPER: O "Marblehead"? Morto?

MR. CHARLIE: *E enterrado*! Um funeral maçônico. Ajudei a carregar o caixão. Bob, olha este oxford esporte de pelica, língua com franja, aberto na frente, salto cubano! (*Ele levanta o sapato com veneração.*) Quero que veja este sapato – e diga o que acha, sem rodeios! (*Harper assovia e esbugalha os olhos.*) Não é uma mercadoria e tanto, galinho de briga? É você há de convir –

HARPER: Charlie, de fato é de primeira!

MR. CHARLIE: Bob, essa mercadoria é só uma pequena amostra da nossa coleção de primavera! Você não precisa pegar uma mercadoria dessas – com a grife I.S.C e examinar com microscópio pra descobrir que tem tanto qualidade quanto aparência! Esse não é um sapato que a Mrs. Jones de Hattiesburg, Mississippi, vai jogar na sua cara duas ou três semanas depois porque desmanchou que nem papelão na

---

[2] Marblehead: cidade no estado de Massachussets. (N. T.)

[3] Friar's Point: vila no município de Coahama, estado de Mississippi. (N. T.)

primeira *chuva*! Não, sôr – Você há de convir! Temos alguns belos "modelos pra bater" na coleção de primavera – Amanhã cedinho vou abrir meu mostruário lá no saguão – Por volta de *meio-dia* vou guardar tudo e sair da cidade – Mas aposto pelo Poderoso Jeová, que vou ter que telegrafar pro escritório pra me enviarem um pacote de talões de pedido novos na minha próxima parada, Bob! Vai vender como água! *É isso* que estou vendendo! (*Ele volta exausto para a maleta de amostras e joga o sapato de volta um tanto quanto sentido pela contemplação vagamente benevolente de Harper da luminária de latão. Ele se lembra de um tempo em que a atenção das pessoas podia ser atraída pela conversa com maior segurança. Ele fecha a maleta com estrondo e olha irritado para Harper, que está fitando tristemente o carpete marrom.*) Bem, sôr – (*Ele serve uma dose de uísque.*) Recebi uma notícia muito chocante hoje à tarde.

HARPER (*soprando um anel de fumaça*): Que notícia foi essa?

MR. CHARLIE: Notícia do velho Gus Hamma – outro cavalo velho de guerra, Bob. Ele e eu e o pai desse garoto, C. C., jogávamos pôquer neste mesmo quarto toda vez que chegávamos na cidade. Bem, meu amigo, você há de concordar –

HARPER (*apertando a testa*). Acho que ouvi alguma coisa. Ele não teve um derrame ou coisa assim uns meses atrás?

MR. CHARLIE: Teve sim. E *se recuperou* parcialmente.

HARPER: É mesmo? A última coisa que ouvi é que estavam dando comida pra ele na boca.

MR. CHARLIE (*rapidamente*): Teve sim e se recuperou parcialmente! Ficava rodando por aí numa dessas cadeiras com motor elétrico. Fazendo tchuk, tchuk, tchuk pelas ruas com uma ponta de charuto na boca. Bem, meu amigo, ontem, em Blue Mountain,[4] saindo do Clube Elks[5] passei por ele entrando, ajudado por um crioulo – "Olá! Ei, Gus!" Isso foi às 6:15. Exatamente meia hora depois Carter Bowman entrou no saguão do hotel onde eu estava guardando as maletas do mostruário e me deu a notícia de que o velho Gus Hamma tinha acabado de morrer queimado na sala de estar do Clube Elks!

HARPER (*sorrindo involuntariamente*): É mesmo?

MR. CHARLIE: É, sôr, o cavalo velho de guerra caiu no sono com o charuto barato na boca – colocou fogo nas roupas – e se queimou num triz que nem papel!

HARPER: Não acredito!

MR. CHARLIE: Por que diabos eu ia mentir pra você? Ele se queimou num triz que nem papel!

HARPER: Que jeito mais horrível de morrer, né?

MR. CHARLIE: *De um* jeito – ou de *outro* –! (*Num tom grave.*) Talvez você não *saiba* – mas nós da velha guarda, Bob, estamos desaparecendo *muito rápido*! Temos que largar a estrada

---

[4] Blue Mountain: vila no condado de Tippa, estado de Mississippi. (N. T.)
[5] Elks Club – Elks = Alces: clube fundado originalmente em Nova York em 1868 com o objetivo de realizar atos patrióticos e benevolentes. (N. T.)

mais cedo ou mais tarde. Acho que sou um dos últimos caixeiros viajantes do Delta!

HARPER (*irrequieto, se esquivando e olhando seu relógio*): O último – dos caixeiros viajantes do Delta! Há quanto tempo está na estrada?

MR. CHARLIE: Quarenta e seis anos em março!

HARPER: Não acredito.

MR. CHARLIE: Por que eu ia mentir pra você? Não sôr, Você há de convir – Você há de convir – Hmmm... Perdi um ótimo cliente esta semana.

HARPER (*com total desinteresse, ajustando o cavalo das calças*): Como, Charlie?

MR. CHARLIE (*sombrio*): O velho Ben Summers – Friar's Point, Mississippi... Caiu morto como se um raio tivesse acertado ele bem quando ia servir uma bebida no Baile dos Plantadores de Algodão!

HARPER: Terrível, hein?! Foi do quê?

MR. CHARLIE: Mortalidade, só isso! Muita gente que vive *hoje em* dia acha que nunca vai *morrer*. Eu sei que não é assim! – Os fatos contrariam essa ilusão! A gente morre que nem mariposa no fim do verão... E quem vai impedir? (*Ele fica deprimido.*) Quem – vai impedir! (*Balança a cabeça de modo sombrio.*) A estrada mudou. A indústria de sapatos mudou. É tempo de – revolução! (*Levanta e vai até a janela.*) Não gosto de como as coisas estão. Ouça o que eu digo –

o mundo que eu conhecia – o mundo que o pai deste garoto conhecia – o mundo dos cavalos velhos de guerra – está escorrendo e deslizando debaixo dos nossos pés. Quem vai impedir? O slogan 100% COURO não vende mais sapatos. O material de um sapato não é mais o que vai vendê-lo! Não! ESTILO! ELEGÂNCIA! APARÊNCIA! É o que conta para o moderno comprador de sapato, Bob! Mas tenta dizer isso pro seu departamento de estilo. Lembro da época em que bastava expor meu mostruário no saguão. Abrir o talão de pedidos e preencher até os dedos *doerem*! *Não precisava conversa de vendedor*. Uma loja era o local onde as pessoas vendiam mercadoria, e para vender o lojista encomendava do fabricante, Bob! Não faço a mínima ideia de onde eles compram mercadoria hoje em dia. Não acho que seja dos fabricantes! Surge do ar – se materializa! Vai ver as lojas não *vendem* mais nada! Vai ver eu vivo num mundo de ilusão! Admito isso, também!

HARPER (*despreocupado, tira o gibi do bolso*): É, é. Deve ter presenciado muita mudança.

MR. CHARLIE: Mudança? Que palavra delicada. Rapaz – presenciei – uma REVOLUÇÃO! (*Harper abriu o gibi, mas Mr. Charlie não percebeu, porque agora seu discurso é endereçado a si próprio.*) É, *uma revolução*! O ar que eu *respiro* não é o mesmo! Ah, – eu sou um cavalo velho de guerra. (*Abre o paletó e levanta as múltiplas correntes de ouro do colete. Um número surpreendente de relógios pode ser visto. Fala suave e com orgulho.*) Olha aqui, rapaz! Já viu um homem com tantos relógios? Como *adquiri* tantos relógios? (*Harper já viu os relógios antes. Ele olha por cima do gibi, fingindo surpresa.*) Em cada convenção anual de vendas da Cosmopolitan Shoe Company, em St. Louis, o melhor vendedor do ano ganhava um Hamilton,[6] de ouro maciço, dezessete rubis e máquina suíça! Ganhei quinze desses relógios! Acho que isso significa alguma coisa! *Alguma coisa* no caminho da conquista!... Não *acha*?

HARPER: Sim, *senhorrr*! Pode apostar, Mistuh Charlie! (*Gargalha com um trecho do gibi. Mr. Charlie projeta os lábios com um grunhido de indignação e arranca o gibi das mãos do rapaz.*)

MR. CHARLIE: Rapaz – estou falando com *você*, estou falando para o seu bem. E espero a cortesia da sua atenção até eu terminar! Posso ser um cavalo velho de guerra. Posso ter recebido – o último dos meus relógios de ouro maciço... Mas boas maneiras ainda fazem parte da tradição da estrada. E parte da tradição do *Sul*. Só um caipira ignorante ia ficar olhando um gibi quando o velho Charlie Colton está falando.

HARPER (*pegando outra bebida*): Desculpe, Charlie. Estou com minha cabeça muito cheia. Tenho uns negócios para resolver agora mesmo.

MR. CHARLIE: E agora mesmo você deve resolvê-los! Só quero que saiba o que penso desse seu novo mundo! Não sou dos que ficam esbravejando porque colocaram um comunista na Casa Branca![7] Não digo que Washington foi dominada

---

[6] The Hamilton Watch Company, fundada em 1892, tinha como objetivo atender o mercado ferroviário com relógios de precisão. (N. T.)

[7] Referência à eleição de Franklin Delano Roosevelt para presidente em 1932. Eleito após uma década de gestões de republicanos (Hardin/Coolidge/Hoover), Roosevelt foi considerado comunista pelos setores de direita. (N. T.)

pelos Vermelhos! Não digo que toda a riqueza do país está nas mãos dos judeus! Gosto dos judeus e sou amigo dos negros! *Digo* – no entanto... O mundo que eu conhecia sumiu – sumiu – sumiu com o vento! Meus bolsos estão cheios de relógios dizendo que meu tempo está para acabar! (*Uma expressão de grande desamparo e espanto aparece no seu rosto anguloso. O tom nobre da sua fala esmorece em uma reclamação senil.*) Todos aqueles[8] – porcos que foram abatidos – carcaças jogadas no rio! Fazendeiros recebendo pagamento para *não* plantar trigo e milho e para *não* plantar algodão! Todas estas siglas[9] despejadas sobre mim! De significado – desconhecido – para os homens da minha geração! A grosseria – a falta de respeito – os jornais cheios de assuntos estranhos![10] A terrível – desenfreada – aceleração nefasta dos acontecimentos no mundo! Pra quê, para onde e por quê?! ... Não faço questão de saber agora! Só digo – e com muita humildade – não entendo – o que aconteceu...

---

[8] Durante o New Deal, a agência governamental AAA (Agricultural Adjustment Act) pagava aos criadores subsídios com fundos fornecidos por um novo imposto sobre processamento de alimentos para que reduzissem a criação, resultando no aumento artificial do preço das *commodities*. Para atender às metas em 1933, 6 milhões de porcos foram mortos e descartados, e 10 milhões de acres – 40.000 km² – de plantações de algodão no Sul foram deixadas apodrecer propositalmente. (N. T.)

[9] Agências governamentais criadas por F. D. Roosevelt, conhecidas pelas respectivas siglas: CCC (Civilian Conservation Corps), AAA (Agricultural Adjustment Act), WPA (Works Progress Administration), etc. (N. T.)

[10] Desemprego, reivindicações trabalhistas, as políticas econômicas do New Deal sob a presidência de F. D. R., modernização urbana, crescimento da indústria automobilística, expansão do rádio e do cinema falado, ascensão do fascismo e guerra civil na Espanha. (N. T.)

Sou um daqueles monstros que se vê em museus – saídos da idade das trevas – *répteis* gigantes e dinos-sei-lá-o-quê. MAS – eu sei *uma coisa!* E declaro sem pudor! Iniciativa – autossuficiência – a qualidade de caráter que antes distinguia um homem de outro – a argila dos ceramistas – os ceramistas da argila – são – (*Amassando o ar com as mãos.*) Como é aquela música antiga?[11] Sumiram com as rosas de *ontem!* Isso – com o *vento!*

HARPER (*cujo tédio aumentou rapidamente*): Vocês da velha guarda cometem um erro. Só leem o obituário.

MR. CHARLIE (*ofendido*): O que quer dizer com isso?

HARPER: Os jornais publicam quem *morreu* de um lado e quem *nasceu* do outro, e em geral são colunas quase iguais.

MR. CHARLIE: Obrigado pela informação. Por acaso eu sou padrinho de vários recém-nascidos em vários pontos da estrada. Contudo, acho que você não entendeu nada do que eu estava dizendo.

HARPER: Não concordo, Mr. Charlie.

MR. CHARLIE: Ah, você não entendeu, rapaz. Minha questão é: o slogan 100% COURO não vende mais – não para sapatos e para a humanidade também não! A ênfase não está na qualidade. Produção, produção, é isso! Mas de produtos inferiores! *Cópias*[12] – Agora tudo é *cópia barata!*

---

[11] "Roses of Yesterday", composição de 1928 de Irving Berlin. (N. T.)
[12] *Ersatz* no original: substituição. (N. T.)

HARPER (*levantando*): Essa é sua opinião porque pertence ao passado.

MR. CHARLIE (*furioso*): É muita impertinência, rapaz! Espero um pouco de respeito de gente presunçosa como você!

HARPER: Calma lá, Charlie.

MR. CHARLIE: Eu pertenço à – tradição. Eu sou uma *lenda*. Conhecido de ponta a ponta do Delta. Do Hotel Peabody em Memphis[13] até o Catfish Row em Vicksburg.[14] Mister Charlie – *Mistuh Charlie*! Quem *te* conhece? Quem *você* representa? A judeusada do Leste! Sai do meu quarto! Prefiro jogar paciência do que pôquer com um homem cujo caráter vale menos que o valete do baralho! (*Ele abre a porta para o jovem vendedor que dá de ombros e sai rápido. Em seguida, bate a porta e respira pesadamente. O Negro entra com um jarro de água gelada.*)

NEGRO (*rindo, sem graça*): Por que tá gritando, Mistuh Charlie?

MR. CHARLIE: Às vezes perco a paciência, crioulo –

NEGRO: É mesmo, sôr?

MR. CHARLIE: Você se lembra de como as coisas eram.

---

[13] Hotel de luxo em Memphis, estado do Tennessee, fundado no final do século XIX. (N. T.)

[14] Vicksburg, cidade a 377 km de Nova Orleans, estado do Mississippi. O escritor David L. Cohn, numa alusão célebre aos contornos do Delta do Mississippi, definiu-os da seguinte forma: "O Delta começa no saguão do Peabody Hotel em Memphis e termina em Catfish Row, em Vicksburg". (N. T.)

NEGRO (*com um largo sorriso*): Lembro sim, sôr.

MR. CHARLIE: Eu entrava na cidade como um herói conquistador! Meu Deus, crioulo – eles estendiam tapetes vermelhos pra mim! Não é?

NEGRO: É, Mistuh Charlie.

MR. CHARLIE: Este quarto parecia a sala do *trono*. Meu mostruário ali em cima de um veludo verde! O ventilador de teto *funcionando* – agora *quebrado*! E aqui – a bacia e o jarro eram retirados e o lavabo ficava cheio de bebida! Os homens da estrada que me conheciam, para quem eu representava coisas que inspiravam respeito, entravam e saiam desde que eu chegava até eu ir embora! Pôquer – o tempo todo! Gritaria, risadas – alegria! Para onde foram todos?

NEGRO (*solenemente, balançando a cabeça*): O cemitério tá lotado de gente conhecida, Mistuh Charlie. Já é de tarde.

MR. CHARLIE: Hã! (*Ele cruza até a janela.*) Crioulo, nem é mais de tarde – (*Ele levanta a persiana.*) É noite! (*O espaço da janela está escuro.*)

NEGRO (*suavemente, com um velho sorriso esperto*): Sim, sôr... Noite, Mistuh Charlie!

CORTINA

Retrato de uma Madonna

Tradução
Augusto Cesar

* *

Respeitosamente dedicado ao talento e charme da senhorita Lillian Gish.*

PERSONAGENS

MISS LUCRETIA COLLINS
PORTEIRO
ASCENSORISTA
MÉDICO
ENFERMEIRA
MR. ABRAMS

* Lillian Gish (1893-1993): atriz norte-americana consagrada pelo cinema mudo, que teve carreira de destaque também no cinema falado e, posteriormente, na televisão. (N. T.)

* *

CENÁRIO

Sala de estar de um apartamento de padrão médio na cidade. A mobília é antiga e tudo está em estado de abandono e desordem. Uma porta na parede do fundo dá para um quarto e, à direita, ao corredor externo.

* * *

MISS COLLINS: Richard! (*A porta é aberta violentamente e Miss Collins sai correndo, perturbada. Ela é uma solteirona de meia idade, com uma silhueta muito pequena e arqueada e um rosto enxuto, corado de agitação. Seu cabelo está arrumado em cachos que a transformam em uma garotinha, e ela está usando um* négligé *com babados que poderia ter saído de um baú velho de enxoval de um período bem anterior.*) Não, não, não, não! Não me importa se a igreja inteira vai me ouvir! (*Ela agarra o telefone freneticamente.*) O gerente, preciso falar com o gerente! Depressa, ah, por favor, depressa, tem um *homem* –! (*Descontrolada, para o lado, como se para uma pessoa invisível.*) Perdeu todo o respeito, completamente sem respeito!... Mr. Abrams? (*Num sussurro tenso.*) Não quero que nenhum repórter ouça isso, mas uma coisa horrível está acontecendo aqui em cima. Isso, aqui é do apartamento de Miss Collins, no último andar. Deixei de fazer uma reclamação por causa da minha ligação com a igreja. Eu fui assistente do superintendente da Escola Dominical e uma vez coordenei a primeira série. Eu ajudei com o espetáculo de Natal, fiz o vestido da Virgem Maria, fiz túnicas para os Reis Magos. É, e agora isso aconteceu, eu não sou responsável por isso, mas noite após noite após noite este homem entra no meu apartamento e – fica satisfazendo seus desejos! Entende? Não uma vez, mas várias, Mr. Abrams! Não sei se ele entra pela porta, pela janela, pela escada de incêndio ou se há alguma entrada secreta que eles conhecem lá na igreja, mas ele está aqui agora, no meu quarto, e não consigo fazê-lo sair, eu preciso de ajuda! Não, ele não é ladrão, Mr. Abrams, ele é de uma ótima família de Webb, Mississippi, mas uma mulher arruinou o caráter dele, destruiu o respeito que ele tinha pelas damas! Mr. Abrams? Mr. Abrams! Ah, meu Deus! (*Ela bate o telefone e olha distraidamente ao redor por um minuto; em seguida, corre de volta para o quarto.*) Richard! (*A porta bate com força. Depois de alguns segundos, um porteiro velho entra de macacão cinza desbotado. Ele olha ao redor com uma curiosidade tristemente cômica. Em seguida chama timidamente.*)

PORTEIRO: Miss Collins? (*A porta do elevador é aberta com força no corredor e o Ascensorista, vestindo um uniforme, entra.*)

ASCENSORISTA: Onde ela está?

PORTEIRO: Entrou no quarto.

ASCENSORISTA (*com um largo sorriso*): Ela ficou com ele lá dentro?

PORTEIRO: Parece que sim. (*A voz de Miss Collins pode ser ouvida num vago protesto contra um invasor misterioso.*)

ASCENSORISTA: O que Abrams falou pro'cê fazê?

PORTEIRO: Ficar aqui de olho nela até eles chegar.

ASCENSORISTA: Jesus.

PORTEIRO: Fecha a porta.

ASCENSORISTA: Tenho que deixar meio aberta pra ouvir a campainha. Mas isso aqui não é nenhum paraíso!

PORTEIRO: Num parece que vê faxina há quinze, vinte anos. Aposto que num vê mesmo. Abrams vai ter um ataque quando olhá pre'ssas paredes.

ASCENSORISTA: Como chegou nesse estado?

PORTEIRO: Ela não deixava ninguém entrar.

ASCENSORISTA: Nem os pintores de parede?

PORTEIRO: Não. Nem os encanadores. O gesso do banheiro de baixo caiu e ela admitiu que o encanamento estava entupido. Mr. Abrams teve que abrir pro encanador com esta chave mestra quando ela deu uma saída.

ASCENSORISTA: Santo Deus. Será que ela tem dinheiro escondido aqui? Tem muito maluco que guarda uma fortuna debaixo do colchão e outras velharias.

PORTEIRO: Ela num tem. Ela recebia uma pensão mensal, ou sei lá, e dava sempre pro Mr. Abrams administrá pra ela. Ela dizia pra ele que as dama do sul num foram criadas pra tratar dos negócios. Faz um tempo que os cheque parou de vir.

ASCENSORISTA: Foi?

PORTEIRO: A pensão parou de vir, sei lá. Abrams diz que conseguiu uma contribuição da igreja pra mantê ela aqui sem ela sabê. Ela é orgulhosa que nem pavão, apesar de parecê horrível.

ASCENSORISTA: Escuta ela lá dentro!

PORTEIRO: O que ela tá dizendo?

ASCENSORISTA: Pedindo desculpa pra ele! De tê chamado a *polícia*!

PORTEIRO: Ela acha que a polícia tá vindo?

MISS COLLINS (*do quarto*): Pare com isso, isso tem que parar!

ASCENSORISTA: Lutando pra protegê a honra de novo! Que barulheira, não é à toa que tão reclamano!

PORTEIRO (*acendendo o cachimbo*): Vai ser a última vez.

ASCENSORISTA: Tá indo embora, é?

PORTEIRO (*apagando o fósforo*): Hoje à noite.

ASCENSORISTA: Pra onde?

PORTEIRO (*dirigindo-se lentamente para o gramofone*): Pro asilo estadual.

ASCENSORISTA: Nossa!

PORTEIRO: Lembra desta música antiga? (*Põe o disco* I'm Forever Blowing Bubbles.[1])

ASCENSORISTA: Não. É de quando?

PORTEIRO: Antes do seu tempo, meu filho. A máquina precisa de óleo.

---

[1] Canção criada em 1918 e gravada no ano seguinte, tendo feito sucesso em *music halls* na década de 1920 e em épocas posteriores em filmes, desenhos animados, eventos esportivos e paródias musicais. Foi composta por John Kellett com letra de James Kendis, James Brockman e Nat Vincent. (N. T.)

(*Põe óleo na manivela e em outras partes do gramofone.*)

ASCENSORISTA: Há quanto tempo a mocinha tá aqui?

PORTEIRO: Abrams disse que ela mora aqui há vinte e cinco, trinta anos, antes dele ser síndico.

ASCENSORISTA: Morando sozinha esse tempo todo?

PORTEIRO: Ela tinha uma mãe idosa que morreu de uma operação uns quinze anos atrás. Desde então ela num sai mais do quarto a não ser no domingo pra ir à igreja ou sexta-feira à noite pra alguma reunião religiosa.

ASCENSORISTA: Tem um monte de revista velha empilhada aqui.

PORTEIRO: Ela colecionava. Ela ia nos fundos e catava no incinerador.

ASCENSORISTA: Pra que diabo?

PORTEIRO: Mr. Abrams disse que ela costumava recortar as crianças da sopa Campbell.[2] Aquelas bonequinhas[3] com cabeça de tomate vermelho que estão na propaganda da sopa. Já viu, né?

---

[2] A sopa Campbell's é um dos produtos enlatados mais antigos dos Estados Unidos, tendo começado a ser produzida em 1869. Em 1904, a ilustradora e pintora Grace Wiederseim Drayton criou desenhos estilizados de crianças para a publicidade da sopa condensada. Os desenhos de Drayton se tornaram tão populares que desencadearam a fabricação de bonecas com o rótulo de Campbell nas mangas. (N. T.)

[3] Sobre "kewpie dolls", veja-se a nota número 1 de "Lembranças de Bertha", neste mesmo volume, p. 289. (N. T.)

ASCENSORISTA: Uh-huh.

PORTEIRO: Ela colecionava. Enchia um monte de álbuns de recortes com essas bonecas de papel e levava ao hospital infantil na véspera de Natal e no domingo de Páscoa, duas vezes ao ano. O som tá melhor, né? (*Referindo-se ao gramofone, que retorna a uma música boa de ouvir.*) Saiu o chiado...

ASCENSORISTA: Num sabia que tava doida há *tanto* tempo.

PORTEIRO: Quem é doido e quem num é? Se quer saber, o mundo tá cheio de gente tão estranha que nem ela.

ASCENSORISTA: Diabo. Ela num tem *um* parafuso.

PORTEIRO: Tem gente importante na Europa pior que ela. Hoje à noite eles vão levar ela e internar. Deviam deixar ela solta e internar aqueles maníacos de lá. Ela é inofensiva; eles não. Eles matam milhões de pessoas e ficam soltos!

ASCENSORISTA: Imagina alguém estuprá uma velha que nem ela. Dá nojo!

PORTEIRO: Nojo não, pena. Cuidado com as cinzas do cigarro.

ASCENSORISTA: Que diferença faz? Tanta poeira que nem dá pra ver. Tudo isso aqui vai embora de manhã, né?

PORTEIRO: Uh-huh.

ASCENSORISTA: Acho que vou levar uns desses discos velhos como curiosidades pra minha namorada. Ela tem uma eletrola no quarto, diz que com música é melhor!

PORTEIRO: Não mexe em nada. Ela ainda é dona, tem direitos.

ASCENSORISTA: Ah, ela tem tudo que deseja com esses amantes imaginários!

PORTEIRO: Cala a boca! (*Ele faz um gesto de alerta enquanto Miss Collins vem do quarto. Sua aparência é de uma mulher descomposta. Exausta, apoia-se na porta com as mãos apertadas sobre o seio pequeno e virginal.*)

MISS COLLINS (*ofegante*): Ah, Richard, Richard...

PORTEIRO (*tossindo*): Miss Collins.

ASCENSORISTA: Olá, Miss Collins.

MISS COLLINS (*vendo os homens*): Ah, meu Deus! Vocês já chegaram! Mamãe não me disse que estavam aqui! (*Segura de si, ela toca seus ridículos cachos em forma de saca-rolhas amarrados com uma fita rosa desbotada. Seus modos ficam levemente coquetes, mas com o prumo de uma jovem beldade sulista.*) Cavalheiros, peço desculpas pela desordem terrível.

PORTEIRO: Tudo bem, Miss Collins.

MISS COLLINS: É folga da empregada. Aqui no norte as moças recebem treinamento doméstico primoroso, mas no sul nunca foi considerado essencial para uma moça ter qualquer coisa além de beleza e charme! (*Ela ri jovialmente.*) Por favor, sentem-se. Está muito abafado? Querem que eu abra a janela?

PORTEIRO: Não, Miss Collins.

MISS COLLINS (*indo, com graça delicada, até o sofá*): Mamãe vai trazer um refresco daqui a pouco... Ah, meu Deus! (*Ela coloca a mão na testa.*)

PORTEIRO (*gentilmente*): Algum problema, Miss Collins?

MISS COLLINS: Ah, não, não, obrigada, não foi nada. Minha cabeça está um pouco pesada. Fico sempre um pouco febril nesta época do ano! (*Cambaleia tonta, enquanto vai afundando no sofá.*)

PORTEIRO (*ajudando-a*): Cuidado, Miss Collins.

MISS COLLINS (*vagamente*): Ah, é isso. Eu não havia reparado antes. (*Ela os espreita com um sorriso hesitante.*) Vieram da igreja, cavalheiros?

PORTEIRO: Não, dona. Sou Nick, o porteiro, Miss Collins, e este aqui é o Frank, que opera o elevador.

MISS COLLINS (*empertigando-se um pouco*): Oh?... Não entendo.

PORTEIRO (*gentilmente*): Mr. Abrams pediu pra dar um pulinho aqui e ver se tava tudo bem com a senhora.

MISS COLLINS: Oh! Então ele deve tê-los informado sobre o que está acontecendo aqui!

PORTEIRO: Ele falou de algum tipo de – confusão.

MISS COLLINS: É! Não é ultrajante? Mas isso não deve sair daqui, entendem? Quer dizer, vocês não devem repetir isso para outras pessoas.

PORTEIRO: Não, não vou dizer nada.

MISS COLLINS: Nenhuma palavra, por favor!

ASCENSORISTA: O homem ainda está aqui, Miss Collins?

MISS COLLINS: Ah, não. Não, ele já foi embora.

ASCENSORISTA: Como ele saiu, pela janela do quarto, Miss Collins?

MISS COLLINS (*vagamente*): Sim...

ASCENSORISTA: Já vi um cara fazendo isso uma vez. Escalou a lateral de um prédio até o topo. Chamaram ele de "Mosca Humana"! Deus, que manchete incrível, Miss Collins: "Linda Jovem da Sociedade Estuprada pela Mosca Humana!"

PORTEIRO (*cutucando-o bruscamente*): Volta lá pra sua lata de biscoito!

MISS COLLINS: Manchete? Não! Isso seria muito humilhante. Mr. Abrams com certeza não relatou isso aos jornais!

PORTEIRO: Não, senhora. Não liga pra este engraçadinho.

MISS COLLINS (*tocando seus cachos*): Será que vão tirar retratos? Há um dele, sobre a lareira.

ASCENSORISTA (*indo até a lareira*): Este aqui, Miss Collins?

MISS COLLINS: É. Do piquenique dos professores da Escola Dominical. Cuidei do jardim da infância nesse ano e ele, dos garotos mais velhos. Nós viajamos na cabine de um trem de Webb[4] até Crystal Springs.[5] (*Ela cobre os ouvidos com uma careta*

---

[4] Há duas cidades com o nome de Webb no Sul dos Estados Unidos, uma no condado de Jaspers, estado do Missouri, e outra no estado do Alabama. Pela proximidade de Crystal Springs, duas horas aproximadamente, deve ser a primeira. (N. T.)
[5] Cidade no estado do Mississippi. (N. T.)

infantil e joga os cachos.) Ah, como o trem apitava! Apitava! (*Rindo.*) Apitavaaaaaaaaaa! Isso me assustava tanto, e ele pôs o braço em volta dos meus ombros! Mas ela estava lá também, mesmo sem ter o que fazer lá. Ela agarrou o chapéu dele e enfiou na parte de trás da cabeça e eles, eles ficaram disputando o chapéu, na verdade ficaram se agarrando! Todo mundo disse que era uma indecência! Vocês também não acham?

PORTEIRO: É, Miss Collins.

MISS COLLINS: Aquele é o retrato, aquele na moldura de prata em cima da lareira. Colocamos a melancia na fonte para refrescar e depois fomos brincar. Ela se escondeu em algum lugar e levou horas para ele encontrá-la. Escureceu e ele ainda não a tinha encontrado e todos cochichando e rindo e por fim eles voltaram juntos – ela pendurada no braço dele como uma meretriz ordinária – e Daisy Belle Huston deu um grito esganiçado: "Olha, pessoal, o fundo da saia de Evelyn!" Estava – coberta de – manchas de grama! Já ouviram algo tão ultrajante? Mas isso não a perturbou, pelo contrário, ela riu como se fosse uma coisa muito, muito engraçada! Ela se sentia muito *triunfante.*

ASCENSORISTA: Qual é ele, Miss Collins?

MISS COLLINS: O alto, de camisa azul, segurando um dos meus cachos. Ele adorava brincar com meus cachos.

ASCENSORISTA: Um Romeo – ano 1910, hein?[6]

---

[6] Romeo: é possível que haja um jogo de duplo sentido entre o Alpha Romeo modelo 1910 e o apaixonado de Shakespeare. (N. T.)

MISS COLLINS (*vagamente*): O que acham? No fundo, não é nada demais, mas gosto da renda na gola. Eu disse à Mamãe: "Mesmo que eu não use, Mamãe, vai ficar *tão* bonito no meu enxoval!"

ASCENSORISTA: O que ele vestia hoje à noite quando escalou sua sacada, Miss Collins?

MISS COLLINS: Como?

ASCENSORISTA: Ele ainda estava com essa camisa azul elegante com listras e colarinho de celuloide?

MISS COLLINS: Ele não trocou.

ASCENSORISTA: Deve ser fácil achar ele com essa camisa. Qual a cor das calças?

MISS COLLINS (*vagamente*): Não me lembro.

ASCENSORISTA: Vai ver que ele estava sem calça. Deve ter caído quando ele tentava subir o muro! A senhorita podia acusá ele de atentado ao pudor, Miss Collins!

PORTEIRO (*agarrando o braço do Ascensorista*): Para com isso ou volta pra gaiola! Entendeu?

ASCENSORISTA (*reprimindo o riso*): Calma. Ela não escuta nada.

PORTEIRO: Controla essa língua suja ou sai daqui. Miss Collins é uma dama. Entendeu?

ASCENSORISTA: Ok. Ela é a Shoiley Temple.[7]

---

[7] Shoiley Temple: Shirley Temple (1928-2008). Atriz de cinema e televisão, cantora, bailarina de sapateado. A imagem que a celebrizou foi a da menina adorável de cachinhos dourados: daí a associação com Miss Collins na peça. (N. T.)

PORTEIRO: Ela é uma *dama!*

ASCENSORISTA: Tá! (*Ele volta para o gramofone e examina os discos.*)

MISS COLLINS: Na verdade eu não deveria ter criado essa confusão. Quando os policiais chegarem, vou ter que explicar pra eles. Mas dá para entender meus sentimentos, não é?

PORTEIRO: Claro, Miss Collins.

MISS COLLINS: Quando os homens se aproveitam de mulheres brancas vulgares que fumam em público, provavelmente há uma desculpa para isso, mas quando isso ocorre com uma dama solteira que sempre teve uma conduta moral irrepreensível, não há nada a fazer senão solicitar proteção policial! Salvo, claro, se a moça tiver sorte de ter um pai e irmãos para resolver o assunto em particular e sem escândalo.

PORTEIRO: Certo. Está certa, Miss Collins.

MISS COLLINS: É claro que isso tende a causar muito falatório desagradável. Especialmente na *igreja*. Os cavalheiros são episcopalianos?

PORTEIRO: Não, dona. Católicos, Miss Collins.

MISS COLLINS: Ah. Bem, imagino que saibam que na Inglaterra somos conhecidos como a Igreja Católica Inglesa. Nossa linhagem apostólica provém diretamente de São Paulo, que batizou os Primeiros Anglos – que é como o povo inglês original era chamado – e estabeleceu o ramo inglês da igreja católica lá. Então, quando se escuta pessoas ignorantes afirmarem que nossa igreja foi fundada por – por Henrique

VIII – aquele velho horrível, lascivo que teve muitas esposas – dizem que tantas quanto Barba Azul! – pode-se ver como é ridículo e completamente ofensivo para qualquer pessoa que realmente *conhece* e *entende* a história da Igreja![8]

PORTEIRO (*confortadoramente*): Com certeza, Miss Collins. Todo mundo sabe disso.

MISS COLLINS: Gostaria que soubessem, mas precisam ser *instruídos!* Antes de morrer, meu pai era reitor na Igreja de São Miguel e São Jorge[9] em Glorious Hill, Mississippi...[10] Literalmente cresci à *sombra* da igreja episcopal. Em Pass Christian e Natchez, Biloxi, Gulfport,[11] Port Gibson,[12] Columbus[13] e Glorious Hill! (*Gentil, perplexa, triste.*) Mas saibam que às vezes suspeito que tenha havido algum tipo de cisma espiritual na igreja moderna. Estas dioceses do norte se afastaram completamente das boas tradições da igreja. Por exemplo, nosso reitor na Igreja da Sagrada Comunhão nunca bateu

---

[8] Esta fala de Miss Collins, assim como a seguinte, é uma sucessão de incongruências históricas. (N. T.)

[9] Há uma Igreja Anglicana de Saint Michael and St. George em Clayton, subúrbio de St. Louis, estado de Missouri. Assim como a cidade de Glorious Hill, a referência a uma igreja consagrada a Saint Michael e St. George no estado do Mississippi é fictícia. (N. T.)

[10] Glorious Hill também é a cidade na qual Tennessee Williams situa duas outras de suas peças: "Summer and Smoke" (1948) e "The Eccentricities of a Nightingale" (1951). (N. T.)

[11] Pass Christian, Natchez, Biloxi e Gulfport são cidades localizadas no condado de Harrison, estado do Mississippi, no Sul dos Estados Unidos. (N. T.)

[12] Cidade no condado de Claiborne, estado do Mississippi. (N. T.)

[13] Capital do estado de Ohio. (N. T.)

na minha porta. É uma igreja moderna e ele é muito ocupado, mas mesmo assim espera-se que ele tenha tempo de fazer uma novata na congregação se sentir em casa. Mas ele não tem! Parece que ninguém mais tem tempo... (*Ela fica mais agitada enquanto sua mente submerge novamente na ilusão.*) Eu não deveria mencionar, mas sabiam que lá na Sagrada Comunhão – para onde recentemente me transferi –, na verdade eles olham com prazer maldoso o que acontece à noite neste apartamento? *Sim!* (*Ela ri desenfreadamente e joga as mãos para o alto.*) Eles olham com prazer maldoso!! (*Ela recupera o fôlego e tateia vagamente a roupa.*)

PORTEIRO: Está procurando alguma coisa, Miss Collins?

MISS COLLINS: Meu – lenço... (*Ela está piscando por causa das lágrimas.*)

PORTEIRO (*retirando um trapo do bolso*): Aqui. Use isso, Miss Collins. É só um trapo, mas está limpo, menos perto da borda onde eu limpei o cabo do fonógrafo.

MISS COLLINS: Obrigada. Os cavalheiros são muito gentis. Mamãe vai trazer um refresco daqui a pouco...

ASCENSORISTA (*colocando um disco na máquina*): Esse tem um nome estrangeiro. (*O disco começa a tocar "Apenas um Coração Solitário",*[14] *de Tchaikovsky.*[15])

---

[14] Composição musical de Tchaikovsky, inspirada em poema do alemão Johann Wolfgang von Goethe (1749-1832). Título do filme de 1944, com Cary Grant e Ethel Barrymore. (N. T.)

[15] Piotr Ilitch Tchaikovsky (1820-1869), compositor russo do século XIX. (N. T.)

MISS COLLINS (*enfiando o trapo delicadamente no regaço*): Desculpa, por favor. O tempo lá fora está bom?

PORTEIRO (*rouco*): Está ótimo, Miss Collins.

MISS COLLINS (*sonhadora*): Tão quente para esta época do ano. Vesti minha capa de astracã para o culto, mas tive que carregar para casa pois estava pesada demais. (*Seus olhos se fecham.*) As calçadas parecem tão longas no verão...

ASCENSORISTA: Num é verão, Miss Collins.

MISS COLLINS (*sonhadoramente*): Achei que nunca chegaria ao fim do último quarteirão. É o quarteirão onde as árvores foram derrubadas no grande tornado. A caminhada é simplesmente ofuscante com o sol. (*Pressionando as pálpebras.*) É impossível proteger o rosto e eu transpiro tanto! (*Ela toca a testa delicadamente com o trapo.*) Nenhum galho, nenhuma folha para proteger um pouco! Você simplesmente *tem* que *aguentar*. Desvie seu rosto vermelho hediondo das varandas e ande tão rápido quanto a decência permita até passar por elas! Ah, Senhor, meu Salvador, às vezes você não tem tanta sorte e *encontra* as pessoas e tem que *sorrir*! Não dá pra *evitar*, a menos que *atravesse* a rua e aí vai ficar tao *óbvio*, sabe... Vão dizer que você é esquisita... A casa dele fica bem no meio daquele quarteirão horrível, sem folhas, a casa *deles*, dele e *dela*, e eles têm um automóvel e sempre chegam em casa antes e se sentam na varanda e me *veem* passando – Ah, meu Pai do Céu – com um *prazer maldoso*! (*Ela desvia o rosto com a lembrança torturante.*) Ela tem olhos tão *penetrantes*, o olhar deles me trespassa. Ela vê essa terrível coisa sufocante na minha garganta e a dor que tenho *aqui* (*Tocando o peito.*) – e ela aponta e ri e cochicha pra ele – "Lá vai ela com aquele narigão vermelho brilhante, a pobre solteirona que ama você!" (*Ela sufoca e esconde o rosto no trapo.*)

PORTEIRO: Talvez seja melhor esquecer isso tudo, Miss Collins.

MISS COLLINS: Nunca, nunca vou esquecer! Nunca, nunca! Uma vez deixei minha sombrinha – aquela com franja branca comprida da Mamãe –, esqueci na chapelaria da igreja, então eu não tinha nada para cobrir meu rosto quando caminhava, também não podia voltar com todas aquelas pessoas atrás de mim – rindo pelas minhas costas, fazendo chacota das minhas roupas! Ah, meu Deus, meu Deus... Tive que seguir em frente – passar pelo último olmo rumo àquele sol *impiedoso*. Ah! O sol me batia, *me queimando*! *Chibatadas!*... Oh, Jesus!... No meu rosto e no meu corpo!... Tentei andar rápido, mas estava tonta e eles se aproximando de mim! Tropecei, quase caí e eles morreram de rir! Meu rosto ficou tão *horrivelmente* vermelho, vermelho e molhado, eu sabia como estava feio embaixo de todo aquele brilho impiedoso – nem uma única sombra para me esconder! Então – (*Seu rosto se contorce de medo.*) – o automóvel parou na calçada em frente da casa deles, exatamente onde eu tinha que passar e *ela* saiu do carro, de branco, tão cheia de frescor e calma, a barriga redonda com um bebê, o primeiro de *seis*. Ah, meu Deus!... E ele em pé, sorrindo atrás dela, pálido, calmo, indiferente, cheio de frescor e eles ficaram em pé me esperando. *Esperando*!

Tive que continuar. O que mais eu podia fazer? Não podia *voltar*, podia? *Não*! Eu disse, meu Deus, quero cair *morta* agora! Mas não caí. Abaixei a cabeça para não vê-los! Sabe o que ela fez? Esticou a mão para me *parar*! E *ele* – ele entrou bem na minha frente, *rindo*, bloqueando minha passagem com aquele corpanzil branco! "Lucretia", ele disse, "Lucretia Collins!" Eu – tentei falar, mas não conseguia, a respiração sumiu do meu corpo! Cobri o rosto e – corri!... Corri!... *Corri*! (*Batendo o braço no sofá.*) Até chegar no fim do quarteirão – e os olmos – *começaram* novamente... Ah, meu Piedoso Cristo no Paraíso, como os olmos foram *gentis*! (*Ela se inclina para trás, exausta, sua mão relaxada sobre o sofá. Ela dá uma pausa e a música termina.*) Eu disse para Mamãe: "Mamãe, precisamos sair da cidade!". Nós *saímos* depois disso. E agora, depois de todos esses anos, ele finalmente se lembrou e *voltou*! Se afastou daquela casa e daquela mulher e veio *para cá* – Eu o vi nos fundos da igreja outro dia. Não tive certeza – mas era ele. Na noite seguinte foi quando ele invadiu meu apartamento pela primeira vez – e satisfez seus desejos comigo... Ele não percebe que eu mudei, que não posso sentir novamente o que eu sentia, agora que ele tem seis filhos com aquela moça de Cincinnati – três já estão no segundo grau! Seis! Já pensou? Seis filhos! Não sei o que ele vai dizer quando souber que outro está vindo! Provavelmente vai *me* culpar por isso, porque um homem sempre *culpa* a mulher! Apesar de que ele me *forçou*!

ASCENSORISTA (*rindo*): A senhora disse – um *bebê*, Miss Collins?

MISS COLLINS (*abaixando os olhos, mas falando com ternura e orgulho*): Isso – estou esperando um *filho*.

ASCENSORISTA: *Jesus!* (*Ele bate a mão na boca e vira-se rapidamente.*)

MISS COLLINS: Mesmo não sendo legítimo, ele tem direito ao nome do pai – não tem?

PORTEIRO: Tem. Com certeza, Miss Collins.

MISS COLLINS: Uma criança é inocente e pura. Não importa como foi concebida. E ela *não* deve ser feita para sofrer! Então pretendo vender a pequena propriedade que prima Ethel me deixou e dar à criança uma educação particular onde ela não fique sob a influência maligna da igreja cristã! Quero me certificar de que ela não cresça à sombra da cruz e depois não tenha que andar por quarteirões com um sol terrível queimando! (*A campainha do elevador soa no corredor.*)

PORTEIRO: Frank! Alguém quer subir. (*O Ascensorista sai. A porta do elevador é fechada. O Porteiro pigarreia.*) É, seria melhor – ir pra outro lugar.

MISS COLLINS: Se pelo menos eu tivesse coragem – mas não tenho. Estou acostumada a esse lugar e lá fora – é sempre tão *difícil* encarar as pessoas!

PORTEIRO: Talvez a senhora não – tenha que encarar ninguém, Miss Collins. (*A porta do elevador se abre.*)

MISS COLLINS (*levanta-se apreensiva*): Alguém está vindo – para cá?

PORTEIRO: Fica calma, Miss Collins.

MISS COLLINS: Se for a polícia atrás do Richard, diga para irem embora. Decidi não processar o Mr. Martin. (*Mr. Abrams entra com o médico e a enfermeira. O Ascensorista olha boquiaberto da porta. O médico é um profissional cansado, a enfermeira é dura e eficiente. Mr. Abrams é pequeno, gentil e está sinceramente preocupado com a situação.*)

MISS COLLINS (*se encolhendo, sua voz titubeando*): Decidi não – processar Mr. Martin...

DOUTOR: Miss Collins?

MR. ABRAMS (*tentando ser cordial*): Esta é a senhora que queria conhecer, dr. White.

DOUTOR: Hmmm. (*Rápido, para a Enfermeira.*) Vá ao quarto dela e pegue umas coisas.

ENFERMEIRA: Sim, senhor. (*Ela vai para o quarto rapidamente.*)

MISS COLLINS (*encolhendo-se de medo*): Coisas?

DOUTOR: Sim, Miss Tyler vai ajudar a senhora a fazer uma mala para passar a noite. (*Sorrindo mecanicamente.*) Um lugar estranho sempre fica mais aconchegante nos primeiros dias quando temos alguns pertences pessoais.

MISS COLLINS: Um lugar – estranho?

DOUTOR (*despreocupado, escrevendo um memorando*): Não se preocupe, Miss Collins.

MISS COLLINS: Eu sei! (*Agitada.*) Vocês vieram da Sagrada Comunhão para me prender. Por moral indecorosa!

MR. ABRAMS: Ah, não, Miss Collins, a senhora se engana. Este é o médico que –

DOUTOR (*impaciente*): Certo, certo, a senhora só vai se ausentar um tempo até tudo se ajeitar. (*Ele olha o relógio.*) Duas e vinte e cinco! Miss Tyler?

ENFERMEIRA: Estou indo!

MISS COLLINS (*com um entendimento lento e triste*): Ah... Estou indo embora...

MR. ABRAMS: Ela sempre foi uma dama, doutor, uma perfeita dama.

DOUTOR: Claro. Sem dúvida.

MR. ABRAMS: Tudo muito lamentável.

MISS COLLINS: Deixe-me – escrever um bilhete. Tem um lápis? Por favor?

MR. ABRAMS: Aqui, Miss Collins. (*Ela pega o lápis e curva-se sobre a mesa. A Enfermeira sai do quarto com um sorriso forçado e duro, carregando uma mala.*)

DOUTOR: Pronto, Miss Tyler?

ENFERMEIRA: Tudo pronto, dr. White. (*Ela vai até Miss Collins.*) Venha, querida, depois cuidamos disso!

MR. ABRAMS (*bruscamente*): Deixa ela terminar o bilhete!

MISS COLLINS (*endireitando-se com um sorriso temeroso*): Já – terminei.

ENFERMEIRA: Ótimo, querida, venha. (*Ela a conduz firmemente na direção da porta.*)

MISS COLLINS (*se virando para trás repentinamente*): Ah, Mr. Abrams!

MR. ABRAMS: Sim, Miss Collins?

MISS COLLINS: Caso ele volte – e descubra que fui embora – prefiro que não diga nada a ele – sobre o bebê... Acho melhor *eu* contar. (*Sorrindo gentilmente.*) O senhor sabe como os homens *são*, não é?

MR. ABRAMS: Sei, Miss Collins.

PORTEIRO: Adeus, Miss Collins. (*A Enfermeira puxa firmemente seu braço. Ela sorri sobre os ombros com um leve gesto de desculpas.*)

MISS COLLINS: Mamãe vai trazer – um refresco – logo... (*Ela desaparece no corredor com a Enfermeira. A porta do elevador se fecha como o som metálico de uma gaiola sendo trancada. Ouvem-se os cabos do elevador.*)

MR. ABRAMS: Ela escreveu um bilhete para ele.

PORTEIRO: O que ela escreveu, Mr. Abrams?

MR. ABRAMS: "Querido – Richard. Vou me ausentar um tempo. Mas não se preocupe, vou voltar. Tenho um segredo para lhe contar. Amor – Lucretia". (*Ele tosse.*) Temos que limpar essas coisas e empilhar no porão até eu encontrar um lugar para mandar.

PORTEIRO (*tediosamente*): Hoje à noite, Mr. Abrams?

MR. ABRAMS (*grosseiramente, para esconder seus sentimentos*): Não, não, não hoje à noite, seu velho tolo. Por hoje chega! (*Em seguida, num tom gentil.*) Podemos fazer amanhã. Apague aquela luz do quarto – e feche a janela. (*Música, tocando suavemente, fica audível enquanto os homens saem lentamente, fechando a porta e a luz cai.*)

CORTINA

Auto da Fé[1]

Tradução
Sabrina Lavelle

[1] Auto da fé ou auto de fé refere-se a eventos de penitência realizados publicamente – ou em espaços reservados para isso – com humilhação de heréticos e apóstatas, bem como punição aos cristãos-novos pelo não cumprimento ou não vigilância da nova fé outorgada. (N. T.)

✳ ✳

PERSONAGENS

MME. DUVENET
ELOI,* *seu filho*

* Pronuncia-se Eloá. O papel foi criado para Mr. John Abbott.

✳ ✳

CENÁRIO

A varanda da frente de um velho chalé no Vieux Carré de Nova Orleans. Em cada lado da varanda, palmeiras ou bananeiras: vasos de gerânios e de outras flores de cores alegres ao longo da balaustrada baixa. O cenário causa um efeito sinistro de antiguidade e até mesmo as flores sugerem a riqueza da decadência. Perto dali, na Bourbon Street, a procissão lúgubre de bares e boates emite sons de vitrolas automáticas e gargalhadas ocasionais, abafados pela distância. Mme. Duvenet, uma mulher franzina de 67 anos, está se balançando na varanda sob a luz fraca e triste de um pôr do sol de agosto. Eloi, seu filho, sai pela porta de tela. Ele é um homem franzino beirando os quarenta anos. Um tipo sombrio e ascético, de febris olhos negros.

Tanto a mãe quanto o filho são fanáticos e o discurso deles possui a qualidade do encantamento poético ou religioso.

* * *

MME. DUVENET: Por que foi tão grosseiro com Miss Bordelon?

ELOI (*em pé, encostado na coluna*): Ela me dá nos nervos.

MME. DUVENET: Você não gosta de nenhuma pensionista que arrumamos.

ELOI: Ela não é confiável. Acho que entra no meu quarto.

MME. DUVENET: O que faz você achar isso?

ELOI: Encontrei evidências.

MME. DUVENET: Bom, garanto a você que ela não entra no seu quarto.

ELOI: Alguém entra no meu quarto e revira as minhas coisas.

MME. DUVENET: Ninguém toca em nada no seu quarto.

ELOI: Meu quarto é só meu. Não quero ninguém lá.

MME. DUVENET: Você sabe muito bem que eu tenho que entrar para limpar.

ELOI: Eu não quero que seja limpo.

MME. DUVENET: Você quer que o quarto fique imundo?

ELOI: É só você não entrar nele nem para limpar nem para qualquer outra coisa.

MME. DUVENET: Como é que você consegue viver em um quarto que nunca foi limpo?

ELOI: Eu mesmo limpo, quando for necessário.

MME. DUVENET: Podem pensar que você está escondendo alguma coisa.

ELOI: O que é que eu teria para esconder?

MME. DUVENET: Não faço ideia. Por isso é que é tão estranho você não querer nem a sua mãe no quarto.

ELOI: Todo mundo quer um pouco de privacidade, Mãe.

MME. DUVENET (*com severidade*): Sua privacidade, Eloi, será considerada sagrada.

ELOI: Huh.

MME. DUVENET: Vou simplesmente deixar a imundície se acumular lá.

ELOI (*rispidamente*): O que a senhora quer dizer com "a imundície"?

MME. DUVENET (*num tom triste*): A poeira e a desordem em que você prefere viver, ao invés de deixar a sua mãe entrar e limpar.

ELOI: Sua vassoura e sua pá não iam fazer diferença. Até o ar neste bairro é impuro.

MME. DUVENET: Não é tão puro quanto poderia. Eu adoro cortinas limpas nas janelas, adoro linho branco, eu quero as coisas em casa imaculadas e impecáveis.

ELOI: Então, por que não nos mudamos para a parte nova da cidade, onde é mais limpo?

MME. DUVENET: Os imóveis neste quarteirão estão completamente desvalorizados. Não conseguiríamos vender nossa casa nem pelo preço de pintar as paredes.

ELOI: Eu não entendo a senhora, Mãe. A senhora prega a pureza, pureza o tempo todo, mas aceita ficar no meio da corrupção.

MME. DUVENET: Eu não prego nada. Fico aqui porque preciso. E quanto à corrupção, nunca permiti que me tocasse.

ELOI: Mas toca, toca. É o que se respira aqui, não há como fugir. Entra nas nossas narinas e até no nosso sangue.

MME. DUVENET: Acho que você é o único que prega por aqui. Você não dialoga. Você deturpa o assunto, levanta a voz e provoca as pessoas à toa.

ELOI: Mãe, cheguei ao meu limite.

MME. DUVENET: Então, o que você quer fazer?

ELOI: Mudar, mudar. Na atmosfera pura de Uptown,[2] onde o ar é mais puro, eu não teria essas crises de asma.

MME. DUVENET: Deixo por sua conta. Se encontrar quem faça uma oferta razoável, aceito me mudar.

ELOI: A senhora não tem força para se mudar nem vontade de se afastar de nada a que está acostumada. A senhora não sabe o quanto já fomos afetados!

MME. DUVENET: Pelo quê, Eloi?

ELOI: Por esse pântano velho e fétido em que moramos, o Vieux Carré![3] Todos os tipos imagináveis de degeneração brotam aqui, não a um palmo de distância, mas aqui mesmo, na nossa frente!

MME. DUVENET: Acho que você está exagerando um pouco.

ELOI: A senhora lê os jornais, ouve o que dizem, passa por janelas abertas. Não pode estar alienada do que acontece! Uma mulher foi terrivelmente mutilada ontem à noite. Um homem quebrou uma garrafa e torceu o gargalo quebrado na cara dela.

---

[2] Uptown é uma parte de Nova Orleans, Louisiana, na margem leste do Mississippi. O topônimo "uptown" indica que a região se localiza depois da Rua do Canal (Canal Street). Essa parte da cidade caracteriza-se pelo grande número de casas do final do século XIX que refletem a riqueza aristocrática do passado. (N. T.)

[3] O Vieux Carré, ou Bairro Francês (French Quarter), é o mais antigo bairro da cidade de Nova Orleans. (N. T.)

MME. DUVENET: Eles atraem tantas coisas ruins para si com esse comportamento imoral.

ELOI: Crimes são cometidos nos parques noite após noite.

MME. DUVENET: Nem todos os parques ficam no Bairro.[4]

ELOI: Nem todos os parques ficam no Bairro, mas a decadência fica. Esta é a lesão primária, o – foco da infecção, o – cancro! Em termos médicos, ele se espalha por – metástase! Ele rasteja pelos capilares para dentro das veias principais. De lá, ele se espalha por todo o tecido em volta! No final, não sobra nada além da podridão!

MME. DUVENET: Eloi, você está sendo violento sem necessidade.

ELOI: Estou sendo convicto.

MME. DUVENET: Não pode falar como um fanático.

ELOI: A senhora não toma posição contra isso?

MME. DUVENET: Você sabe a minha posição.

ELOI: Eu sei o que deve ser feito.

MME. DUVENET: Deveria haver uma legislação para fazer reformas.

ELOI: Não só reformas, mas ações drásticas!

MME. DUVENET: Sou a favor, dentro dos limites práticos.

[4] Há apenas um parque localizado no Bairro junto à Jackson Square (Praça Jackson). (N. T.)

ELOI: Prático, prático. Não dá pra ser prático, Mãe, e banir o mal. A cidade deveria ser arrasada.

MME. DUVENET: Está falando desta área velha e degradada?

ELOI: Condenada e demolida!

MME. DUVENET: Essa não é uma posição razoável.

ELOI: É a minha posição.

MME. DUVENET: Talvez você não seja uma pessoa razoável.

ELOI: Tenho um bom motivo para isso.

MME. DUVENET: Como assim?

ELOI: As Escrituras estão cheias de passagens de cidades destruídas pela justiça do fogo quando viraram ninhos de infâmia!

MME. DUVENET: Eloi, Eloi.

ELOI: Condene, eu digo, e purifique com fogo!

MME. DUVENET: Você está ofegante. O que provoca a asma é se emocionar demais e não só o ar poluído.

ELOI (*depois de pensar um pouco*): *Está* difícil de respirar.

MME. DUVENET: Sente-se e tente relaxar.

ELOI: Eu não consigo mais.

MME. DUVENET: Melhor entrar e tomar um comprimido de Amytal.[5]

---

[5] Amytal: barbitúrico usado no tratamento da insônia. (N. T.)

ELOI: Eu não quero ficar muito dependente de drogas. Eu não estou bem, nunca melhoro.

MME. DUVENET: Você não se cuida direito.

ELOI: Mal consigo me lembrar de quando me sentia bem de verdade.

MME. DUVENET: Você nunca foi tão forte quanto eu gostaria.

ELOI: Parece que eu tenho fadiga crônica.

MME. DUVENET: Os problemas dos Duvenet sempre foram os nervos.

ELOI: Olhe! Eu tinha sinusite! Chama isso de nervos?

MME. DUVENET: Não, mas –

ELOI: Olha! Essa asma, essa asfixia, esse sufocamento que eu tenho... Chama isso de nervos?

MME. DUVENET: Eu nunca concordei com esse diagnóstico do médico.

ELOI: A senhora odeia todos os médicos, é radical nesse assunto!

MME. DUVENET: Eu penso que toda a cura começa com a fé no espírito.

ELOI: Como é que eu posso continuar se eu não durmo?

MME. DUVENET: Eu acho que tem insônia porque come à noite.

ELOI: Acalma o estômago.

MME. DUVENET: Líquidos fariam o mesmo!

ELOI: Líquidos não me satisfazem.

MME. DUVENET: Bom, então alguma coisa mais leve. Um pouco de cereal quente, talvez com chocolate ou Postum.[6]

ELOI: Só de ver toda essa porcaria me dá náuseas!

MME. DUVENET: Eu reparei que à noite você não para coberto.

ELOI: Não suporto coberta no verão.

MME. DUVENET: Você precisa se cobrir durante a noite.

ELOI: Ah, Senhor, ah, Senhor.

MME. DUVENET: O seu corpo transpira e se tiver exposto, vai pegar um resfriado!

ELOI: A senhora é obcecada com essa história de resfriado.

MME. DUVENET: Porque você tem propensão a se resfriar.

ELOI (*com estranha intensidade*): Não é resfriado! É sinusite!

MME. DUVENET: Sinusite e tudo que dá catarro têm as mesmas causas que os resfriados!

ELOI: Toda manhã às dez horas, pontual como um relógio, começa uma dor de cabeça que não melhora até o fim da tarde.

MME. DUVENET: Congestão nasal muitas vezes causa dor de cabeça.

ELOI: Congestão nasal não tem nada a ver com esta aqui!

---

[6] Postum: bebida em pó, feita de trigo, melaço e maltodextrina. Era considerada uma alternativa saudável ao café, por não conter cafeína. (N. T.)

MME. DUVENET: Como você sabe?

ELOI: Não é aqui!

MME. DUVENET: Onde é, então?

ELOI: É aqui, na base do crânio. E vai até aqui.

MME. DUVENET: Até onde?

ELOI: Até aqui!

MME. DUVENET (*tocando a testa dele*): Ah! Aí!

ELOI: Não, não, a senhora está cega? Eu disse *aqui*!

MME. DUVENET: Ah, aqui!

ELOI: *É! Aqui!*

MME. DUVENET: Bom, pode ser vista cansada.

ELOI: Agora que acabei de trocar de óculos?

MME. DUVENET: Você frequentemente lê com o tipo errado de luz.

ELOI: Parece que a senhora acha que me saboto.

MME. DUVENET: Sabota mesmo.

ELOI: A senhora não sabe. (*Sombrio.*) Existem muitas coisas que a senhora não sabe, Mãe.

MME. DUVENET: Eu nunca fingi nem quis saber muita coisa. (*Eles ficam em silêncio e Mme. Duvenet balança-se vagarosamente para frente e para trás. É quase noite. Ouve-se uma vitrola automática tocando* "The New San Antonio

Rose"[7] *a distância. Finalmente, ela fala em um tom gentil e litúrgico.*) Eu gostaria que você observasse três regras simples: 1. você deve usar camisetas sempre que o tempo estiver instável!; 2. não durma sem cobertas, não as chute à noite!; 3. mastigue a comida, não a engula de uma vez. Coma como um ser humano, não como um cachorro! Além dessas três regras muito simples de higiene básica, você precisa de fé na cura espiritual! (*Eloi olha para ela por um momento com cansaço desesperado. Então, grunhe alto e levanta dos degraus.*) Por que essa cara, e o grunhido?

ELOI (*intenso*): A senhora – simplesmente – não – *sabe*!

MME. DUVENET: Sabe o quê?

ELOI: Seu mundo é tão simples, a senhora vive num paraíso de tolos!

MME. DUVENET: Vivo mesmo!

ELOI: É, Mãe, vive mesmo! Eu sou um estranho na sua presença, um desconhecido! Moro numa casa na qual ninguém sabe o meu nome!

MME. DUVENET: Você me cansa, Eloi, quando fica tão agitado!

ELOI: A senhora simplesmente não sabe. A senhora se balança na varanda e fala de cortinas brancas, limpas! Enquanto estou em chamas, queimando, e nenhum sino toca, ninguém dá o alarme!

---

[7] "San Antonio Rose"/"New San Antonio Rose" era a principal música de Bob Wills and His Texas Playboys. De início, música apenas instrumental escrita por Bob Wills, que a gravou com os Playboys em 1938. Membros da banda adicionaram a letra e ela foi rebatizada de "New San Antonio Rose". (N. T.)

MME. DUVENET: Do que você está falando?

ELOI: De um fardo intolerável! A consciência de todos os homens sujos!

MME. DUVENET: Eu não te entendo.

ELOI: Como é que eu posso ser mais claro?

MME. DUVENET: Vá se confessar!

ELOI: O padre é um aleijado de saias!

MME. DUVENET: Como pode dizer isso!

ELOI: Porque vi as saias e muletas dele e ouvi o seu sussurro sem sentido através da parede!

MME. DUVENET: Não fale assim na minha presença!

ELOI: É fósforo apagado! Não queima mais!

MME. DUVENET: Não queima mais? Por que deveria?

ELOI: Porque precisa queimar!

MME. DUVENET: Pra quê?

ELOI (*apoiando-se na coluna*): Para fazer uma queimada, por Deus, pela purificação! Ah, Deus, ah, Deus. Não consigo entrar e nem ficar na varanda! Eu não consigo nem respirar direito, eu não sei o que vai acontecer comigo!

MME. DUVENET: Você vai ter uma crise. Sente-se! Agora me diz calmo e tranquilo qual é o problema? O que tem te perturbado nestes últimos dez dias?

ELOI: Como sabe que estou perturbado?

MME. DUVENET: Você está perturbado desde terça-feira.

ELOI: É verdade. Estou mesmo. Não imaginei que tivesse percebido.

MME. DUVENET: O que aconteceu no correio?

ELOI: Como sabe que foi lá?

MME. DUVENET: Porque nada em casa explica o seu estado.

ELOI (*reclinando-se exausto*): Não.

MME. DUVENET: Então é óbvio que foi alguma coisa no trabalho.

ELOI: Foi...

MME. DUVENET: O que foi, Eloi? (*No fim da rua, um vendedor de pamonhas grita com uma voz forte, peculiarmente assustadora: "apiii-men-tados, apiii-men-tados, apiii-men-tados!" Ele vai em outra direção e o som desaparece.*) O que *foi*, Eloi?

ELOI: Uma carta.

MME. DUVENET: Recebeu uma carta de alguém? E isso chateou você?

ELOI: Não recebi carta nenhuma.

MME. DUVENET: Então o que você quis dizer com "uma carta"?

ELOI: Uma carta chegou às minhas mãos por acaso, Mãe.

MME. DUVENET: Enquanto separava a correspondência?

ELOI: É.

MME. DUVENET: O que tinha nela para te perturbar tanto?

ELOI: A carta foi mandada sem selo, e algo caiu.

MME. DUVENET: Algo caiu do envelope sem selo?

ELOI: É!

MME. DUVENET: O que caiu?

ELOI: Um retrato.

MME. DUVENET: Um o quê?

ELOI: Um retrato!

MME. DUVENET: Que tipo de retrato? (*Ele não responde. Ao longe, a vitrola automática começa a tocar de novo a mesma melodia alegrinha.*) Eloi, que tipo de retrato caiu do envelope?

ELOI (*gentil e triste*): Miss Bordelon está parada no saguão ouvindo cada palavra que digo.

MME. DUVENET (*virando-se bruscamente*): Ela não está no saguão.

ELOI: Ela está com o ouvido grudado na porta!

MME. DUVENET: Ela está no quarto dela, lendo.

ELOI: Lendo o quê?

MME. DUVENET: Como vou saber o que ela está lendo? Que diferença faz o que ela está lendo?

ELOI: Ela registra num diário tudo que é dito na casa. Fica à mesa anotando tudo, eu sinto.

MME. DUVENET: Por que, com que propósito, ela anotaria a nossa conversa?

ELOI: Nunca ouviu falar em detetives particulares?

MME. DUVENET: Eloi, que coisas horríveis você está falando!

ELOI (*gentil*): Posso estar errado. Posso estar errado.

MME. DUVENET: Eloi, é claro que está equivocado! Agora continue o que começou a dizer sobre o retrato.

ELOI: Uma fotografia lasciva caiu do envelope.

MME. DUVENET: Uma o quê?

ELOI: Um retrato indecente

MME. DUVENET: De quem?

ELOI: De duas pessoas nuas.

MME. DUVENET: Ah! ... Só isso?

ELOI: A senhora não viu o retrato.

MME. DUVENET: Era tão ruim assim?

ELOI: Vai além de qualquer descrição.

MME. DUVENET: Ruim desse jeito?

ELOI: Não. Pior. Senti como se algo tivesse explodido, estourado em minhas mãos e escaldado o meu rosto com ácido!

MME. DUVENET: Quem te mandou essa fotografia horrível, Eloi?

ELOI: Não era para mim.

MME. DUVENET: A quem estava endereçada?

ELOI: A um daqueles – opulentos – vendedores de antiguidades – na Royal...

MME. DUVENET: E o remetente?

ELOI: Um universitário.

MME. DUVENET: O remetente não pode ser processado?

ELOI: Claro. E pegar anos de cadeia.

MME. DUVENET: Não vejo razão para clemência nesse caso.

ELOI: Nem eu.

MME. DUVENET: Então o que você fez?

ELOI: Eu ainda não fiz nada.

MME. DUVENET: Eloi! Você ainda não relatou o caso para as autoridades?

ELOI: Eu ainda não relatei o caso para as autoridades.

MME. DUVENET: Não vejo razão para hesitar!

ELOI: Eu não poderia continuar sem uma investigação.

MME. DUVENET: Investigação? Do quê?

ELOI: De todas as circunstâncias ligadas ao caso.

MME. DUVENET: De que circunstâncias você precisa além do fato de que alguém usou os correios com esse propósito!

ELOI: A juventude do remetente tem algo a ver com o caso.

MME. DUVENET: O remetente era jovem?

ELOI: O remetente tinha só dezenove anos.

MME. DUVENET: E os pais do remetente ainda são vivos?

ELOI: Vivos e morando na cidade. O remetente é filho único.

MME. DUVENET: Como você sabe essas coisas do remetente?

ELOI: Porque fiz uma investigação particular.

MME. DUVENET: Como fez isso?

ELOI: Visitei o remetente, fui ao alojamento. Falamos em particular e discutimos tudo. A atitude tomada foi que eu tinha ido atrás de dinheiro. Que eu pretendia ficar com a carta para fazer chantagem.

MME. DUVENET: Que horror!

ELOI: Claro, tive que explicar que eu era funcionário público e tinha obrigações perante meus patrões e que era justo até demais da minha parte adiar a providência que deveria ser tomada.

MME. DUVENET: A providência que deve ser tomada!

ELOI: E então, ele começou a ficar desagradável e ofensivo. Não consigo repetir as acusações, as insinuações perversas! Saí correndo do quarto. Deixei o meu chapéu lá. Nem consegui voltar para pegá-lo!

MME. DUVENET: Eloi, Eloi. Ah, meu querido Eloi. Quando foi isso, a entrevista com o remetente?

ELOI: A entrevista foi na sexta-feira.

MME. DUVENET: Três dias atrás. E você ainda não fez nada?

ELOI: Pensei, pensei e não consegui tomar nenhuma providência!

MME. DUVENET: Agora é tarde demais.

ELOI: Por que acha que é tarde demais?

MME. DUVENET: Você ficou com a carta tempo demais para tomar alguma providência.

ELOI: Ah, não fiquei não. Não estou mais paralisado.

MME. DUVENET: Mas se denunciar a carta agora, vão perguntar por que não fez antes!

ELOI: Eu posso explicar a responsabilidade envolvida!

MME. DUVENET: Não, não, é bem melhor não fazer nada agora!

ELOI: Eu tenho que fazer alguma coisa.

MME. DUVENET: É melhor destruir a carta.

ELOI: E deixar os culpados impunes?

MME. DUVENET: Que mais você pode fazer depois de ter hesitado por tanto tempo?

ELOI: Tem que haver punição pra isso!

MME. DUVENET: Onde está a carta?

ELOI: Aqui no bolso.

MME. DUVENET: Você leva essa coisa consigo?

ELOI: No bolso interno.

MME. DUVENET: Ah, Eloi, que burrice, que absurdo! Imagina se algo acontece e uma coisa destas é encontrada com você, e inconsciente, você não poderia explicar como está aí.

ELOI: Fale baixo! Aquela mulher está nos escutando!

MME. DUVENET: Miss Bordelon? Não!

ELOI: Está, ela está. Foi contratada para nos investigar. Ela gruda o ouvido na parede enquanto eu falo durante o sono!

MME. DUVENET: Eloi, Eloi.

ELOI: Eles a contrataram para espionar, intrometer-se e espreitar na casa!

MME. DUVENET: De quem você está falando?

ELOI: Do remetente, do vendedor de antiguidades.

MME. DUVENET: Você está tão descontrolado que me assusta. Eloi, você tem que destruir esta carta imediatamente!

ELOI: Destruir?

MME. DUVENET: É!

ELOI: Como?

MME. DUVENET: Queimando! (*Eloi levanta-se cambaleando. Pela terceira vez a vitrola automática começa a tocar ao longe "The New San Antonio Rose" em ritmo de polca e gritos de exultação insana.*)

ELOI (*fraco*): É, é – queimando!

MME. DUVENET: Queime agora mesmo!

ELOI: Vou entrar e queimar!

MME. DUVENET: Não, queime aqui mesmo na minha frente.

ELOI: A senhora não pode olhar.

MME. DUVENET: Meu Deus, meu Deus, eu arrancaria os olhos antes que vissem esse retrato!

ELOI (*rouco*): Acho melhor ir para a cozinha ou para o porão.

MME. DUVENET: Não, não, Eloi, queime aqui! Na varanda!

ELOI: Alguém pode ver.

MME. DUVENET: E daí?

ELOI: Podem achar que era algo meu.

MME. DUVENET: Eloi, Eloi, pegue e queime! Ouviu? Queime agora! Neste instante!

ELOI: Vire de costas. Vou tirar do bolso.

MME. DUVENET (*virando-se*): Você tem fósforos, Eloi?

ELOI: Tenho sim, Mãe.

MME. DUVENET: Muito bem, então. Queime a carta e queime o retrato horrível. (*Eloi, tateando, tira alguns papéis do bolso interno. Sua mão treme tanto que o retrato cai nos degraus da varanda. Eloi resmunga enquanto se abaixa pra pegá-lo.*) Eloi! Qual é o problema?

ELOI: Eu – deixei o retrato cair.

MME. DUVENET: Pegue e ponha fogo, rápido!

ELOI: Sim... (*Ele acende um fósforo. Seu rosto está pálido na luz da chama e, enquanto ele observa o pedaço de papel, seus olhos parecem saltar das órbitas. Ele está respirando sofregamente. Aproxima a chama a uma polegada do papel, mas parece incapaz de ir mais longe. De repente, solta um grito abafado e deixa o fósforo cair.*)

MME. DUVENET (*virando-se*): Eloi, você queimou seus dedos!

ELOI: Queimei!

MME. DUVENET: Ah, vamos para a cozinha que eu passo bicarbonato nisso! (*Eloi vira-se e entra rápido em casa. Ela começa a segui-lo.*) Vá direto pra cozinha! Poremos bicarbonato de sódio! (*Ela vai ao alcance da maçaneta da porta de tela. Eloi passa o trinco. Madame Duvenet puxa a porta e descobre que está trancada.*) Eloi! (*Ele a encara pela tela. Sua voz ganha um tom de terror.*) Eloi! Você trancou a porta! O que você está pensando, Eloi! (*Eloi se afasta devagar até sumir de vista.*) Eloi! Eloi! Volte aqui e abra esta porta! (*Uma porta bate dentro da casa e ouve-se a voz da pensionista, surpresa e enfurecida. Mme. Duvenet o chama freneticamente, agora.*) Eloi! Eloi! Por que você me trancou para fora? O que você está fazendo aí dentro? Abra a porta de tela, por favor! (*A voz de Eloi fica violenta. A mulher dentro da casa grita de pavor. Ouve-se um ruído metálico como se um objeto de lata tivesse sido arremessado contra a parede. A mulher grita; depois, uma explosão amortecida. Mme. Duvenet agarra com as unhas a porta de tela e dá* socos.) *Eloi! Eloi!* Ah, me responda, Eloi! (*De repente, há uma irrupção de luz abrasadora vinda do interior do chalé. Ela se espalha através da porta de tela e sobre a figura sinistra da velha, recurvada como uma bruxa. Ela grita de pânico e vira-se, tonta. Com movimentos e gestos rígidos e grotescos, ela cambaleia ao descer os degraus da varanda e começa a gritar com desespero e rouquidão.*) Fogo! Fogo! A casa está pegando fogo, fogo, pegando fogo!

CORTINA

A Carta de Amor de Lord Byron[1]

Tradução
Augusto Cesar

[1] George Gordon Noel Byron, sexto Lord Byron (1788-1824). Poeta inglês, um dos nomes centrais do romantismo inglês. (N. T.)

* *

PERSONAGENS

A SOLTEIRONA

A VELHA

A MATRONA

O MARIDO

* *

CENÁRIO

A sala de visitas de uma velha residência desbotada no Bairro Francês de Nova Orleans no fim do século XIX. As portas da sala, com persianas, dão diretamente para a calçada e o barulho das festividades de Mardi Gras² pode ser ouvido vagamente. O interior está na penumbra. Ao lado de um abajur de cúpula rosa, a Solteirona, uma mulher de quarenta anos, está costurando. No canto oposto, completamente imóvel, está sentada a Velha, trajando um vestido de seda preto. A campainha tilinta.

* * *

SOLTEIRONA (*levantando*): Provavelmente alguém vindo para olhar a carta.

VELHA (*levantando com ajuda da bengala*): Espere um pouco para eu sair.

(*Ela se retira gradualmente para trás das cortinas. Uma das suas mãos em forma de garra permanece visível, segurando a cortina levemente aberta para que ela possa observar os visitantes. A Solteirona abre a porta e a Matrona, uma mulher de meia-idade, entra na sala.*)

---

² Mardi Gras é o nome francês para Terça-feira de Carnaval. Último dia antes da temporada de jejum da Quaresma. Traduzido literalmente o termo significa "Terça-feira Gorda" e era assim chamado porque representava a última oportunidade de diversão e indulgência excessiva em comida e bebida antes da temporada de jejum. A temporada de Carnaval de Nova Orleans começa no Dia de Reis e atinge o seu clímax com a conhecida celebração *Mardi Gras Day*, um dia antes da Quarta-feira de Cinzas. (N. T.)

SOLTEIRONA: Pode entrar.

MATRONA: Obrigada.

SOLTEIRONA: A senhora não é daqui?

MATRONA: Ah, não, somos de Milwaukee.[3] Viemos para o Mardi Gras, meu marido e eu. (*Ela de repente percebe um canário empalhado em uma minúscula gaiola rosa e marfim.*) Ah, este pobre passarinho em uma gaiola tão minúscula! Ela é pequena demais para um canário.

SOLTEIRONA: Esse canário não está vivo.

VELHA (*atrás da cortina*): Não. Está empalhado.

MATRONA: Ah. (*Ela conscientemente toca um pássaro embalsamado no seu chapéu.*) O Winston está lá fora andando para lá e para cá na rua, está com medo de perder o desfile. O desfile passa aqui, não é?

SOLTEIRONA: Passa, infelizmente.

MATRONA: Vi o cartaz na porta. É verdade que tem uma das cartas de amor de Lord Byron?

SOLTEIRONA: É.

MATRONA: Muito interessante! Como conseguiu?

SOLTEIRONA: Foi escrita para minha avó, Irénée Marguerite de Poitevent.

---

[3] Cidade do estado de Wisconsin, Meio-Oeste dos Estados Unidos. (N. T.)

MATRONA: Nossa, que interessante! Onde ela conheceu Lord Byron?

SOLTEIRONA: Nos degraus da Acrópole em Atenas.

MATRONA: Muito, *muito* interessante! Nunca soube que Lord Byron esteve na Grécia.[4]

SOLTEIRONA: Lord Byron passou os últimos anos de sua turbulenta vida na Grécia.

VELHA (*ainda atrás das cortinas*): Ele se exilou da Inglaterra!

SOLTEIRONA: Sim, ele saiu da Inglaterra para um exílio voluntário.

VELHA: Por causa da escandalosa maledicência na corte do Regente.

SOLTEIRONA: Sim, envolvendo a meia-irmã dele![5]

VELHA: História falsa – completamente.

SOLTEIRONA: Nunca foi confirmada.

VELHA: Ele era um homem apaixonado, mas não era mau.

SOLTEIRONA: A moral é uma questão ambígua, eu acho.

---

[4] O poeta não só "esteve" na Grécia como abraçou ativamente a causa dos gregos, que lutavam para tornar-se independentes do Império Otomano. Em 1824, embarcou para Missolonghi, na Grécia Ocidental, onde apoiou o príncipe Alexander Mavrocordatos na luta pela unificação das forças gregas divergentes, tendo morrido no mesmo ano em consequência de uma febre. (N. T.)

[5] A Solteirona alude à acusação de envolvimento incestuoso entre o poeta Byron e sua meia-irmã Augusta Leigh, filha de um casamento anterior de seu pai. Byron dedicou a Augusta poemas apaixonados e cartas. (N. T.)

MATRONA: A senhora de trás da cortina não vai se juntar a nós?

SOLTEIRONA: Vai ter que desculpá-la. Ela prefere ficar de fora.

MATRONA (*desconfortável*): Ah. Entendo. O que Lord Byron estava fazendo na Grécia?

VELHA (*orgulhosa*): *Lutando por liberdade!*

SOLTEIRONA: Sim, Lord Byron foi para a Grécia para se juntar às forças que lutavam contra os infiéis.

VELHA: Ele deu a vida em defesa da causa universal da liberdade!

MATRONA: O que ela disse?

SOLTEIRONA (*repetindo automaticamente*): Ele deu a vida em defesa da causa universal da liberdade!

MATRONA: Ah, muito interessante!

VELHA: E ele também nadou no Helesponto.[6]

SOLTEIRONA: Isso.

VELHA: E queimou o corpo do poeta Shelley[7] que se afogou em uma tempestade no Mediterrâneo com um volume de Keats no bolso!

---

[6] Situado na Turquia, o Helesponto liga o Mar Egeu, o sudoeste do Mar de Mármara e o Mar Negro, e é um dos mais importantes trajetos para travessia a nado em águas abertas do mundo. Em 1810, Byron tornou-se a primeira pessoa a atravessar o Helesponto da Europa à Ásia, nadando em honra de Leandro, que na mitologia bizantina fazia a travessia noturna do Helesponto para encontrar sua amada Hero, uma jovem sacerdotisa de Afrodite. (N. T.)

[7] Percy Bysshe Shelley, poeta romântico britânico (1792-1822). (N. T.)

MATRONA (*incrédula*): Como?

SOLTEIRONA (*repetindo*): E queimou o corpo do poeta Shelley[8] que se afogou em uma tempestade no Mediterrâneo com um volume de Keats no bolso!

MATRONA: Ah, muito, muito interessante! De fato. Gostaria muito que meu marido ouvisse isso. A senhora se importa se eu sair por um minuto para chamá-lo?

SOLTEIRONA: Por favor. (*A Matrona sai rapidamente, gritando "Winston! Winston!"*)

VELHA (*colocando a cabeça para fora por um momento*): Vigie os dois com cuidado. Fique de olho neles!

SOLTEIRONA: Claro. Fique quieta. (*A Matrona retorna com seu marido que estava bebendo e usa um boné de papel coberto de confete.*)

MATRONA: Winston, tire esse boné. Sente no sofá. Estas senhoras vão nos mostrar a carta de amor de Lord Byron.

SOLTEIRONA: Posso continuar?

MATRONA: Ah, sim. Este – uh – é meu marido – Mr. Tutwiler.

---

[8] Byron conheceu Shelley em 1816, na Suíça, e foi amigo pessoal e interlocutor literário do poeta. Shelley morreu em alto-mar em 1822 durante uma tempestade num trajeto de barco entre Pisa e Livorno, na Itália. Seu corpo foi encontrado numa praia perto de Via Reggio tendo no bolso uma edição de Sófocles e um volume de poesia de Keats (outro poeta romântico britânico), e foi cremado em local próximo à foz do Rio Serchio, na Toscana. Byron estava entre os presentes à cremação. A cena foi retratada no quadro *O Funeral de Shelley*, de Louis Edouard Fournier, em 1899. (N. T.)

SOLTEIRONA (*friamente*): Como vai o senhor?

MATRONA: Eu sou Mrs. Tutwiler.

SOLTEIRONA: Claro. Pode continuar no seu lugar.

MATRONA (*nervosa*): Ele estava – comemorando um pouco.

VELHA (*balançando a cortina que a esconde*): Peça para ele tomar cuidado com o charuto.

SOLTEIRONA: Ah, tudo bem, o senhor pode usar esta vasilha para colocar as cinzas.

VELHA: Fumar é um hábito tão desnecessário!

MARIDO: Ãh?

MATRONA: Esta senhora estava nos contando como a avó dela conheceu Lord Byron. Na Itália, não foi?

SOLTEIRONA: Não.

VELHA (*firme*): Na Grécia, em Atenas, nos degraus da Acrópole! Creio que mencionamos isso *duas vezes*. Ariadne, pode ler para eles uma passagem do diário antes.

SOLTEIRONA: Certo.

VELHA: Mas, por favor, tome cuidado, escolha o que vai ler!

(*A Solteirona retira da escrivaninha um volume embrulhado em papel de seda e amarrado com uma fita.*)

SOLTEIRONA: Assim como muitas outras moças americanas daquela época e de hoje em dia, minha avó foi à Europa.

VELHA: No ano antes de ela ser apresentada à sociedade!

MATRONA: Quantos anos ela tinha?

VELHA: Dezesseis! Quase dezesseis! Ela era muito bonita, também! Por favor, mostre a foto a ela, mostre a foto a essas pessoas! Está na primeira página do diário. (*A Solteirona retira a foto do livro e passa à Matrona.*)

MATRONA (*olhando*): Que moça bonita. (*Passando ao Marido.*) Não acha que ela lembra um pouco a Agnes?

MARIDO: Ãh.

VELHA: Cuidado! Ariadne, *fique de olho* nesse homem. Acho que ele estava bebendo. Eu *tenho quase certeza* que ele estava –

MARIDO (*truculento*): Ah é? O que ela falou lá atrás?

MATRONA (*tocando seu braço como que advertindo*): Winston! Cale a boca.

MARIDO: Ãh!

SOLTEIRONA (*rapidamente*): Perto do fim da viagem, minha avó e a tia dela foram à Grécia para estudar as ruínas clássicas da mais antiga civilização.

VELHA (*corrigindo*): A mais antiga civilização *europeia*.

SOLTEIRONA: Era uma manhã de abril do ano de mil oitocentos e –

VELHA: Vinte e sete!

SOLTEIRONA: Isso. No diário da minha avó ela menciona –

VELHA: Leia, leia, *leia*.

MATRONA: Sim, *por favor*, leia pra nós.

SOLTEIRONA: Estou tentando achar o lugar se a senhora tiver um pouco de paciência.

MATRONA: Claro, desculpe. (*Ela cutuca o Marido que está começando a dormir.*) Winston!

SOLTEIRONA: Ah, aqui está.

VELHA: *Cuidado!* Lembre do lugar de parar, Ariadne!

SOLTEIRONA: Psiu! (*Ela ajusta os óculos e se senta perto do abajur.*) "Nós saímos bem cedo naquela manhã para inspecionar as ruínas da Acrópole. Sei que nunca vou esquecer quão extraordinariamente pura a atmosfera estava naquela manhã. Era como se o mundo não fosse muito velho, mas muito, muito novo, quase como se o mundo tivesse acabado de ser criado. Havia um gosto de precocidade no ar, uma sensação de frescor, estimulando meus sentidos, exaltando meu espírito. Como posso te contar, meu querido Diário, como o céu estava? Era quase como se eu tivesse molhado a ponta da minha pena em um recipiente raso cheio de leite, tão delicado era o azul na abóbada celeste. O sol mal tinha se levantado, uma brisa oscilante balançava as pontas da minha echarpe, as plumas do maravilhoso chapéu que eu tinha comprado em Paris e me enchia de orgulho sempre que eu as via refletidas! Os matutinos que lemos durante o café da manhã antes de sair do hotel falavam de uma possível guerra, mas isso parecia improvável, irreal: nada era real, de fato, exceto o encanto da antiguidade dourada e o romance e o romance róseo que se respirava desta fabulosa cidade."

VELHA: Pula essa parte! Vá para a parte em que ela o encontra!

SOLTEIRONA: Certo... (*Ela vira várias páginas e continua.*) "Dentre as línguas dos antigos, as vozes líricas de muitos poetas de tempos remotos que sonhavam com o mundo de ideais, que tinham nos seus corações a imagem pura e absoluta –"

VELHA: *Pule* essa parte! Pule para onde –

SOLTEIRONA: Certo! *Aqui! Deixe-nos* procurar sem *interrupções!* "A carruagem fez uma parada ao pé da colina e minha tia, que não estava muito bem –"

VELHA: Ela estava com dor de garganta naquela manhã.

SOLTEIRONA: "– preferiu ficar com o condutor enquanto eu me aventurei à pé na escalada bastante íngreme. Enquanto eu subia a longa escadaria de pedra em ruínas –"

VELHA: Isso, isso, esse é o lugar! (*A Solteirona levanta os olhos contrariada. A bengala da Velha Senhora bate leve e impacientemente atrás da cortina.*) *Vá logo*, Ariadne!

SOLTEIRONA: "Não pude deixar de observar repetidamente na minha frente um homem que caminhava mancando de modo quase imperceptível –"

VELHA (*em fascinação silenciosa*): Sim – Lord Byron!

SOLTEIRONA: "e enquanto ele se virava de vez em quando para observar abaixo dele o adorável panorama –"

VELHA: Na verdade ele estava olhando a moça atrás dele!

SOLTEIRONA (*bruscamente*): Quer fazer o favor de me deixar terminar? (*Não há resposta de trás da cortina e ela continua a ler.*) "Eu fiquei irresistivelmente impressionada pela nobreza rara e pelo refinamento das suas feições!" (*Ela vira uma página.*)

VELHA: O homem mais bonito que já caminhou pela Terra!

(*Ela enfatiza o discurso com três batidas lentas, mas altas, da bengala.*)

SOLTEIRONA (*agitada*): "A força e graça do seu pescoço, como de uma estátua, os contornos clássicos do seu perfil, os lábios sensíveis e as narinas levemente dilatadas, o cacho de cabelo preto que caía sobre sua testa de tal modo que –"

VELHA (*batendo a bengala rapidamente*): Pule isso, isso se estende por páginas e páginas!

SOLTEIRONA: "... quando atingiu o topo da Acrópole, ele abriu os braços em um grande gesto magnificente como um jovem deus. Então, pensei comigo mesma, Apolo chegou à Terra em vestes modernas".

VELHA: Avance, pule isso, vá para onde ela o *encontra*!

SOLTEIRONA: "Temendo interromper seu transe poético, diminuí meu ritmo e fingi olhar a vista. Mantive meu olhar assim cuidadosamente desviado até que o estreitamento dos degraus me obrigou a chegar perto dele."

VELHA: Claro que ele fingiu não ver que ela estava chegando!

SOLTEIRONA: "Então finalmente o fitei."

VELHA: Isso!

SOLTEIRONA: "Nossos olhares se encontraram."

VELHA: Isso! Isso! A parte é essa!

SOLTEIRONA: "Algo que não entendo ocorreu entre nós, uma descarga como que de reconhecimento arrebatou todo o meu ser! Alastrou-se por meu –"

VELHA: Isso... isso, a parte é essa!

SOLTEIRONA: "'Desculpe', ele exclamou, 'a senhorita deixou cair sua luva!' E de fato, para minha surpresa, descobri que a tinha deixado cair, e enquanto ele me devolvia a luva, seus dedos levemente pressionaram a palma da minha mão!"

VELHA (*rouca*): Isso! (*Seu dedos descarnados agarram mais alto na cortina, a outra mão também aparece, levemente alargando a abertura.*)

SOLTEIRONA: "Pode acreditar, meu querido Diário, fiquei um pouco tonta e sem fôlego, quase me perguntei se ia conseguir continuar minha caminhada solitária pelas ruínas. Talvez eu tenha tropeçado, talvez cambaleado um pouco. Encostei-me durante um tempo em uma coluna. O sol parecia extremamente brilhante, feria meus olhos. Bem atrás de mim ouvi aquela voz novamente, eu quase podia sentir sua respiração na minhas –"

VELHA: Pare *aí*! Já é suficiente! (*A Solteirona fecha o diário.*)

MATRONA: Ah, só isso?

VELHA: Tem muito mais que não deve ser lido para as pessoas.

MATRONA: Ah.

SOLTEIRONA: Desculpe. Vou mostrar a carta.

MATRONA: Que bom! Estou morrendo de vontade de vê-la! Winston? *Sente* direito!

(*Ele tinha quase caído no sono. A Solteirona traz do gabinete outro pacotinho que desenrola. Ele contém a carta. Ela o passa para a Matrona que começa a abri-lo.*)

VELHA: Cuidado, fique de olho, essa mulher *não pode abrir* a carta!

SOLTEIRONA: Não, não, por favor, a senhora não pode abrir. O teor da carta é estritamente particular. Vou segurá-la aqui a uma pequena distância para que possa ver o texto.

VELHA: Não, não aproxime demais, ela está com os óculos levantados! (*A Matrona rapidamente abaixa sua* lorgnette.[9])

SOLTEIRONA: Pouco tempo depois Byron foi morto.

MATRONA: Como ele morreu?

VELHA: Em ação, defendendo a causa da liberdade! (*Isso é pronunciado tão forte que o marido desperta.*)

---

[9] *Lorgnette*: lornhão s.m. Instrumento de óptica constituído de duas lentes engastadas em uma armação que se apoia no nariz sustentando-se por uma haste, ou diretamente por meio de mola. (Aportuguesamento do fr. *Lorgnon, lorgnette*.) (N. T.)

SOLTEIRONA: Quando minha avó recebeu a notícia da morte do Lord Byron em batalha, ela se retirou do mundo e permaneceu em completa reclusão pelo resto da vida.

MATRONA: Tch-tch-tch! Que horrível! Acho que foi tolice da parte dela. (*A bengala bate furiosamente atrás da cortina.*)

SOLTEIRONA: A senhora não entendeu. Quando uma vida está completa, ela deve ser colocada de lado. É como um soneto. Quando se escreveu o dístico final, para que continuar? A gente só destrói o que já está escrito!

VELHA: Leia o poema para eles, o soneto que sua avó escreveu em memória de Lord Byron.

SOLTEIRONA: A senhora teria interesse?

MATRONA: Nós adoraríamos – de verdade!

SOLTEIRONA: Chama-se "Encantamento".

MATRONA (*assumindo uma expressão de enlevo*): Ahhhhh!

SOLTEIRONA (*recitando*):
"*Un saison enchanté*![10] Inspirado, o tempo iludido,
Parecia ter esquecido antigas e errantes vias.
De repente, ela havia aqui parado e sorrido.
Presa em uma teia de azuis e dourados dias."

VELHA: Não são azuis e dourados dias – são *celestes* e dourados dias!

---

[10] Há neste verso, tal como empregado na peça, um erro de gênero: o artigo "un", artigo indefinido masculino, precede erroneamente um substantivo feminino, "saison". A forma correta seria "une saison". Seria esta uma característica residual do francês creole no Sul dos Estados Unidos? É uma hipótese a ser verificada. (N. T.)

SOLTEIRONA: "Presa em uma rede – de celestes e dourados dias!
Mas, pouco sagaz, não percebi quão ligeiramente calçados
Eram o Tempo e você, para quem o vadiar era o normal –"

(*A Velha começa a acompanhar em um meio-tom rouco. Uma música de banda distante pode ser ouvida.*)

"E que apenas pelo toque de uma lua outonal
Da suave magia do verão pudessem ser libertados!"

VELHA (*erguendo-se estridente com intenso sentimento acima da voz da Solteirona*):
"Pensa que o amor está escrito na minha alma com giz,
E que pode ser lavado por algumas lágrimas de adeus?
Então é porque você não sabe o lento caminho que fiz
A hibernação estéril daqueles anos que foram só meus –
Minha vida um interlúdio, uma concha desaparecida.
Cujas paredes são seu primeiro beijo – e última despedida!"

(*A banda, conduzindo o desfile, começou a descer a rua e o som vai rapidamente se tornando mais alto. Ela passa como os anos turbulentos, sem consideração. O marido, erguido do seu estupor, corre para a porta.*)

MATRONA: Que é isso? Que é isso? O desfile? (*O Marido enfia o boné de papel na cabeça e corre para a porta.*)

MARIDO (*à porta*): Vamos, Mama, você vai perder!

SOLTEIRONA (*rapidamente*): Nós normalmente aceitamos – a senhora entende? – uma pequena quantia em dinheiro, qualquer coisa que ache que possa dar.

VELHA: Segure-o! Ele foi para rua! (*O Marido escapou para a rua. A banda retumba através da porta.*)

SOLTEIRONA (*estendendo a mão*): Por favor – um dólar...

VELHA: *Cinquenta centavos!*

SOLTEIRONA: Ou 25!

MATRONA (*sem prestar atenção a ela*): Ah, meu Deus – *Winston!* Ele desapareceu na *multidão*. Winston – *Winston!* Com licença! (*Ela corre para fora até a soleira da porta.*) Winston! Ah, meu Deus, desapareceu de novo!

SOLTEIRONA (*rapidamente*): Nós normalmente aceitamos um dinheirinho pela exibição da carta. Qualquer coisa que ache que pode dar. Na verdade, é disso que tiramos nosso sustento!

VELHA (*alto*): Um dólar!

SOLTEIRONA: Cinquenta centavos – ou vinte e cinco!

MATRONA (*distraída, à porta*): Winston! *Winston! Oh, meu Deus! Adeus!* (*Ela corre para a rua. A Solteirona a segue até a porta e protege os olhos da luz enquanto procura pela Matrona. Um punhado de confete é jogado no seu rosto pela porta de entrada. Trompetes ressoam. Ela bate a porta e passa o trinco.*)

SOLTEIRONA: *Cannaille! ....Canaille!*[11]

---

[11] A personagem emprega o termo em francês no original. (N. T.)

VELHA: Foram embora? Sem pagar? *Enganaram-nos?* (Ela abre as cortinas.)

SOLTEIRONA: *Sim – canaille! (Ela meticulosamente arranca o fio de confete do ombro. A Velha sai de trás da cortina, rígida com raiva.)*

VELHA: Ariadne, minha carta! Você deixou cair minha carta! A carta de seu Avô está caída no chão!

CORTINA

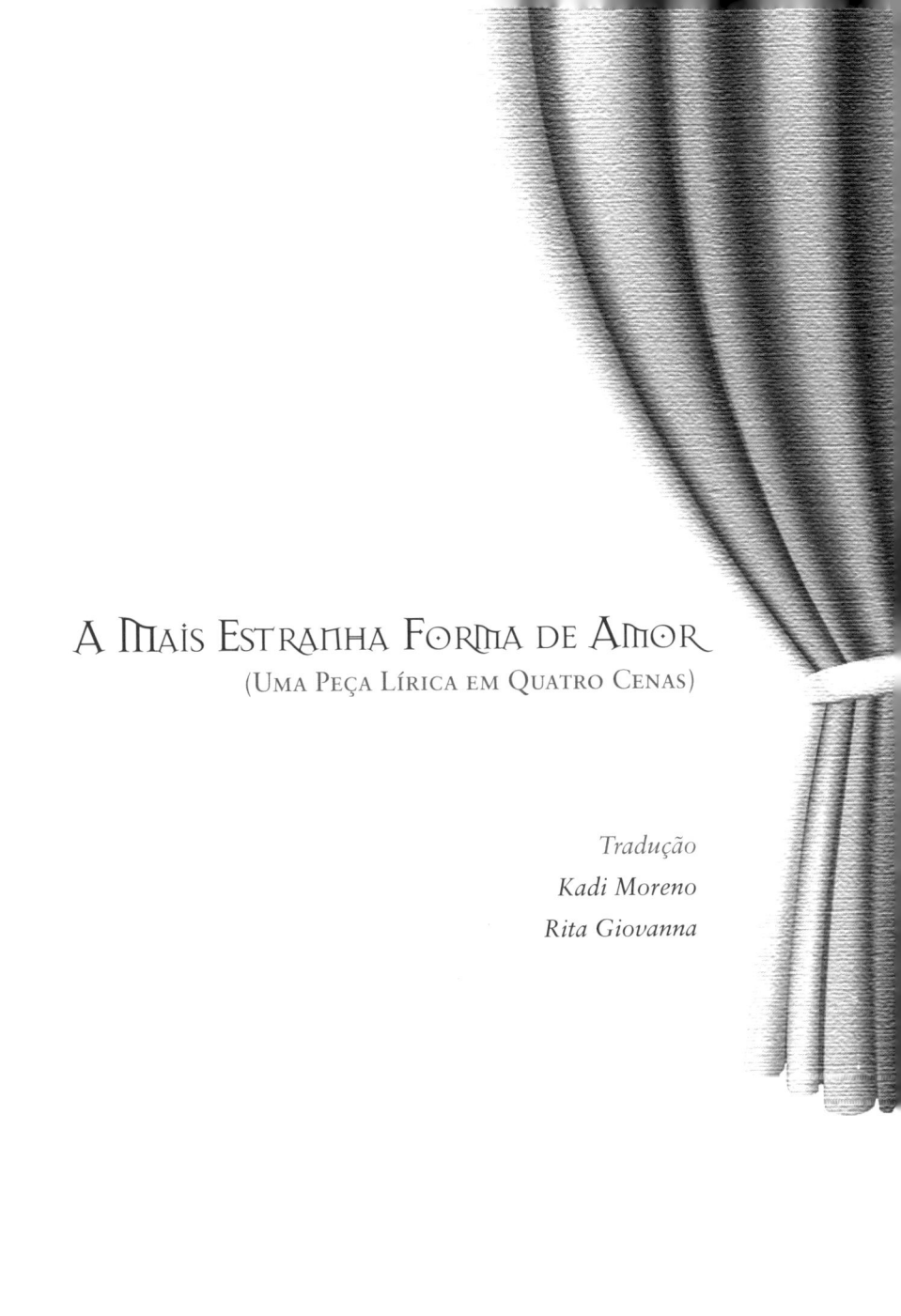

A Mais Estranha Forma de Amor
(Uma Peça Lírica em Quatro Cenas)

Tradução
Kadi Moreno
Rita Giovanna

* *

> O jogo exige escárnio; mas vemos
> a lua, nos becos solitários, fazer
> um cálice de risos de uma lata de lixo vazia,
> e, entre toda euforia e procura,
> ouvimos um gatinho na selvageria.
> Hart Crane (*Chaplinesque*)

PERSONAGENS

O HOMENZINHO
A SENHORIA
O VELHO, *sogro da senhoria*
O BOXEADOR
NITCHEVO,* *a gata*

* *Nitchevo*: em russo quer dizer "nada" ou, então, "não se preocupe", "deixa para lá". (N. T.)

* *

CENÁRIO

Um quarto mobiliado em uma pequena cidade industrial dos estados do Meio-Oeste.[1] *Um quarto como outro qualquer, exceto pelas paredes cobertas com inscrições, assinaturas de antigos moradores solteiros, que se hospedaram e se mudaram para lugares semelhantes, trabalhadores itinerantes de uma nação. Há duas janelas. Uma exibe galhos frágeis de uma árvore que cede as folhas para o fim do outono; a outra permite a visão de grande quantidade de chaminés da grande fábrica que é o coração da cidade.*

* * *

CENA I

A Senhoria, uma mulher corpulenta de quarenta anos, que se movimenta e fala com um tipo marcante de indolência, está mostrando o quarto para um possível inquilino, o Homenzinho, moreno e mais delicado e nervoso do que os trabalhadores costumam ser. Assim que ele entra pela porta atrás da Senhoria, sua maleta, visivelmente danificada, se desfaz esparramando pelo chão seu conteúdo – camisas por lavar, sapatos velhos, graxa de sapatos, um rosário.

SENHORIA *(bem-humorada)*: Bom! A mala já decidiu!

[1] O Meio-Oeste é uma das quatro regiões geográficas dos EUA definida pela United States Census Bureau, composta por estados do Centro-Norte e Nordeste: Illinois, Indiana, Iowa, Kansas, Michigan, Minnesota, Missouri, Nebraska, Dakota do Norte, Ohio, Dakota do Sul e Wisconsin. (N. T.)

HOMENZINHO (*inclinando-se para juntar os objetos espalhados*): Fica abrindo o dia inteiro.

SENHORIA: Há quanto tempo tem essa mala?

HOMENZINHO: Desde que comecei a viajar.

SENHORIA: Então o senhor deve ser um Gulliver![2] Está resistindo mais do que ela.

HOMENZINHO (*endireitando-se*): Não sei.

SENHORIA: Pelo menos num tá amarrado com essas cordas tão velhas.

HOMENZINHO (*ri desconcertado e triste*): Não sei.

SENHORIA (*atravessando o cômodo para levantar a persiana da janela*): Sobre este quarto – espero que não seja supersticioso.

HOMENZINHO: Por quê?

SENHORIA: Neste quarto morou um homem muito azarado.

HOMENZINHO: Ah. O que aconteceu com ele? (*A Senhoria repentinamente observa a gata na cama.*)

SENHORIA: Como é que essa gata entrou aqui? Mistério, hein? Ela deve ter subido na pereira, pulado no telhado da varanda e entrado pela janela. (*O Homenzinho põe a mala no chão e vai até a gata com um sorriso gentil. Ele a pega com enorme ternura.*) Ela morava neste quarto com o Russo.

---

[2] *As Viagens de Gulliver*, romance satírico do escritor irlandês Jonathan Swift. (N. T.)

HOMENZINHO: Quem?

SENHORIA: O cara que falei que era muito azarado. Eu sempre dizia que ela trazia azar pra ele.

HOMENZINHO: Eles se gostavam?

SENHORIA: Nunca vi tanta devoção.

HOMENZINHO: Então ela não pode ter trazido azar pra ele. Quem ama não dá azar. Qual o nome dela?

SENHORIA: Nitchevo.

HOMENZINHO: O quê?

SENHORIA: Nitchevo. Ele a chamava assim. Uma vez me disse o significado, mas esqueci. Me dava uma aflição.

HOMENZINHO: O quê?

SENHORIA: Eu vinha aqui pra conversar. Tenho passado por maus bocados. Tenho tanta coisa pra desabafar. Ele era um bom ouvinte.

HOMENZINHO: O Russo?

SENHORIA: Solidário, mas calado. Enquanto eu falava, ele ficava só olhando pra gata.

HOMENZINHO (*com um leve sorriso*): E aí a senhora não gosta dela?

SENHORIA: NÃO. (*Ela senta-se confortavelmente na cama.*) Vou contar a história. Ele era russo, sei lá. Eu chamo de polaco. Morou neste quarto antes de ficar doente. Ele achou essa gata no beco, trouxe pra casa, alimentou, cuidou e a deixou dormir na cama dele. Nojento, bicho na cama. Não acha? (*O Homenzinho encolhe os ombros.*) Bom – o trabalho na fábrica acaba com a saúde até de um homem forte. O Polaco sucumbiu. Tuberculose galopante. Ele conseguiu um tanto de indenização e foi pro Oeste. A gata – ele queria levar. Eu é que bati o pé. Disse que tinha desaparecido. Ele foi sem ela. Agora não consigo me livrar dessa porcaria.

HOMENZINHO: Da gata?

SENHORIA: Hoje joguei água fria nela duas vezes quando ela entrou escondida procurando por ele. Vê como ela me encara? Com ódio. Ódio fulminante. Que nem mulher ciumenta olhando pra outra. Deve estar esperando ele voltar.

HOMENZINHO: Ele vai voltar?

SENHORIA: Nessa vida não.

HOMENZINHO: Morreu?

SENHORIA: Recebi a notícia dezesseis de janeiro. Não tinha mais ninguém pra avisar. (*O Homenzinho assente com a cabeça com um sorriso triste e acaricia a gata.*) Tem gente que diz que bicho entende. Eu disse pra ela hoje de manhã: "Ele *num* vai voltar, ele morreu". Mas ela *num* entende.

HOMENZINHO: Eu acho que entende. Ela está sofrendo. (*Segurando a gata junto da orelha.*) É, dá pra ouvir o – sofrimento dela.

SENHORIA: O senhor é bem engraçado. O que acha do quarto?

HOMENZINHO: Bonito.

SENHORIA: Quer enganar quem?

HOMENZINHO: A senhora. Quanto é?

SENHORIA: Trezentos e cinquenta – adiantado.

HOMENZINHO: Eu fico com ele, desde que –

SENHORIA: O quê? Desde quê?

HOMENZINHO: Desde que eu possa fazer como o Russo e ficar com a gata.

SENHORIA (*com um largo sorriso*): Ah, então quer fazer como o Russo.

HOMENZINHO: É.

SENHORIA (*arrumando o cabelo no espelho rachado*): Meu marido é inválido. Um acidente na fábrica.

HOMENZINHO: É? Sinto muito.

SENHORIA: Codeína[3] todo dia. Cinquenta centavos a dose. Eu não ligaria se, às vezes, ele não fosse dose de aturar. Mas quem aguenta ver alguém sofrendo?

HOMENZINHO: Ninguém.

SENHORIA: É. É assim que eu me sinto. Bom... o Russo me ajudava com as tarefas de homem na casa.

HOMENZINHO: Sei.

SENHORIA: Quantos anos você tem? Deixa adivinhar! Trinta e cinco?

---

[3] Codeína: opiáceo utilizado em analgésicos, antitussígenos e antidiarreicos. (N. T.)

HOMENZINHO: Uh-huh. Por aí.

SENHORIA: *Italianado?*

HOMENZINHO: Uh-huh.

SENHORIA: Não acha que eu podia ser vidente? Meu pai era cigano. Ele me ensinou um monte de canções *Zigeuner*.[4] Ele dizia: "Bella, você é noventa por cento música – o resto é pura malícia feminina!". (*Ela sorri para ele.*) Aquele instrumento ali na parede é uma balalaica. Uma noite destas venho aqui cantar.

HOMENZINHO: Ótimo. Eu estava passando e a ouvi cantando. Aí parei. (*Ela sorri de novo e se levanta, como se estivesse esperando.*)

SENHORIA: Vou te chamar de Musso. Musso de Mussolini. Tem emprego?

HOMENZINHO: Ainda não.

SENHORIA: Vai até a fábrica e procura Oliver Woodson.

HOMENZINHO: Oliver Woodson?

SENHORIA: Diz pra ele que quem te mandou foi Miss Gallaway. Ele te arranja emprego logo.

HOMENZINHO: Ótimo. Obrigado.

SENHORIA: A roupa de cama é trocada às segundas. (*Ela começa a sair.*) Desculpe pelo estado das paredes.

---

[4] *Zigeuner*: cigano em alemão. (N. T.)

HOMENZINHO: Eu reparei. Quem fez isso?

SENHORIA: Cada morador deixou assinado.

HOMENZINHO: Devem ter sido muitos.

SENHORIA: Aves de arribação.[5] Alguma vez já tentou contar? Desassossego – mudanças.

HOMENZINHO (*rindo*): É.

SENHORIA: A gente imagina que um homem com salário no bolso tem coisa melhor pra fazer do que escrever seu nome nas paredes de um quarto alugado.

HOMENZINHO: O nome do Russo também está aqui?

SENHORIA: O dele não, ele não sabia escrever – mas o desenho dele está. Ali! (*Ela aponta para um desenho infantil de um homem de grande porte.*) Aqui do lado, *olha* – rabo – bigode – o gato! (*Os dois riem.*) Parceiros na desgraça, hein?

HOMENZINHO: Era grandalhão?

SENHORIA: Enorme! Mas quando o bacilo atacou, ele caiu que nem pedaço de madeira podre... As estatísticas mostram que homens casados vivem mais. Vou dizer por quê. (*Ela estica a blusa e arruma o cinto.*) Homens que vivem sozinhos têm hábitos esquisitos. Toda aquela parte da vida deles que

---

[5] *Birds of Passage*: migrantes temporários. O termo era usado nos Estados Unidos no início dos anos de 1840 para se referir aos imigrantes britânicos. Permaneceu em uso ao longo do século XX para se referir a asiáticos, europeus e imigrantes latino-americanos. (N. T.)

deveria ser preenchida por questões familiares, é deixada de lado – vazia. Entende o que quero dizer?

HOMENZINHO: É?

SENHORIA: Bom... Eles preenchem esse vazio com paliativos. Tive um inquilino que ia ao cinema toda noite. E sempre carregava uma valise. Adivinha o que tinha dentro!

HOMENZINHO: O quê?

SENHORIA: Assentos higiênicos de papel. (*O Homenzinho vira o rosto, constrangido.*) Mania de limpeza. Outro tinha pantufas de estimação.

HOMENZINHO: Pantufas – de estimação?

SENHORIA: Pantufas. Simples, de feltro cinza, nada de especial. Só – o cheiro! Extremamente desagradável depois de quinze anos – calculo que esse foi o tempo de uso! Bom, as pantufas desapareceram, um acidente proposital, como dizem! Deus do céu! Como eu ia saber que ele ia morrer de desgosto? Quase morreu. (*Ela ri.*) A vida ficou incompleta sem aquelas pantufas. (*Ela vira-se para a parede.*) Dia desses vou pegar uma escova de aço, água sanitária[6] e deixar essas paredes tão limpas quanto *era* antes do primeiro hóspede. (*A porta abre. O Velho entra. Ele se parece com Walt Whitman.*[7])

---

[6] No original, Fels-Naptha: marca de sabão utilizado para pré-tratamento de manchas na roupa. (N. T.)

[7] Walt Whitman (1819-1892): poeta, ensaísta e jornalista norte-americano, considerado por muitos como o "pai do verso livre". Idoso, tinha barba branca e longa e cabelos brancos e longos. (N. T.)

VELHO: Você não pode fazer isso, minha filha.

SENHORIA: Ah. O senhor. Não posso por quê?

VELHO: Ah. Essas assinaturas são lembretes para não serem esquecidos. Propostas modestas para a imortalidade, filha. Não apague. Até um pardal deixa um ninho vazio como lembrança. Não é mesmo, rapaz?

HOMENZINHO: É.

VELHO: A catarata começou a – (*Ele abana a mão em frente aos olhos quase cegos.*) Não sei bem onde você está.

HOMENZINHO (*estendendo a mão*): Aqui.

VELHO: Fique à vontade. Pelo tempinho que for. E escreva seu nome na parede! Você não será esquecido.

SENHORIA: Agora já chega, Pai.

VELHO: Só estou procurando algumas garrafas vazias. Você tem alguma garrafa vazia?

SENHORIA: Como é que ele ia ter garrafas vazias? Ele acabou de se mudar.

VELHO: Eu troco no mercadinho Ponto de Luz. Depois passo aqui para terminar a conversa. (*Ele sai.*)

SENHORIA: Meu sogro. Não dá corda pra ele, vai ser um estorvo pra você. (*Ela bate na própria testa.*) Alcoólatra – acabado!

HOMENZINHO (*afundando-se na cama e pegando a gata novamente*): Estou – cansado.

SENHORIA: Espero que se sinta em casa aqui. É isso.

HOMENZINHO: Oliver Woodson?

SENHORIA (*na porta*): Ah, é – Oliver Woodson. (*Ela sai. O Homenzinho levanta-se e tira um toco de lápis do bolso. Com um leve sorriso, ele vai até a parede e abaixo do grande autorretrato oval do Russo ele desenha sua silhueta esguia com alguns rabiscos. Abaixo do desenho do gato, ele dá um visto. A seguir sorri para a gata e afasta-se para conferir.*)

CORTINA

* * *

CENA II

Tarde da noite daquele inverno. No quarto mobiliado, só a gata. Pelas vidraças congeladas das janelas na parede esquerda, entra um luar férreo de inverno. Pela janela na parede direita, entra o brilho rubro e tremeluzente da fábrica e ouve-se vagamente sua batida pulsante. O Homenzinho entra e acende o lustre pendurado. Ele carrega um pacotinho. Sorri para Nitchevo e abre o pacote. É uma garrafinha de leite natado que ele exibe para ela.

HOMENZINHO: Só um minuto. (*Ele abaixa as persianas das janelas que dão para a fábrica.*) Pronto. Vamos esquecer a fábrica. (*Ele despeja o leite em um pires azul.*) Aí. Jantar. (*Ele o coloca no chão, ao lado da cama, e senta-se para vê-la tomar.*) Nitchevo, não fica nervosa. Não tem nada pra se preocupar. No inverno, minhas mãos ficam rijas, eu fico desajeitado. Mas eu posso esfregar uma na outra, posso massagear as juntas. E quando esquentar, a rigidez vai passar. Aí eu não vou mais emperrar a máquina. Hoje Mr. Woodson ficou bravo. Ele me expulsou aos berros. Porque meus dedos desajeitados emperraram a máquina. Ele ficou em pé atrás de mim, me olhou e grunhiu – assim! (*Ele emite um grunhido ameaçador.*) Ah, foi como se enfiassem uma faca no meio das minhas costelas! Porque, sabe, eu... *preciso* manter esse emprego, pra garantir o jantar. Bom... comecei a tremer! Assim! (*Ele imita um tremor.*) E ele ficou atrás de mim, me olhando e grunhindo. Minhas mãos ficaram cada vez mais rápidas, quebraram o ritmo. De repente uma peça foi colocada no lugar errado, a máquina emperrou, a esteira parou! C-R-I-I-I-I-N-C-H! Todos os homens na linha de montagem me olharam. Do começo ao fim todos na linha de montagem viraram e *me* – encararam! Mr. Woodson me agarrou pelo ombro! "Você de novo", ele disse, "carcamano desajeitado! Emperrou o trabalho todo outra vez, seu cucaracho imbecil!". (*Ele cobre o rosto.*) Ah, Nitchevo. Eu perdi a dignidade. Chorei... (*Inspira, num soluço estremecido.*) Mas vamos esquecer isso agora, acabou! É noite, somos só nós – o quarto está quentinho – vamos dormir... (*Ele tira a camisa e se deita na cama. Batem à porta e ele rapidamente se levanta. Ele faz um gesto de alerta para a gata. Mas quem bate não desiste facilmente. A batida se repete, a porta é aberta com um empurrão. É a Senhoria vestida em um négligé encardido, porém chique.*)

SENHORIA (*ressentida, mas com recato*): Ah – estava se fingindo de morto.

HOMENZINHO: Eu – não estou vestido.

SENHORIA: Não precisa ter vergonha por minha causa. Pensei que tinha saído e deixado a luz do quarto acesa. A gente tem que economizar energia.

HOMENZINHO: Eu sempre apago quando saio.

SENHORIA: Você nunca sai, só pra fábrica.

HOMENZINHO: Agora estou no turno da noite.

SENHORIA: Eles chamam de turno do cemitério. Qual o problema entre você e Oliver Woodson?

HOMENZINHO: Problema? Por quê?

SENHORIA: Eu encontrei com ele no Ponto de Luz. "Ah, aliás", eu disse pra ele, "como está se saindo o cara que eu indiquei, o italianado?" "Ah, ele!", Mr. Woodson respondeu. "Qual é o problema? Ele não está indo bem?" "Não, ele faz tudo errado!" "Bom", eu disse, "dá mais um tempo pra ele, ele é nervoso. Acho que se esforça demais pra agradar".

HOMENZINHO: O que ele disse?

SENHORIA: Grunhiu. (*Ela sorri. O Homenzinho coloca o resto do leite no pires da gata. Ele está tremendo.*) Você precisa dar um jeito de deixar de ser tão nervoso. Talvez precise se divertir mais. (*Ela senta na beirada da cama com a balalaica.*) Senta aí! Esse sofá é pra dois! (*Ela dá um tapinha no lugar a seu lado. Cauteloso, ele se senta a uma distância considerável. Cruza as mãos ansioso. Ela toca um acorde suave na balalaica, cantarola e olha de soslaio para o inquilino nervoso.*) Cansado?

HOMENZINHO: Estou.

SENHORIA: Tem noites que, do lado de fora, eu te escuto – falando. "Com quem ele está falando?", eu pensava. (*Sacode-se de tanto rir.*) Primeiro, imaginei que tinha uma mulher aqui. Bom, sou uma mulher tolerante. Eu sei que a necessidade das pessoas vai além da comida e trabalho na fábrica. (*Por um momento ela toca, sonhadora.*) Então, quando ouvi aquela conversa fiquei contente. Falei pra mim mesma – "Aquele Homenzinho solitário encontrou uma mulher!". Só desejei que não fosse uma de rua. Mulheres desse tipo não são muito limpas. Higiene feminina é muito mais – complicada. Bom... (*Ele olha para baixo, encabulado e aflito.*)

HOMENZINHO: Não era – uma mulher.

SENHORIA: Eu sei. Eu percebi. Era só você. Monologando pra gata! É engraçado – mas também dá pena. Um homem nem de meia-idade, dedicando todo esse carinho, tempo e afeição pra quem? Uma gata vira-lata que herdou, por acaso, de um homem que morava aqui antes, aquele russo imbecil! A mais estranha forma de amor... um homem – e uma gata! Não podemos contrariar a natureza. A natureza diz – "Homem arranja mulher – ou fica sozinho!". (*Sorri com recato para ele e aproxima-se um pouco.*) A natureza com certeza nunca disse, "Homem arranja gata!".

HOMENZINHO (*de repente levanta-se, sem jeito*): A natureza nunca me disse nada.

SENHORIA (*impaciente*): Porque não quer escutar!

HOMENZINHO: Ah, eu escutava. Mas eu só ouvia a minha própria voz – me fazendo perguntas difíceis!

SENHORIA: Você *me* escuta, não é?

HOMENZINHO: Eu a escuto cantando, às vezes, quando volto pra casa. É muito bom, eu gosto.

SENHORIA: Então por que não para na sala para uma conversa? Por que é tão tímido? (*Ela se levanta e fica atrás dele.*) A gente podia conversar – se divertir! Quando alugou este quarto, me deu uma falsa ideia.

HOMENZINHO: Como assim?

SENHORIA: Já esqueceu a conversa que tivemos?

HOMENZINHO: Não lembro de conversa nenhuma.

SENHORIA: Falou que queria fazer como o Russo.

HOMENZINHO: Falei da gata, de ficar com ela.

SENHORIA: Eu disse que ele também ajudava na casa!

HOMENZINHO: Estou no turno da noite agora!

SENHORIA: Não foge do assunto! (*Pausa. Ela toca no ombro dele.*) Pensei que já tinha explicado. Meu marido é um inválido, agora codeína é duas vezes por dia! Claro que tenho – muito pra desabafar! (*O Homenzinho se afasta nervoso. Ela o segue com passos pesados, estendendo o braço para apagar a luz.*) Tá melhor, num tá?

HOMENZINHO: Não sei – bem.

SENHORIA: Num tá satisfeito com o quarto?

HOMENZINHO: Eu gosto do quarto.

SENHORIA: Tive a impressão de que não estava satisfeito.

HOMENZINHO: O quarto é o meu lar. Gosto dele.

SENHORIA: Do jeito que evita a conversa – passa quase correndo pela sala da frente toda noite. Por que não fala comigo? A gata comeu sua língua?

HOMENZINHO: Porque não falaria – comigo.

SENHORIA: Estou falando – diretamente – com você!

HOMENZINHO: Não *comigo*.

SENHORIA: Você! Eu! Onde tem uma terceira pessoa?

HOMENZINHO: Não tem uma segunda pessoa.

SENHORIA: O quê?

HOMENZINHO: A senhora só está falando com alguma coisa que pensa que sou eu.

SENHORIA: Agora a gente *está* indo fundo.

HOMENZINHO: A senhora me fez falar. (*Virando de frente para ela.*) Eu não sou como a senhora, um ser sólido e tangível.

SENHORIA: Palavras – maravilha!! A gata devolveu sua língua?

HOMENZINHO: Está enganada se pensa que sou – uma pessoa! Não sou – uma pessoa! Não sou mesmo...

SENHORIA: O que é então, homenzinho?

HOMENZINHO (*suspirando e encolhendo os ombros*): Um tipo de fantasma de homem...

SENHORIA (*rindo*): Então não é Napoleão, é o fantasma de Napoleão!

HOMENZINHO: Quando um corpo vem ao mundo, não tem volta.

SENHORIA: Hum?

HOMENZINHO: Mas, às vezes –

SENHORIA: O quê?

HOMENZINHO (*com um gesto confuso*): O corpo é só – uma casca. Pode estar vivo, mas o que há dentro tem muito medo de sair! Fica trancado e sozinho! Isolado! Secreto! É assim – comigo. A senhora não está falando comigo, só com o que *pensa* que sou!

SENHORIA (*rindo baixinho*): Tantas palavras. Despejou um dicionário. Bastava dizer que estava sozinho. (*Ela toca no ombro dele.*) A velha e boa solidão, esse é o seu problema! (*Ele vira-se para ela e ela toca no rosto dele.*) A natureza diz, "Não fique sozinho!". (*A cortina começa a descer.*) A natureza diz – "Não fique – sozinho!".

CORTINA

* * *

Cena III

É tarde da noite de novo. O Homenzinho entra com neve no colarinho levantado e no gorro preto de lã. Traz o habitual pacotinho de leite para sua amiga, a gata. Cumpre a mesma rotina noturna, abaixa a persiana tapando o clarão da fábrica, coloca o leite no pires azul e relaxa na cama com um suspiro.

HOMENZINHO: Nitchevo – não se preocupe – não fique nervosa! (*Um conselho desnecessário, pois Nitchevo não se preocupa com nada. Sorrindo, o Homenzinho a observa, meio reclinado na cama.*) Contanto que a gente fique junto, não há o que temer. Só há perigo quando separam pessoas que se pertencem. Não vamos nos separar – nunca! Vamos? (*Uma batida na porta.*) Bella? (*A porta se abre e o Velho entra.*)

VELHO: Posso entrar? (*O Homenzinho afirma com a cabeça.*) Não conte desta visita para minha nora. Ela não gosta que eu me relacione com inquilinos. Tem uma cadeira?

HOMENZINHO (*empurrando para ele*): Aqui.

VELHO: Obrigado. Não vou demorar.

HOMENZINHO: Pode ficar o tempo que quiser.

VELHO: É muita gentileza sua. Mas não vou ficar. Sei que incomodo. Um velho que incomoda por falta de companhia. Por acaso, tem tabaco?

HOMENZINHO (*pega*): Tenho. Quer que eu enrole?

VELHO: Ah, não, não, não. Tenho uma destreza incrível nos dedos!

HOMENZINHO: Os meus tremem, são desajeitados.

VELHO: É. Entendo. Então – dei um pulo aqui. Pensei que podíamos conversar.

HOMENZINHO (*constrangido*): Eu não falo muito.

VELHO: Idiotas odeiam o silêncio. Eu gosto. Vejo que tem livros. São da biblioteca pública?

HOMENZINHO: Um ou dois. Os outros são meus.

VELHO: Enquanto passava aqui fora, ouvi alguma coisa tilintar.

HOMENZINHO: Tilintar?

VELHO: É – que nem garrafas. Eu recolho garrafas vazias e troco no Ponto de Luz.

HOMENZINHO: É só uma garrafinha de leite. Está embaixo da cama.

VELHO: Ah. Isso não adianta nada. Você bebe leite?

HOMENZINHO: A gata.

VELHO (*balançando a cabeça*): Ahhh, então a gata está aqui! É por isso que o ar do quarto está tão suave e doce! Nitchevo – Cadê você?

HOMENZINHO: Ela está jantando.

VELHO: Bom, não vou perturbá-la até que acabe de comer. Você gosta de bicho?

HOMENZINHO: Da Nitchevo.

VELHO: Cuidado.

HOMENZINHO: Com o quê?

VELHO: Você pode *perdê-la*. O problema do amor é a possibilidade de perda.

HOMENZINHO: Nicthevo não me deixaria.

VELHO: Talvez não de propósito. Mas a vida é cheia de acidentes, eventualidades, possibilidades, e nem todas são boas. Você sabe disso?

HOMENZINHO: Sei.

VELHO: Um caminhão pode passar por cima dela.

HOMENZINHO: Nitchevo foi criada na rua.

VELHO: O conforto que ela tem agora pode ter entorpecido a destreza dela.

HOMENZINHO: O senhor não entende a Nitchevo. Ela não esqueceu o quanto a vida pode ser perigosa para uma pessoa sozinha.

VELHO: Mas ela não domina o universo.

HOMENZINHO: Não. Por que dominaria?

VELHO: Outras coisas podem acontecer. Você trabalha na fábrica?

HOMENZINHO: Trabalho.

VELHO (*seus olhos nebulosos se enchem de uma luz fanática*): Uh-huh! Conheço aqueles sujeitos que dirigem a fábrica, conheço os patrões. Eles também *sabem* que eu os conheço. Sabem que conheço as artimanhas deles. Por isso me odeiam. Olha. Vamos supor que a demanda pelo que produzem diminua. Eles poderiam fazer duas coisas. Poderiam abaixar o preço e deixar o produto na faixa do poder aquisitivo de mais consumidores. Escuta! Eu já li sobre isso! Mas, não! Eles poderiam fazer outra coisa. Poderiam diminuir a produção – criar escassez! Entende? E subir os preços ainda mais! E assim manter a margem de lucro dos ricos! O que acha que eles fariam? Ora, pelo amor de Deus – até a Nitchevo sabe a resposta! Eles fariam o que sempre fazem. (*Ele se sacode de tanto rir e começa a cantar com uma voz rouca e entrecortada.*)

> Subir, subir, o bruto,
> Lacaios do Patrão
> Subir o ganho bruto
> Prejuízo e perda não!

(*Há uma pancada na parede e vozes de reprovação do lado de fora.*)

HOMENZINHO: Mrs. O'Fallon – perturbada.

VELHO: É, é. O que eles vão diminuir é a produção. Cada vez menos homens serão necessários para operar as máquinas. Cada vez filas menores na esteira de produção. Mais e mais trabalhadores vão cair nas mãos do seguro social. Lá se vai a independência, e o orgulho, e a esperança. E o coração perde a capacidade de sentir vergonha ou desespero ou qualquer coisa também. O que resta? Uma criatura como eu. Que por carência tornou-se um estorvo para os outros. Seguindo a série de desventuras – chegamos à gata!

HOMENZINHO: Nitchevo?

VELHO (*sagazmente balança a cabeça*): Você não consegue mais comprar o leite.

HOMENZINHO: E daí?

VELHO: Bom, gatos são *caprichosos!*

HOMENZINHO: Ela não é amiga só na fortuna.

VELHO: Acha que ela seria leal a você? Mesmo na adversidade?

HOMENZINHO: Ela seria leal a mim.

VELHO (*abrindo um sorriso radiante*): Ótimo! Ótimo! (*Ele toca as pálpebras.*) Bela confiança. Uma bela e rara confiança. Chego até a chorar. Isso é o mais perfeito que a vida tem a oferecer.

HOMENZINHO: O quê?

VELHO: A completa e cálida compreensão de duas ou três pessoas entre quatro paredes de um quarto com as janelas cegas para o mundo.

HOMENZINHO (*balançando a cabeça*): É.

VELHO (*alternando ternura e veemência*): O telhado é fino. Acima dele, a enorme e resplandecente abóboda celeste é um mistério para nós. Fios invisíveis – delicados – prodigiosos – nos conectam. Somos então salvos, purificados e louvados. Nós três! Você e eu e – Nitchevo, a gata! (*Ele a segura contra o ouvido.*) Escuta! Ela ronrona! Mmm, é um som tão suave, doce e poderoso. É a alma do universo – pulsando dentro dela! (*Ele a devolve para o Homenzinho.*) Pegue e abrace apertado. Apertado! Nunca deixe que a separem de você. Enquanto estiverem juntos, nenhum poder maligno na Terra poderá destruí-los. Nem mesmo a maldade eventual de uma criança, nem o insaciável e insensato lobo no coração dos homens! (*O som do protesto do lado de fora cresce. Uma janela é arrombada e uma mulher chama um policial. O velho vai até a janela que dá para a fábrica. Ele levanta a persiana e o clarão vermelho tremeluzente da contínua pulsação brilha em seu rosto barbado.*) Lá está ela!

HOMENZINHO: A fábrica?

VELHO: Uh-huh. (*Baixo, em tom de conversa.*) Fui à fábrica antes de ontem. Pedi um emprego ao superintendente. "Oliver Woodson", eu disse, "essa corporação é grande demais para eu comprar briga. Vim aqui com a bandeira da paz. Quero um emprego". "Você está velho demais", ele respondeu. "Nao faz mal", eu disse, "anota meu nome!". "Mas vovô", ele me disse, "você está quase cego!". "Não faz mal", eu respondi, "anota meu nome!". "Tá bom, vovô", disse Mr. Oliver Woodson. "Qual é o seu nome?" "Meu nome é Homem", eu respondi. "Meu nome é Homem. Homem é o meu nome", eu disse, "soletra-se H-O-M-E-M". "Tá bom", respondeu Oliver Woodson. "Onde mora?" "Moro numa cruz", eu respondi. "Numa o quê?" "Numa cruz! Moro numa cruz, numa cruz!" (*A voz dele vai ficando cada vez mais alta.*) Cobiça e Estupidez, esses são os dois braços da cruz em que me pregaram! Cobiça e Estupidez, são os dois braços da cruz em que me pregaram!

HOMENZINHO: E aí, o que ele disse? O superintendente?

VELHO: O superintendente? Disse, "Cala a boca, fica quieto! Vou chamar a polícia".

UMA HÓSPEDE (*gritando no corredor do lado de fora*): Não vou morar numa casa com um lunático! Liguei pra polícia, eles vão mandar a patrulha.

HOMENZINHO (*triste*): Ela chamou a patrulha.

VELHO: Olha aí! Viu? Eu falo pelo povo. Pra mim, eles chamam a patrulha! Não faz mal. Anota meu nome. É Homem! (*Ele se debruça na janela e mostra o punho para a fábrica. O brilho intenso das forjas aumenta e sua pulsação firme parece acelerar-se com o furor do Velho.*) Eu te vejo e te escuto! Tum-tum-tum! A pulsação de um coração doente!

SENHORIA (*do corredor*): Quieto, seu velho bêbado idiota, você acordou a casa toda!

UMA HÓSPEDE: Terrível, terrível, terrível! Lunático dentro de casa!

VELHO: Você é um monstro que cospe fogo! Mas escute só! Porque eu vou jogar A Maldição! Vão, vão, rufiões avarentos do mundo! Empresários da desilusão, mercadores da mentira! Estamos acuados, mas não estamos vencidos. A ira de nossa resistência está se fortalecendo. Podemos tum-tum também, nós vamos tum-tum! Em breve vamos caçar a sua licença! Dizemos, Alimentem-se, Alimentem--se! Casta de glutões! Devorem a carne do seu irmão e bebam seu sangue! Entupam de corrupção suas barrigas monstruosas! E quando estiverem gordos demais pra se mexer, o punho vai cerrar, o punho de Deus vai derrubar! Quebrar! Paralisar! GREVE! (*Ele quebra uma vidraça da janela. Nesse momento, a porta se abre bruscamente. A luz do corredor vaza.*)

UMA HÓSPEDE (*do lado de fora da porta*): Cuidado! Ele vai matar alguém!

SENHORIA: Mrs. O'Fallon, quieta, sai da frente! Pode entrar, seu policial! (*Um policial entra, seguido da Senhoria, que está de roupão. Um grupo de hóspedes assustados e pálidos se amontoa atrás dela no vão da porta. O Homenzinho levanta-se, agarrando a gata contra o peito. A ira do Velho se esgotou. Ele está em pé, com a cabeça pendida debaixo do brilho comum da luz elétrica que a Senhoria ligou.*)

SENHORIA (*para o Velho*): Ahhh, seu velho bêbado idiota, minha paciência esgotou. Policial, leva ele embora. Deixa ele preso até voltar a si. (*O policial agarra o Velho pelo braço.*)

POLICIAL: Vamos, velho.

UMA HÓSPEDE (*no amontoado de gente na porta*): É um tipo perigoso e criminoso!

SENHORIA (*para o grupo*): Voltem, voltem para suas camas. A confusão terminou. (*O Velho está quase inconsciente quando é empurrado para fora. Os outros saem atrás dele. O Homenzinho faz um gesto mudo, de protesto, ainda agarrando Nitchevo contra o peito com um braço. A Senhoria bate a porta na cara dos outros. Ela se vira furiosa para o Homenzinho.*) Você! Você é responsável por isso! Não disse pra não encorajar os acessos de bebedeira dele? Bom!... Por que não diz nada? (*Ela puxa a janela para baixo.*) Meu Deus! Você não é homem mesmo, é um projeto de homem! Larga essa gata! Larga o bicho! (*Ela arranca Nitchevo dele e a joga no chão.*) Ela me odeia.

HOMENZINHO: Ela não gosta de crueldade. (*Ele a encara.*)

SENHORIA (*inquieta*): Que olhar é esse? O que significa?

HOMENZINHO: Não estou olhando pra senhora. Estou olhando a maldade do mundo. Apaga a luz. Vivi muito tempo num quarto cheio de janelas e era sempre meio-dia e sem cortinas pra fechar. Apaga a luz. (*Devagar ela estende o braço para apagar a lâmpada. De repente, ele vai até ela e afunda a cabeça em seu peito.*) Ah, bela e cruel cigana! Canta pra mim, canta pra mim! Me conforta no escuro!

(*Primeiro ela fica dura e hostil. Depois cede e abraça o corpo agachado dele, e suavemente começa a cantar.*)

CORTINA

* * *

Cena IV

Uma manhã de primavera. Os galhos do lado de fora das janelas do quarto mobiliado ostentam folhas novas e delicadas que projetam suas sombras trêmulas através das vidraças. Na cama branca de ferro está sentado o boxeador de camiseta regata, cortando os calos com um canivete. A porta é aberta com um leve rangido. O Homenzinho entra. Tonto como quem esteve doente por um bom tempo.

HOMENZINHO (*com fraqueza*): Ni-tchevo?

BOXEADOR (*sorrindo*): Desculpe, o senhor se enganou de porta – meu nome é Bill! (*Ele aponta para o espaço na parede onde sua assinatura está rabiscada em letras grandes. Um enorme X está marcado em cima dos desenhos do Russo, da gata e do Homenzinho.*)

HOMENZINHO: Este era – meu antigo quarto.

BOXEADOR: Bom, num é mais. Só se a Senhoria me enganou.

HOMENZINHO: Você se mudou pra cá?

BOXEADOR: É. Pendurei minhas luvas de boxe na parede. E ali tão meus troféus de prata. (*Aponta para luvas penduradas em um prego e diversas taças de prata na escrivaninha.*)

HOMENZINHO: Tinha – uma gata.

BOXEADOR: Uma gata?

HOMENZINHO: É.

BOXEADOR: Sua?

HOMENZINHO: É. Ela era minha – por adoção. Pensei que... tinha esperança de encontrá-la aqui.

BOXEADOR (*olhando para ele, com curiosidade bem-humorada*): Não posso te ajudar.

HOMENZINHO: Você não a viu? Uma cinza? (*Toca o peito.*) Com manchas brancas?

BOXEADOR: Já vi uma dúzia de gatos de todo tipo – (*Em algum lugar na casa a Senhoria começa a cantar uma de suas mágicas canções ciganas. Enquanto fala, o Boxeador volta a cortar os calos com uma expressão cordial.*) Já vi gatos cinzas, pretos, brancos, manchados, listrados e pintados! Minha relação com gatos é estritamente – *laissez faire*! Sabe o que significa, meu chapa? Viva e deixe viver – um lema. Não *desvio* do meu caminho – (*Olha para cima e reflete.*) – pra *machucar* um gato. Mas se um *cruza* meu caminho, em geral eu chuto! (*O Homenzinho o encara, sem palavras.*) Mais alguma coisa?

HOMENZINHO: Sabe, eu trabalhava na fábrica.

BOXEADOR: E daí?

HOMENZINHO: Fui despedido, eu – não aguentei o trabalho! Meus dedos travaram! No caminho de casa, eu – alguma coisa aconteceu. Me levaram pras Irmãs da Misericórdia![8]

---

[8] Ordem Católica Irmãs da Misericórdia (RSM). Fundada por Catherine McAuley em Dublin, na Irlanda, em 1831. (N. T.)

(*O Boxeador grunhe.*) Não faço ideia de quantas semanas fiquei lá. Observação – mental. Quando saí, quis saber da minha gata, e foi hoje de manhã. Eu vim buscá-la.

BOXEADOR: Não vi, meu chapa.

HOMENZINHO (*desesperado*): Ela não subiu pela janela?

BOXEADOR: Não. Se tivesse subido não ia ser bem recebida.

HOMENZINHO: Então ela não esteve *por aqui*? (*A voz dele some, seus lábios tremem. O Boxeador o encara incrédulo. De repente, começa a rir. Contagiado, o Homenzinho ri também, ofegante e descontrolado. Por alguns segundos eles riem juntos, e, então, subitamente o rosto do Homenzinho contrai-se. Ele cobre-o e soluça. O Boxeador, surpreso, resmunga. Isso foi demais. Ele dirige-se à porta.*)

BOXEADOR (*chamando*): Bella! Bella! Ei, Bella! (*A Senhoria responde. Após um momento, ela surge na porta. Ela perdeu a singeleza. Fez permanente, usa vestido justo e joias chamativas. Ela agora ostenta uma riqueza sinistra e reluzente.*)

SENHORIA: Ah. VOCÊ. Disseram que foi despedido da fábrica. Desculpe. O quarto está ocupado. Agora está ocupado por esse jovem cavalheiro. Suas coisas, seus poucos pertences estão empacotados no armário de baixo. Quando sair, é melhor pegar. (*O Homenzinho tira do bolso um grande trapo encardido. E assoa o nariz.*) Não posso deixar os quartos vagos. Tenho que ser prática, não tenho? Não o enganei com falsas promessas. Deve se lembrar da nossa primeira conversa, antes mesmo de decidir ficar com o quarto. Falei que não nasci de coração mole. Que minha natureza é justa e decente – mas não sentimental. Tudo no mundo é questão de sorte, pura sorte – e você tem que aceitar isso!

HOMENZINHO: Você vinha aqui à noite e cantava.

BOXEADOR: Hum!

HOMENZINHO (*divagando*): Cantava...

SENHORIA: E daí? Era diversão de graça. Mas não quer dizer que eu estava apaixonada por você. (*O Homenzinho sacode a cabeça.*)

HOMENZINHO: Nem um pouco?

SENHORIA: O quê?

HOMENZINHO: *Nem um pouco?*

BOXEADOR (*irritado*): Que é isso? O que está acontecendo aqui? Este quarto é meu ou de outro? (*Ele pega suas luvas da parede.*) Me devolve o que paguei e eu me mudo!

SENHORIA: Segura os cachorros!

BOXEADOR: Os meus ou os dele?

SENHORIA: Os seus, cara de cavalo! Fica calmo!

BOXEADOR: Não. Não fico. Não gosto desse tipo de coisa! Aluguei um quarto e não quero visita de nenhum maluco chorando por um – gato sumido!

SENHORIA: Calma, pelo amor de Deus! Isso é uma crise nacional? Ô Mr. – polenta! Por favor, sai.

HOMENZINHO (*recuperando a dignidade*): Estou saindo. Só queria perguntar. Onde está a gata?

SENHORIA (*majestosamente*): Não posso responder a essa pergunta. Eu a pus na rua.

HOMENZINHO: Quando?

SENHORIA: Não lembro. Há duas ou três semanas.

HOMENZINHO (*desesperado*): Não!

BOXEADOR: Meu Deus.

HOMENZINHO: Não, não, não!

SENHORIA (*enfezada com os dois*): Quietos! O que acham que eu sou? É muita audácia... Achava que eu ia bancar enfermeira ou babá de uma gata vira-lata doente? (*Há uma pausa.*)

HOMENZINHO: Doente?

SENHORIA: É! Manhosa! Terrível!

HOMENZINHO: O que tinha de errado com ela?

SENHORIA: Como é que eu vou saber? Sou alguma *veterinária*? Ela chorava a noite toda e fazia um escarcéu danado. Como você está fazendo agora! Pus na rua. E quando ela entrava aqui escondida, eu jogava água fria nela três ou quatro vezes! Finalmente, finalmente ela aceitou um não como resposta! E é tudo o que tenho pra falar sobre isso.

HOMENZINHO (*encarando-a*): Malvada, gorda feia! (*Ele repete mais rápido.*) Malvada, gorda, feia, malvada, gorda, feia!

(*Ela o esbofeteia furiosamente. O Boxeador agarra-o pelo ombro e empurra-o com um chute porta afora.*)

BOXEADOR: Ai, maldição! Hospício!

SENHORIA: Ahhh! O –

HOMENZINHO (*gritando através da porta*): Onde ela está? Nitchevo, Nitchevo! Onde ela está? Onde ela foi? Nitchevo, Nitchevo! Onde!

SENHORIA (*gritando para ele*): Meu Deus do céu, que me importa pra onde foi aquela gata nojenta! Por mim, pode ter ido para o inferno! Sai e para de gritar! Vou ligar pra polícia! (*O Homenzinho não responde e afasta-se da porta bloqueada pelo Boxeador.*)

BOXEADOR: Hum! É! – um hospício.

SENHORIA: Ele está fora de si. Completamente. (*Ela enxuga o rosto com a manga e arruma as roupas.*) Já foi embora? Dá pra ouvir?

BOXEADOR: Dá. Está descendo as escadas.

SENHORIA: Meu Deus. Eu odeio gente que faz cena assim. Imagina! Me responsabilizar por uma gata doente. (*Ela funga um pouco.*) Malvada, gorda, feia... Acho que *sou* mesmo. Mas quem não é?

(*Ela cai exausta na cama. O Boxeador fica na janela, enrolando um cigarro.*)

BOXEADOR: Ele está lá nos fundos.

SENHORIA: O que está fazendo lá atrás?

BOXEADOR: Procurando no beco e chamando a gata. (*O Homenzinho grita à distância: "Nitchevo!"*)

SENHORIA: Inútil. Ele nunca vai encontrar. (*Há uma súbita eclosão de alegria. O Boxeador debruça-se na janela com um riso abafado. A luz oblíqua do sol surge suave e terna. Há uma música distante.*) O que está acontecendo agora?

BOXEADOR: Uma comemoração.

SENHORIA: Comemoração de quê?

BOXEADOR (*acendendo o cigarro, apoiando o pé no peitoril*): O velho doido de bigode achou a gata.

SENHORIA: Achou? Quem você disse que achou?

BOXEADOR: O velho, seu sogro.

SENHORIA: O velho não pode ter achado ela! (*Ela se levanta languidamente e vai até a janela.*) Como ele pôde achar? O velho é cego.

BOXEADOR: Ele achou. E lá vão eles. (*A Senhoria olha espantada pela janela. O Boxeador passa o braço ao redor da cintura dela. A luz é dourada e a música é suave e terna.*)

SENHORIA: Ora, ora, ora. E então eles estão indo embora juntos. Os amantes mais engraçados! O fantasma de um homem, e uma gata chamada Nitchevo! Fico feliz... Adeus! (*A música sobe, triunfante.*)

CORTINA

O Longo Adeus

Tradução
Isabella Lemos

* *

PERSONAGENS

JOE

MYRA

MÃE

SILVA

BILL

QUATRO CARREGADORES

* *

CENÁRIO

Apartamento F, terceiro andar sul, em um prédio popular, no centro degradado de uma grande cidade no Meio-Oeste norte-americano. Do lado de fora, o ronco de caminhões em ruas sombrias e gritos de crianças brincando nos vãos entre os prédios de tijolo vermelho ferrugem. Pela esquerda, através de janelas frontais duplas, a luz do entardecer invade o cômodo mal conservado. Depois das janelas, uma porta dá para a escada do hall, e no meio da parede do fundo uma porta grande se abre para um corredor interno onde há uma mesa de telefone. Uma porta na parede da direita dá para um quarto. A velha mobília está desarrumada como se tivesse testemunhado a interrupção abrupta de 25 anos de vida intensa e dilacerada e agora estivesse apenas esperando os carregadores para ser levada embora. No apartamento ao lado, o som de uma transmissão radiofônica do jogo de basebol no Sportsman's Park. Joe, um rapaz de 23 anos, está sentado à mesa ao lado das janelas duplas, ruminando sobre um texto. À sua frente, uma máquina de escrever portátil com uma página do manuscrito, e, no chão, ao lado da mesa, uma valise gasta. Joe está de camiseta e calças de algodão. O barulho da transmissão ao vivo o irrita e ele fecha as janelas, mas o som continua alto. Ele abre as janelas, sai pela porta da direita e fecha outras janelas. Os gritos do rádio diminuem e Joe volta acendendo um cigarro, de cara amarrada. Silva, um jovem italiano, pequeno, charmoso e bem-humorado entra pela porta da frente. Eles são quase da mesma idade. Silva cumprimenta Joe com um largo sorriso e, em seguida, tira a camisa.

* * *

JOE: Rádio, basebol! É por isso que só escrevo bosta!

SILVA: Ainda nisso?

JOE: A noite toda e o dia todo.

SILVA: Como assim?

JOE: Tava de cabeça quente. Não conseguia dormir.

SILVA (*lançando um olhar para a página na máquina de escrever*): Você está se consumindo, garoto... (*Ele atravessa a sala se distanciando da mesa.*) E na minha humilde opinião é gastar vela pra mau defunto. Pensei que tava de mudança hoje.

JOE: Estou. (*Afunda na cadeira da escrivaninha e, num ímpeto, escreve uma linha. Em seguida, tira o papel.*) Liga pra mudança. Já deviam estar aqui.

SILVA: É? Qual?

JOE: Depósitos Langan.

SILVA: Vai guardar essa tralha?

JOE: Vou.

SILVA: Pra quê? Por que não vende?

JOE: Por seis mangos pro vendedor de móveis usados?

SILVA: Se guardar, tem que pagar. Se vender, tem grana pra começar.

JOE: Começar o quê?

SILVA: Qualquer coisa que quiser.

JOE: Eu tenho uma grana. O seguro da Mamãe. Rachei com a Myra. Cento e cinquenta pra cada um. Sabe pra onde vou?

SILVA: Não. Pra onde?

JOE: Rio. Ou Buenos Aires. Estudei espanhol no colégio.

SILVA: E daí?

JOE: Eu sei a língua. Podia me dar bem.

SILVA: Trabalhando na Standard Oil?[1]

JOE: Talvez. Por que não? Liga pra mudança.

SILVA (*vai ao telefone*): Melhor ficar aqui. Tira o dinheiro do banco e entra no Projeto.[2]

JOE: Não. Não vou ficar. Pra mim aqui tá tudo morto. Até o peixe-dourado morreu. Esqueci de dar comida.

SILVA (*ao telefone*): Lindell 0124... Depósitos Langan? Aqui é do apartamento dos Basset. Por que o caminhão não veio?... Ah! (*Ele coloca o fone no gancho.*) O caminhão tá vindo. Junho é mês de muita mudança. Estão cheios de serviço.

JOE: Eu não devia ter deixado o aquário no sol. O infeliz deve ter cozinhado.

SILVA: Tá fedendo. (*Silva pega o aquário.*)

JOE: O que vai fazer com ele?

---

[1] Standard Oil: Esso. (N. T.)
[2] Referência ao Federal Writers' Project, um dos programas de incentivo econômico e cultural criados pelo governo Franklin Delano Roosevelt. (N. T.)

SILVA: Jogar na privada.

JOE: Tá sem água.

SILVA: Ah, bom! (*Ele sai pela porta do quarto.*)

JOE: Por que Jesus faz distinção entre o pardal e o peixe-dourado?![3] (*Ele ri.*) Não há respeito pelos cadáveres.

SILVA (*voltando para a sala*): Você está perdendo a consciência social, Joe. Você devia dizer "a não ser que sejam ricos"! Uma vez, li que um milionário enterrou o canário morto num caixãozinho dourado cravejado de diamantes verdadeiros. Acho que isso retrata bem. As penas cor de açafrão no cetim branco e as lágrimas do milionário caindo que nem diamantes à luz do sol – talvez um coro de meninos cantando! Como a morte nos filmes. Que é sempre linda. Mesmo para um artista, acho que seu cabelo está comprido demais. Uma reboladinha e você vira uma diabinha.[4] Cigarro?

JOE: Obrigado. Jesus Cristo!

SILVA: O que foi?

JOE: Pra você, isso tem cheiro de quê? (*Ele dá a Silva uma página do manuscrito.*)

SILVA: Hum. Detecto um leve aroma de bacon frito.

---

[3] Alusão ao *Evangelho Segundo São Lucas*, capítulo 12, versículo 6: "Não se vendem cinco pardais por dois asses? E, no entanto, nenhum deles é esquecido diante de Deus". (N. T.)

[4] No original, "female Imp". "Imp": ser mitológico; diabrete; entidade travessa que combina características de pequeno demônio e de fada. (N. T.)

JOE: Péssimo?

SILVA: Não, é o seu melhor. Você devia entrar no Projeto. Terminamos o guia da cidade.[5]

JOE: E vai escrever o que agora?

SILVA: Bendito Harry L. Hopkins[6] 999 vezes. Olha, agora vou escrever uma coisa criativa. Vou chamar de "Fantasmas no Velho Tribunal". Época em que escravos eram vendidos lá!... Isso é ruim. Essa fala da garota: "Eu te quero dentro de mim – não só durante o amor feito na cama entre o tilintar das pedras de gelo do último drinque e o tilintar do caminhão de leite –"

JOE (*rasgando a página que está nas mãos de Silva*): Eu devia estar doido.

SILVA: Você devia estar com tesão!

JOE: Estava. Verão e celibato não combinam. Buenos Aires...

1º CARREGADOR (*de fora*): Depósitos Langan!

JOE (*em direção à porta*): Aqui. (*Ele abre a porta e entra um bando de quatro carregadores suados e corpulentos, arrastando os pés, olhando para tudo com indiferença.*) Primeiro as coisas do fundo, tudo bem, pessoal?

---

[5] Trata-se do *New York City Guide* preparado pelos participantes do Federal Writers' Project e publicado em 1939. (N. T.)

[6] Harry Lloyd Hopkins (1890-1946), chefe da Federal Emergency Relief (FERA) e da Civil Works Administration, importantes agências governamentais da gestão do presidente Franklin Delano Roosevelt. (N. T.)

1º CARREGADOR: Claro.

SILVA: Que trabalhão, hein?

2º CARREGADOR: Muito.

3º CARREGADOR (*entrando rapidamente*): "I got a pocketful of dreams!"[7] Que horas são, garoto?

JOE: Quatro e trinta e cinco.

3º CARREGADOR: A gente devia ganhar hora extra quando acabar. Quanto foi o jogo?

JOE: Sei lá. (*Ele os observa, incomodado.*)

2º CARREGADOR: Que é isso, vagabundo?[8] Se mexe! (*Eles riem e saem pelo corredor dos fundos. Depois se ouve uma cama sendo desmontada.*)

SILVA (*percebendo a melancolia de Joe*): Vamos sair daqui. É deprimente.

JOE: Eu tenho que ficar de olho nas coisas.

SILVA: Vamos tomar um chope. Abriu um bar na Laclede,[9] dez centavos a caneca.

JOE: Espera um pouco, Silva.

---

[7] "I Got a Pocketful of Dreams", música famosa do início da carreira do cantor Bing Crosby (1903-1977). Presume-se que a personagem entra cantarolando essa canção. (N. T.)

[8] No original, "Short Horn": raça bovina de grande porte e dotada de chifres curtos. A expressão indica alguém imaturo e inexperiente. (N. T.)

[9] Referência a Laclede Street: rua na região de Midtown, St. Louis. (N. T.)

SILVA: Ok. (*Os homens passam com partes da cama. Joe os observa, sem reação e sem expressão.*)

JOE: Nasci naquela cama.

SILVA: Vixi! E olha como eles carregam – como se fosse uma cama qualquer!

JOE: A Myra também nasceu naquela cama. (*Os carregadores saem pela porta.*) Mamãe morreu nela.

SILVA: Ah, é? O câncer foi rápido com ela. A maioria demora mais e sofre o diabo.

JOE: Ela se matou. Achei o frasco vazio no lixo naquela manhã. E não foi dor, foi medo da conta do médico e do hospital. Ela queria que a gente ficasse com o seguro.

SILVA: Eu não sabia disso.

JOE: Não. Guardamos segredo – ela, eu e o médico. Myra nunca descobriu.

SILVA: E onde a Myra está agora?

JOE: A última vez que soube, em Detroit. Recebi um cartão dela. Aqui.

SILVA: Foto do Iate Clube. O que ela está fazendo? Velejando?

JOE (*rispidamente*): Não sei o que ela tá fazendo. Como vou saber?

SILVA: Ela não disse? (*Joe não responde.*) Ela era um doce de menina, até que de repente ela –

JOE: É. Tudo desmantelou – quando a Mamãe morreu.

SILVA (*pega uma revista*): Essa revista é cara hein!?[10] Não é à toa que você torce o nariz pro Projeto. Hemingway! Ele tem estilo![11] (*Joe para de pé, como se estivesse em transe, enquanto os homens passam para o fundo.*) Ele está com as Forças Legalistas na Espanha.[12] Lutando na linha de frente, dizem. E ainda há quem o critique, dizendo que ele tem pelo postiço no peito![13] Reacionários! (*Silva começa a ler. Myra entra em silêncio no quarto – jovem, radiante, vibrante com o* glamour *que a memória dá.*)

JOE: Tem um encontro hoje à noite, Myra?

MYRA: Hum-hum.

JOE: Com quem?

MYRA: Bill.

JOE: Que Bill?

MYRA: Um cara que conheci na competição de natação, no Bellerive Country Club.

JOE: Não acho uma piscina o melhor lugar do mundo pra arranjar namorados, Myra.

---

[10] No original, "four bit magazines": indica que se trata de revistas caras e destinadas a consumidores sofisticados. "Bit", nesse caso, significa um quarto de dólar. (N. T.)

[11] No original: "he's got a smooth style". (N. T.)

[12] *Loyalist forces*: forças que, durante a Guerra Civil Espanhola (1936-1939), lutavam para livrar o país do fascismo. (N. T.)

[13] Havia quem dissesse que Hemingway usava pelos postiços no peito para ressaltar a virilidade. Quando criança o escritor era vestido com roupas de menina pela mãe, e consta que, em decorrência disso, tinha uma espécie de obsessão em ostentar, de todas as formas possíveis, que nada tinha de efeminado. A esse respeito, veja-se o artigo "The Sad Case of Papa Hemingway". (N. T.)

MYRA: Claro que é, se você fica bem de maiô Jantzen.[14] (*Ela tira seu quimono.*) Pega meu vestido branco de festa. Não, melhor eu. Suas mãos estão suadas. (*Ela sai e vai para o quarto.*)

JOE: O que aconteceu com Dave e com Hugh White e aquele – garoto de Kansas City?

MYRA (*volta de vestido branco de noite*): Quem? Eles? Meu Deus, sei lá. Aqui. Fecha pra mim.

JOE: Acho que você tem uma porta giratória no coração.

MYRA: É! O rádio é uma grande invenção, hein, Joe? (*Escova o cabelo rapidamente.*) Estou cheia disso. Papai deixa ligado o dia todo. Ele me irrita. Só plantado lá, plantado lá, plantado lá! Nem num fala mais.

JOE: Olha a sua gramática. É horrível.

MYRA: Diabo, não sou traça de livro. Que tal estou?

JOE: Chique. Aonde vai?

MYRA: Chase Roof.[15] O Bill não é pão-duro. Os pais dele têm uma nota preta. Eles moram em Huntleigh[16] – pros lados de Ladue.[17] Jesus – está – ufa! Abre aquela janela! Nublado?

JOE: Não, claro como água.

---

[14] Jantzen: marca consagrada de maiôs. (N. T.)

[15] Terraço do luxuoso e histórico hotel The Chase Park Plaza, em St. Louis, construído em estilo arquitetônico vitoriano e inaugurado em 1922. (N. T.)

[16] Huntleigh: cidade no condado de St. Louis, Missouri. (N. T.)

[17] Ladue: subúrbio de St. Louis, Missouri, em que residem moradores de alto poder aquisitivo. (N. T.)

MYRA: Bom. Dançando sob as estrelas! (*A campainha toca.*) É ele. Abre a porta. (*Joe olha para a porta enquanto Bill entra.*)

JOE: Pra que ir pra Suíça,[18] hein?

BILL: O quê? (*Ri com indiferença.*) Ah, é. Ela está pronta?

JOE: Senta. Ela já vem.

BILL: Ótimo.

JOE (*tirando os jornais do sofá*): É, a gente lê jornal. Pra ficar em dia. Caderno de esportes?

BILL: Não, obrigado.

JOE: Os Cards[19] ganharam duas partidas. Joe Medwick fez um *home run*[20] com dois homens na segunda base. Quadrinhos?

BILL: Não, obrigado. Já li o jornal.

JOE: Ah. Achei que ainda não tivesse lido, que ainda é cedo.

BILL: São oito e quarenta e cinco da noite.

JOE: É engraçado, né?

---

[18] No original, a fala de Joe, "Why go to Swizerland, huh?", deixa implícita a de que, como Myra vai ao Chase Roof, restaurante de luxo e no alto de um edifício, ela nem precisa ir à Suíça para desfrutar de lugares altos (como nas montanhas) e caros. (N. T.)

[19] Cards refere-se aos St. Louis Cardinals, time profissional de basebol de St. Louis, Missouri. "Double-header" indicava rodada dupla, ou seja, dois jogos no mesmo dia. Comprava-se um ingresso e assistia-se a dois jogos. (N. T.)

[20] *Home run*: ocorre, no basebol, quando a bola é rebatida para fora do campo, o que impossibilita a defesa adversária a retomar a posse de bola e permite que o rebatedor e o time de ataque avancem livremente pelas bases. (N. T.)

BILL: O quê?

JOE: O lustre. Achei que estava olhando pra ele.

BILL: Não reparei – particularmente.

JOE: Sempre me lembra um pouco sopa de cogumelo. (*Bill o fita sem achar graça.*) Myra disse que mora em Huntleigh Village.[21]

BILL: É?

JOE: Deve ser bem bonito. No verão.

BILL: Nós gostamos. (*Ele se levanta.*) Escuta, você pode dar o terceiro sinal para a sua irmãzinha – ou coisa parecida?

JOE: Ela vem quando estiver pronta.

BILL: É disso que eu tenho medo.

JOE: É o seu primeiro encontro, Bill?

BILL: Como?

JOE: Na minha experiência, uma garota não pula da frente do espelho assim que o cara chega.

BILL: Não? Mas se espera mais rapidez de uma campeã de natação. (*Chamando.*) Ei! Myra!

MYRA (*encarando a parede como se fosse um espelho*): Oi, Bill, já vou!

JOE: Você me dá licença?

---

[21] Huntleigh Village, a oeste de Ladue, em St. Louis, Missouri, é uma região de alto padrão de moradias. (N. T.)

BILL: Ah, sim. (*Ele encara Myra.*)

JOE: Esse tal de Bill é um filho da puta. Se eu tivesse ficado mais um minuto com ele na sala teria dado uma porrada nele.

MYRA: Então é melhor não ficar lá. Porque eu gosto dele. O que vai fazer hoje à noite, Joe?

JOE: Ficar em casa e escrever.

MYRA: Você fica em casa e escreve demais. Tá duro? Toma um dólar. Chama aquela menina que escreve poesia pra sair. Dóris. Com a dose certa ela faz um belo soneto. Ah, dane-se – não vou usar meia nenhuma. Já vou, Bill! Olha! E a minha nuca? Tá melada? Meu Deus! (*Ela borrifa perfume.*) A gente tem que tomar três banhos por dia pra ficar fresca nesse calor. Dóris. É o nome dela? Aposto que ela cede sem muito esforço.

JOE: Myra. Não fala assim.

MYRA: Você me enche!

JOE: É que não soa bem pra uma moça da sua idade.

MYRA: Eu tenho o dobro da sua idade! Tchau, Joe!

JOE: Tchau, Myra.

MYRA (*encarando Bill, com um sorriso deslumbrado*): Oi, meu bem!

BILL: Oi. Vamos sair desta sauna.

MYRA: Vamos. (*Eles saem. Os carregadores entram, transportando uma cômoda.*)

1º CARREGADOR: Calma.

2º CARREGADOR: Tá seguro?

1º CARREGADOR: Tá. Quem fechou aquela porta, porra?

JOE: Eu abro. Cuidado com as escadas.

SILVA (*olhando de relance por cima da revista*): Espelho quebrado dá sete anos de azar.

JOE: Ah. É mesmo? A cegonha deve ter deixado a gente cair num monte de espelho quando nasceu. Que tal o conto?

SILVA: Forte!

JOE (*olhando para o título*): "A Borboleta e o Tanque". Já li esse.

VOZ DE CRIANÇA (*Ouve-se da rua*): Voa, ovelhinha, voa! Voa, ovelhinha voa.[22]

JOE (*reflexivamente*): Você já brincou disso?

SILVA: Não. No nosso bairro, garoto que brinca disso é mariquinha.

JOE: A gente brincava. Eu e a Myra. Pra cima e pra baixo nas escadas de incêndio, dentro e fora dos porões... Nossa! A gente se divertia. O que acontece com as crianças quando crescem?

SILVA: Elas crescem. (*Ele vira a página.*)

JOE: É, crescem. (*O som de patins na calçada quebra o silêncio e vai aumentando enquanto a luz abaixa. Apenas a porta do quarto à direita está iluminada por um foco de luz.*)

---

[22] A expressão usada no original, "Fly, Sheepie, fly!", não tem correspondente exato em português. Pode-se utilizar, na encenação, o nome de qualquer cantiga de roda não marcadamente regional. (N. T.)

MÃE (*suavemente do quarto*): Joe? Ah, Joe!

JOE: O quê, mãe? (*A mãe aparece na porta – uma mulher pequena e envelhecida, usando um roupão sujo, com uma expressão de quem está confusa e com problemas pessoais.*)

MÃE: Joe, você não vai dormir?

JOE: Já vou. Em um minuto.

MÃE: Acho que já escreveu muito por hoje, Joe.

JOE: Estou quase acabando. Só quero terminar esta frase.

MÃE: Myra ainda não voltou.

JOE: Ela foi ao Chase Roof.[23]

MÃE: Você não pode sair com ela de vez em quando? Conhecer os rapazes que saem com ela?

JOE: Não, não posso me meter nos encontros dela. Droga, mesmo empregado, eu não poderia pagar nem as gorjetas daquela turma.

MÃE: Estou preocupada com ela.

JOE: Por quê? Ela diz que é mais velha que eu, mãe, e acho que ela tem razão.

MÃE: Não, ela ainda é uma criança. Fale com ela, Joe.

JOE: Está bem.

---

[23] Ver nota 15, p. 263. (N. T.)

MÃE: Eu lamento ela ter aceitado esse emprego agora, Joe. Ela devia ter ficado no colégio.

JOE: Ela queria coisas – dinheiro, roupas –, não pode culpá-la. Papai saiu?

MÃE: Saiu... Ela desistiu da natação.

JOE: Ela foi dispensada da equipe Lorelei.[24]

MÃE: Por quê, Joe?

JOE: Ela era muito indisciplinada nos treinos. Droga, não consigo controlar a Myra.

MÃE: Ela ouve você.

JOE: Não muito.

MÃE: Joe –

JOE: O quê?

MÃE: Joe, voltou, Joe.

JOE (*virando-se para ela, devagar*): O quê?

MÃE: A operação não adiantou. Ficou tão caro pra nós, Joe, ainda nem pagamos as contas!

JOE: Mãe, por que você acha que voltou?

---

[24] Lorelei: lenda alemã sobre Lorelei, uma bela jovem que se atirou em um rio, desesperada pela traição de seu amante. Após sua morte, ela foi transformada em sereia e pode, a partir desse momento, ser ouvida cantando em uma pedra às margens do Rio Reno, perto de St. Goar. Sua música hipnótica atrai os marinheiros para a morte. (N. T.)

MÃE: A mesma dor voltou.

JOE: Há quanto tempo?

MÃE: Há algum tempo.

JOE: Por que você não – ?

MÃE: Joe... Para quê?

JOE: Talvez não seja o que você pensa! Você tem que retornar... Pra fazer exames, Mãe!

MÃE: Não. É assim que eu vejo as coisas, Joe. Assim. Jamais gostei de ficar confinada. Sempre quis espaço ao meu redor, muito espaço, morar no campo no topo de uma montanha. Nasci no interior, fui criada lá, e desejei muito isso nos últimos anos.

JOE: É, eu sei. (*Agora ele fala consigo.*) Aqueles passeios de domingo à tarde no campo, o pôr do sol amarelado sobre um pomar, as sombras torcidas, a velha casa fustigada pelo vento, vazia, torta, e você apontando pra ela, se inclinando para fora do carro, tentando fazer papai parar –

MÃE: Olha! Aquela casa está à venda! Deve ser barata! Vinte acres de maçãs, um galinheiro e, olha, um belo celeiro! Está meio velha, mas não custaria muito reformar! Para, Floyd, vai devagar!

JOE: Mas ele ia rápido, não olhava, não escutava! A cerca ficou pra trás e o muro de pedra rosa e o sol sumiram por um instante. Seu rosto estava sombrio, seu rosto parecia desesperado, mãe, como se você estivesse ávida por alguma coisa que você tivesse visto e quase agarrado com as mãos – mas não agarrou. Então o carro parou diante de uma banca na estrada. "Precisamos de ovos." Vinte e cinco centavos, dez – não, você pegou cinco centavos do papai. E aí o sol já estava baixo, descendo pelos campos de inverno, e o ar estava frio...

MÃE: Algumas pessoas acham que a morte é estar deitado dentro de uma caixa debaixo da terra. Mas eu não. Para mim é o oposto, Joe, é sair da caixa. E subir, não descer. Eu não imagino como é o céu. Nunca imaginei. Mas sinto que tem muito espaço lá e que não é preciso pagar aluguel no primeiro dia de cada mês pra nenhum velho holandês pão-duro que reclama da água que você consome. Há liberdade, Joe, e liberdade é a grande coisa da vida. É engraçado que alguns de nós só a alcançam quando morrem. Mas é assim, então temos que aceitar. Difícil para mim é não deixar as coisas acertadas. Eu gostaria de ter alguma garantia, alguma certeza do que vocês vão fazer, de como as coisas vão ser para vocês... Joe!

JOE: O quê?

MÃE: O que você faria com trezentos dólares?

JOE: Eu não vou pensar nisso.

MÃE: Eu quero que você pense, Joe. A apólice está no seu nome. Está na gaveta do lado direito da cômoda, dobrada debaixo da caixa de lenços e tem... (*A voz dela some e dois carregadores entram com uma luminária.*)

JOE (*pigarreando*): Onde está a cúpula desse abajur? (*A mãe sai discretamente enquanto a luz do sol brilha.*)

1º CARREGADOR: Tá vindo. (*Ele bate a lâmpada levemente contra a parede.*)

JOE: Desgraçado! Por que não presta atenção?

2º CARREGADOR: O que foi?

1º CARREGADOR: Escuta, cara –

JOE: Vocês não tomam cuidado com as coisas dos outros! Fazem de qualquer jeito!

SILVA (*olhando por cima da revista*): Joe, calma. Eles não vão estragar esse treco.

JOE: Eles não vão estragar – não!

1º CARREGADOR: Estragar isso? Grande merda! (*Os dois homens saem rindo.*)

SILVA: Se eles quebrarem alguma coisa, você cobra o valor.

3º CARREGADOR (*entrando com caixas de papelão*): O que tem nessas caixas aqui?

JOE: Porcelana. Coisas de vidro. Então não sacode como –

SILVA: Joe, vamos sair daqui. Não consigo me concentrar na história com todo esse tumulto. Pra que ficar aqui, maluco? Só está deixando você deprimido, não é?

JOE: Pode ir, se quiser. Eu tenho que esperar aqui.

4º CARREGADOR (*entrando com a mão cheia de vidrinhos*): Os vidros vazios de perfume e talco que estavam naquela cômoda – vai querer ou não?

JOE: Pode deixar aqui no chão. (*O 4º Carregador pega uma cadeira do quarto e sai pela porta do* hall. *Joe examina os objetos do chão. Ele tira a tampa de um dos vidros de perfume e cheira. A luz da sala escurece de novo e a porta da frente é iluminada por um foco de luz. A voz de Myra pode ser ouvida do lado de fora, no* hall.)

MYRA: Bill, a noite foi ótima.

BILL: Só isso?... Está escuro. Estão todos dormindo. (*Joe se levanta e fica em prontidão.*)

MYRA (*aparecendo na entrada da porta*): A luz do Joe está acesa.

BILL: Eu fico quieto, meu anjo. A gente não faz nenhum barulho. Na boquinha miúda!

MYRA (*beijando-o*): É, mas você tem que ir pra casa.

BILL: Chega mais perto. Hum!

MYRA: Bill!

BILL: O que é que há? Você não é a campeã de nado livre e saltos ornamentais de St. Louis?

MYRA: E daí?

BILL: Bom, eu sou muito bom em nado de peito, também – fora da água.

MYRA: Cala a boca. Eu quero ir pra cama.

BILL: Eu também.

MYRA: Boa noite.

BILL: Escuta!

MYRA: O quê?

BILL: Eu saio com debutantes.[25]

MYRA: E daí?

BILL: Nada. Só que...

MYRA: E isso quer dizer o quê?

BILL: Ok, vou dizer. Eu aceito "Boa noite, a noite foi ótima" de uma rainha da primavera![26] Mas quando garotas do seu tipo tentam me vender essa –

JOE (*entrando na área iluminada*): Cai fora!

BILL: Ai. O irmão mais velho. Achei que estivesse na rua ganhando a vida.

JOE: Cai fora, seu porco –

MYRA: Joe!

JOE: Antes que eu te acerte uma! (*Bill ri baixinho e sai.*)

MYRA: Você tinha razão. Ele não presta. (*Joe olha para ela.*) Joe, o que eles querem dizer com "garotas do meu tipo"?

JOE (*abaixa devagar e pega um pequeno objeto do chão*): Acho que querem dizer – isto.

---

[25] No original, "I go out with debutantes": indica que Bill sai com moças de classe social alta. (N. T.)
[26] V. P. Queen: Veiled Prophet Queen, tradição de St. Louis que teve início em 1878. Trata-se de uma celebração pomposa envolvendo desfile alegórico e a escolha, por voto secreto, de cinco debutantes das quais uma é coroada a Rainha do Amor e da Beleza. (N. T.)

MYRA (*sem olhar*): O quê?

JOE: Uma coisa que ele deixou cair do bolso.

MYRA (*chateada*): Ah. (*Levantando a voz.*) Joe, eu não quero que você pense que eu –

JOE: Cala a boca... a Mãe está doente.

MYRA (*agitada*): Ah, eu sei, eu sei, é tudo muito sujo! O Chase Roof, dançando sob as estrelas! Aí, na volta pra casa, ele vomitando pela janela do carro – vomitando! E aí, ele para o carro e tenta – Oh, meu Deus, eu quero me divertir! Acha que me divirto pregando colchetes e fechos em espartilhos na Werber & Jacobs?[27] À noite eu quero sair, Joe, ir a lugares, me divertir! Mas não quero coisas como ele subindo em mim, pior que baratas nojentas!

JOE: Shh, silêncio!

MÃE (*enfraquecida, do outro cômodo*): Joe – Myra... (*Ela geme.*)

MYRA (*com medo*): O que foi isso?

JOE: É a Mãe, ela está doente, ela está – (*Myra sai pela porta do hall e a luz sobe novamente.*) – morta!

SILVA: O quê?

JOE: Nada. Quer perfume?

---

[27] No original: "You don't think I have it sewing hooks and eyes on corsets down at Werber & Jacobs?". Entende-se que Myra trabalha na fábrica de espartilhos Werber & Jacobs e que seu trabalho consiste em costurar os colchetes e fechos (hooks and eyes). (N. T.)

SILVA: Qual perfume?

JOE: Carnation.[28]

SILVA: Não. Dispenso. (*Volta o grupo de carregadores.*)

1º CARREGADOR (*para o 3º Carregador*): Para de enrolar. Pega aqueles tapetes.

3º CARREGADOR: Certo, chefe. Eles tinham que pôr um bom rebatedor.[29] Meighan ou Flowers.

2º CARREGADOR: Flowers? Ele não acerta a bunda de um elefante. Pega a ponta do sofá. Hupa!

4º CARREGADOR: Repolho pro jantar no vizinho.

MULHER (*chamando pesarosamente da rua*): May-zeeee! Oh, May-zeeee!

3º CARREGADOR: Naquele jogo de Chicago... (*Os homens carregam o sofá e outros móveis pela porta de entrada. Joe retira uma foto da parede.*)

SILVA (*levantando os olhos da revista*): Da Myra, hã?

JOE: É, de uma foto de jornal, quando ela quebrou o recorde de revezamento no Vale do Mississippi.

SILVA (*pegando a foto*): Ela tinha um ar meigo, hein?

---

[28] Perfume feminino lançado nos anos de 1930 à base de essência de cravo. (N. T.)
[29] No original, "pinch-hitter": no basebol, é um jogador que é muito bom para rebater, mas que não é bom no campo. Ele pode ser escalado numa situação de emergência. (N. T.)

JOE: Tinha.

SILVA: O que faz uma garota ficar assim?

JOE: Assim como?

SILVA: Você sabe.

JOE: Não, eu *não* sei! Por que você não sai daqui e me deixa sozinho?

SILVA: Porque não quero. Porque tô lendo um conto. Porque acho que você tá doido.

JOE: É? Me dá essa foto. (*Ele se abaixa para guardar a foto em sua mala junto com suas coisas e, enquanto ele guarda, a luz diminui um pouco e Myra entra. Ela está visivelmente mais vulgar e mais sofisticada e usa um* négligé *que ela não poderia ter comprado com seu salário mensal.*)

MYRA: Eu gostaria que parasse de trazer aquele carcamano aqui.

JOE (*levantando*): Silva?

MYRA: É. Eu não gosto do jeito que ele me olha.

JOE: Olha pra você?

MYRA: É. Ele me olha como se eu estivesse nua. (*Joe dá uma risada desagradável.*) Você acha engraçado? Ele olhar pra mim desse jeito?

JOE: É. Isso *é* engraçado.

MYRA: Meu senso de humor não combina com o seu.

JOE (*olhando para ela*): Você tá muito fresca – reclamando do olhar dos rapazes.

MYRA: Bom, aquele menino é nojento.

JOE: Porque ele não mora lá pelos lados de Ladue?

MYRA: Não. Porque ele não toma banho.

JOE: Isso não é verdade. Silva toma banho toda manhã na sede do partido.

MYRA: Sede do partido? Seria melhor se aproximar de gente que vai te trazer coisas boas em vez desses carcamanos radicais e crioulos e –

JOE: Cala a boca! Meu Deus, você está ficando vulgar. Esnobismo é o primeiro sinal. Nunca conheci um esnobe que no fundo não fosse tão vulgar e sórdido!

MYRA: Não gostar de gente suja é ser esnobe?

JOE: Sujo é quem anda com *você*! Coroas com ternos caros e feridas na nuca. Melhor fazer exame de sangue!

MYRA: Você – você – você não pode me insultar assim! Eu vou – chamar o papai – contar pra ele –

JOE: Eu tinha esperanças em você, Myra. Mas não tenho mais. Você está indo ladeira abaixo que nem uma vadia. Se olha no espelho. Por que o Silva te olhou daquele jeito? Por que o entregador de jornal assobiou quando você passou por ele ontem à noite? Por quê? Porque você estava parecendo uma prostituta barata, Myra, uma que ele pega por seis mangos. (*Myra olha para ele atordoada, mas por um momento não responde.*)

MYRA (*baixinho*): Você nunca me diria uma coisa dessas – quando a Mãe estava viva.

JOE: Não. Quando a Mãe estava viva você não era assim. E ficava aqui em casa.

MYRA: Em casa? Isto não é uma casa. São cinco cômodos e um banheiro. Eu vou me mandar daqui assim que puder e falo sério! Eu não vou ficar aqui perdendo tempo com um bando de cabeludos malucos que te despem com os olhos, e ainda te chamam de nomes sujos!

JOE: Se minha irmã fosse limpa... Eu matava o cara que ousasse olhar pra ela assim!

MYRA: Você está certo – você, que só fica vagabundeando o dia todo, escrevendo merda que ninguém lê. Você nunca faz nada, nada, você não ganha um centavo! Se eu fosse o papai, te chutava daqui assim que – Ahhhhh! (*Ela se vira revoltada.*)

JOE: Talvez isso não seja necessário.

MYRA: Ah, não? Você vive dizendo isso há muito tempo. Os móveis vão ser tirados daqui antes de você!

(*Ela ri e sai. A luz volta.*)

JOE (*para si*): É... (*O 1º e o 2º Carregadores voltam e começam a enrolar o tapete. Joe os observa e fala alto.*) Os móveis vão ser tirados daqui antes de mim! (*Ele ri.*)

SILVA: O quê?

JOE: Recebi um cartão dela semana passada.

SILVA: De quem?

JOE: Myra.

SILVA: É. Você me disse. (*Joga a revista de lado.*) Eu queria saber onde está o seu pai.

JOE: Meu Deus. Não sei.

SILVA: Engraçado um coroa como ele largar o emprego e ir por aí sabe-se lá onde – depois de cinquenta – ou cinquenta e cinco anos de uma vida normal de classe média.

JOE: Acho que ele se cansou de viver uma vida normal de classe média.

SILVA: Eu ficava imaginando no que ele pensava de noite, sentado naquela poltrona enorme. (*O 3º e o 4º Carregadores voltam e retiram a poltrona. Joe pega sua camisa da poltrona quando eles passam e veste-a devagar.*)

JOE: Eu também. Ainda fico imaginando. Ele nunca dizia droga nenhuma.

SILVA: Não?

JOE: Só sentado lá, sentado lá, noite após noite após noite após noite. Bom, agora ele se foi, todos se foram.

SILVA (*mudando o tom*): Melhor você ir também.

JOE: Por que você não vai na frente e me espera, Silva? Eu vou daqui a pouco.

SILVA: Porque não gosto do jeito que está agindo e por alguma maldita razão, me sinto responsável por você. Você pode ter a ideia de sair como o Steve Brody[30] por uma daquelas janelas.

JOE (*dá uma breve risada*): Pelo amor de Deus, por que eu faria isso?

SILVA: Porque seu estado de espírito não está normal. Eu tenho te observado. Você fica olhando pro nada como se tivesse alguma coisa solta na cabeça. Eu sei o que está fazendo. Você está sentindo um prazer mórbido em assistir esse lixo ser arrastado daqui como esses zumbis que ficam pelo cemitério depois que o corpo já foi enterrado. Esse lugar acabou, Joe. Você não pode fazer nada. (*Bem longe, no final do quarteirão, um realejo começa a tocar um velho blues de dez ou quinze anos atrás.*[31] *O som se aproxima gradualmente com uma melancolia alegre até o final da peça.*) Escreve sobre isso algum dia. Com o título "Uma Elegia para um Apartamento Vazio". Mas, agora, aconselho que saia daqui e encha a cara! Porque a vida continua. E você precisa seguir em frente.

JOE: Mas, não tão rápido que não possa dizer adeus.

SILVA: Adeus? Não faz parte do meu vocabulário! Olá é a palavra dos dias de hoje.

JOE: Você está se enganando. Você diz adeus o tempo todo, a cada minuto que você vive. Porque a vida é isso, apenas um longo, longo adeus! (*Quase que com um soluço intenso.*) De uma coisa para outra! Até que você chega à última, Silva, que é –

---

[30] Steve Brody (1861-1901): atleta norte-americano que dizia ter saltado da ponte do Brooklyn e sobrevivido. (N. T.)

[31] Ou seja, de meados da década de 1920. (N. T.)

adeus para você mesmo! (*Ele vira-se bruscamente para a janela.*) Sai daqui agora! Sai e me deixa sozinho!

SILVA: Ok. Mas eu acho que você está chorando como Jesus e isso me enjoa. (*Começa a vestir a camisa.*) Vejo você no Weston, se eu ainda estiver enxergando. (*Sorrindo ironicamente.*) Lembra, garoto, do que Sócrates disse "Cicuta é um péssimo substituto para uma caneca de chope!". (*Ele ri e coloca o chapéu.*) Até. (*Silva sai pela porta, deixando Joe na sala vazia. As manchas amarelas nas paredes, o padrão monótono do papel de parede descascado, o lustre fantasticamente hediondo agora aparecem, em um cruel relevo. A luz do sol através da janela dupla está límpida e suave como limonada, e ouve-se uma mosca voando durante uma pausa do realejo. A música começa de novo e é ofuscada pelo ronco da partida do furgão da mudança, que logo desaparece. Joe caminha devagar para a janela.*)

CRIANÇA (*gritando na rua*): Pique um, dois, três![32] (*Joe olha devagar ao redor. Todo seu corpo se contrai num espasmo de dor nostálgica. Então ele sorri com ironia, pega a mala e vai para a porta. Ele passa a mão pela testa numa saudação irônica à sala vazia, então enfia as mãos no bolso e sai lentamente.*) Pique um, dois, três! (*Gritos dispersos e risadas flutuam pela sala. A música vai diminuindo.*)

AS CORTINAS SE FECHAM LENTAMENTE.

---

[32] No original: "Olly-olly-oxen-free!", expressão usada no jogo de esconde-esconde para indicar que os jogadores que estão escondidos podem aparecer sem perder o jogo. A expressão "pique um, dois, três!" em português é usada no esconde-esconde com essa mesma função.

Lembranças de Bertha

Tradução
Sabrina Lavelle
Mariana Hein

* *

PERSONAGENS

GOLDIE
BERTHA
LENA
MENINA

* *

CENÁRIO

Um quarto no "Valley" – uma famosa zona da luz vermelha que fica às margens do rio na região leste de St. Louis. No centro, uma pesada cama de ferro com travesseiros e cobertas desarrumadas, onde Bertha, uma prostituta corpulenta e loira, está deitada e inquieta. À direita, encostada na parede, uma penteadeira pesada e antiga com puxadores dourados, coberta por uma toalha de seda vistosa e duas bonecas de biscuit[1] *grandes. Ao lado da cama, uma mesa baixa com garrafas de gim vazias. Uma coleção de revistas sensacionalistas está espalhada em desordem pelo chão. O papel de parede é grotescamente brilhante – rosas gigantes de cores vivas – e está rasgado e descascado em alguns lugares. No teto, grandes manchas amareladas. Um lustre antigo com pingentes de vidro vermelho pendurado no centro. Goldie entra por uma porta à esquerda. Ela veste um conjunto imundo de duas peças de cetim preto e branco, colado ao corpo quase descarnado. Para na porta fumando um cigarro e observa com impaciência a imagem prostrada de Bertha.*

* * *

GOLDIE: Bom, Bertha? O que você vai fazer? (*Por um instante não há resposta.*)

---

[1] Bonecas Kewpie, no original: a boneca Kewpie, inspirada nos cartoons de Rose O'Neill (1874-1944), foi lançada em 1909 e era inicialmente feita de *biscuit*, passando depois a ser fabricada em celuloide. Em 1949 foi lançada a primeira versão em plástico. Tambem é chamada de "cupie doll", pois foi originalmente modelada a partir da figura do deus romano Cupido. Mede de 5 a 31 cm. (N. T.)

BERTHA (*num gemido débil*): Sei lá!

GOLDIE: Você tem que resolver, Bertha.

BERTHA: Não consigo resolver nada.

GOLDIE: Por que não?

BERTHA: Estou muito cansada.

GOLDIE: Isso não é resposta.

BERTHA (*revirando-se, incomodada*): Bom, é a única que eu tenho. Só quero ficar aqui deitada e pensar.

GOLDIE: Faz duas semanas que você está aí deitada pensando, ou sei lá o quê. (*Bertha dá uma resposta incompreensível.*) Você tem que resolver. As meninas precisam deste quarto.

BERTHA (*numa risada rouca*): Que fiquem com ele!

GOLDIE: Não dá com você aí deitada.

BERTHA (*batendo a mão na cama*): Ai, meu Deus!

GOLDIE: Reage Bertha, agora. (*Bertha agita-se de novo e resmunga.*)

BERTHA: O que eu tenho?

GOLDIE: Você tá doente.

BERTHA: Estou com uma dor de cabeça horrível. Quem batizou minha bebida ontem à noite?

GOLDIE: Ninguém batizou bebida nenhuma. Faz duas semanas que você está deitada aqui, falando besteira. Olha, o melhor que você tem que fazer, Bertha, é voltar pra sua casa, ou –

BERTHA: Voltar coisa nenhuma! Vou ficar aqui até melhorar. (*Teima, desviando o rosto.*)

GOLDIE: O "Valley" não é lugar pra uma garota nas suas condições. Além do mais, a gente precisa do quarto.

BERTHA: Me deixa em paz, Goldie. Quero descansar um pouco antes de começar a trabalhar.

GOLDIE: Bertha, você tem que resolver! (*A ordem pesa na atmosfera enfeitada do quarto, por um longo instante. Bertha vira a cabeça lentamente para Goldie.*)

BERTHA (*com fraqueza*): O que eu tenho que resolver?

GOLDIE: Pra onde você vai? (*Bertha olha para ela em silêncio por alguns segundos.*)

BERTHA: Pra lugar nenhum. Agora me deixa em paz, Goldie. Preciso descansar.

GOLDIE: Se eu deixo, você fica aqui dormindo, sem fazer nada, até o Juízo Final. (*A resposta de Bertha é incompreensível.*) Escuta aqui! Se você não tomar uma decisão agora, eu chamo a ambulância pra te buscar! Então, é melhor você resolver já.

BERTHA (*seu corpo tensiona-se ligeiramente diante dessa ameaça*): Não posso decidir nada. Estou muito cansada – exausta.

GOLDIE: Tudo bem! (*Abre a bolsa.*) Eu vou pegar esta moeda e ligar agora mesmo. Vou dizer pra eles que tem uma garota doente aqui, que não diz coisa com coisa.

BERTHA (*entorpecida*): Liga! Não me importa o que vai acontecer comigo agora.

GOLDIE (*mudando de tática*): Por que você não escreve outra carta, Bertha, pra aquele cara que vende... ferragens, ou sei lá o quê, em Memphis?

BERTHA (*com súbita vivacidade*): Charlie? Tira o nome dele dessa sua boca imunda!

GOLDIE: Que belo jeito de falar, te deixo ficar aqui só por bondade e você não fatura nenhum centavo há duas semanas! Onde é que –

BERTHA: O Charlie é um... doce! O Charlie é... (*Sua voz se dissolve num resmungo soluçante.*)

GOLDIE: E daí? Mais um bom motivo pra você escrever pedindo pra ele te tirar desta enrascada.

BERTHA (*exaltada*): Nunca mais peço um tostão pra ele! Entendeu? Ele já esqueceu completamente de mim, do meu nome e de tudo mais. (*Passa a mão devagar pelo corpo.*) Alguém me cortou com uma faca enquanto eu estava dormindo.

GOLDIE: Colabora, Bertha. Se esse homem tem dinheiro, talvez ele mande um pouco pra você se aprumar.

BERTHA: É claro que ele tem dinheiro. Ele tem uma loja de ferragens. Eu sei, eu trabalhava lá! Ele sempre dizia: "Boneca, se precisar de alguma coisa é só falar com o Charlie". A gente se divertiu muito naquele quarto dos fundos!

GOLDIE: Aposto que ele também não esqueceu.

BERTHA: Ele descobriu todas as besteiras que eu fiz desde que saí da loja... e vim pra St. Louie. (*Estapeia a cama duas vezes.*)

GOLDIE: Descobriu nada, Bertha! Aposto que ele não sabe de nada. (*Bertha ri baixinho.*)

BERTHA: É você que anda escrevendo coisas pra ele. Tanta sujeira que você conseguiu inventar de mim! Você fica dando com essa língua suja nos dentes.

GOLDIE: Bertha! (*Bertha resmunga uma vulgaridade incompreensível.*) Tô sendo uma boa amiga pra você, Bertha!

BERTHA: De qualquer jeito ele está casado agora.

GOLDIE: Escreve umas palavras num postal falando que tá passando por maus bocados. Lembra ele... ele não disse que ia te ajudar sempre que você precisasse. Hein?

BERTHA: Me deixa em paz, Goldie. Estou com uma sensação horrível aqui dentro.

GOLDIE (*avança uns passos e observa Bertha com ar crítico*): Quer que eu chame um médico?

BERTHA: Não. (*Pausa.*)

GOLDIE: Um padre? (*Bertha agarra o lençol e o empurra.*)

BERTHA: Não!

GOLDIE: Qual a sua religião, Bertha?

BERTHA: Nenhuma.

GOLDIE: Achei que você disse uma vez que era católica.

BERTHA: Talvez. E daí?

GOLDIE: Se você for, talvez a gente consiga que as freiras arrumem um quarto pra você descansar e recuperar as forças, que nem fizeram com a Rose Kramer. Hein, Bertha?

BERTHA: Não quero nada de freira nenhuma! Só me deixa ficar aqui até melhorar.

GOLDIE: Bertha, você tá... muito doente, Bertha!

BERTHA (*depois de uma pausa curta*): Muito?

GOLDIE: É, Bertha. Não quero te assustar, mas...

BERTHA (*rouca*): Quer dizer que eu vou morrer?

GOLDIE (*depois de pensar um momento*): Não disse isso.

(*Outra pausa.*)

BERTHA: Não, mas quis dizer.

GOLDIE: A gente tem que se preparar para o futuro, Bertha. A gente não pode deixar o barco correr.

BERTHA (*tentando sentar-se no leito*): Se estou morrendo, quero escrever pro Charlie. Quero – contar umas coisas pra ele.

GOLDIE: Se é pra se confessar, meu bem, acho que um padre ia ser –

BERTHA: Nada de padre! Eu quero Charlie!

GOLDIE: O padre Callahan ia ser –

BERTHA: Não! Não! Eu quero o Charlie!

GOLDIE: Charlie está em Memphis. Está cuidando da loja de ferragens.

BERTHA: É. Avenida Central. Número 563.

GOLDIE: Escrevo pra ele contando o seu estado, hein Bertha?

BERTHA (*depois de uma pausa reflexiva*): Não... Só diga que eu mando lembranças. (*Ela vira o rosto para a parede.*)

GOLDIE: Tenho que dizer mais que isso, Bertha.

BERTHA: É tudo o que eu quero que você diga. Lembranças de – Bertha.

GOLDIE: Isso não ia fazer sentido nenhum, você sabe disso.

BERTHA: Claro que ia. Lembranças de Bertha pro Charlie, com todo amor. Isso não faz sentido?

GOLDIE: Não!

BERTHA: Claro que faz.

GOLDIE (*virando-se para a porta*): É melhor ligar pro hospital e chamar uma ambulância.

BERTHA: Não! Prefiro morrer.

GOLDIE: Você não está em condições de ficar no "Valley", Bertha. Uma garota no seu estado precisa de cuidados ou pode acontecer qualquer coisa. (*Fora, na recepção, alguém ligou* o jukebox, *que começa a tocar "The St. Louis Blues".*[2] *Uma voz rouca de homem acompanha o refrão. Uma gargalhada explode e uma porta bate.*)

BERTHA (*depois de breve pausa*): Não vem com essa! (*Dá de ombros.*) Conheço as regras do jogo. (*Encara Goldie com olhos brilhantes e perdidos.*) Quando você está fora, está fora. E não tem mais volta! (*Sacode a cabeça e se reclina devagar novamente. Cerra o punho e esmurra a cama várias vezes. Depois, sua mão relaxa e escorrega pela borda da cama.*)

GOLDIE: Colabora, Bertha, que eu consigo uma enfermaria limpa e bonita, com boa comida e uma cama confortável pra você dormir.

BERTHA: Pra eu morrer, você quer dizer. Me ajuda a sair desta cama! (*Esforça-se para levantar.*)

GOLDIE (*indo até ela*): Não faz esforço, Bertha!

BERTHA: Me ajuda a levantar! Pronto! Cadê meu quimono?

GOLDIE: Bertha, você não tá em condições de se arrastar por aí!

BERTHA: Cale a boca, seu urubu agourento! Chama a Lena aqui. Ela me ajuda com as minhas coisas.

GOLDIE: O que você resolveu, Bertha?

BERTHA: Ir embora.

---

[2] "St. Louis Blues", canção popular composta por W. C. Handy no estilo *blues* e publicada em 1914, é parte fundamental do repertório de músicos de jazz. Foi das primeiras em seu gênero a ter sucesso comercial. (N. T.)

GOLDIE: Pra onde?

BERTHA: Isso é problema meu.

GOLDIE (*depois de uma pausa*): Bom, vou chamar a Lena. (*Bertha se levantou com dificuldade e agora cambaleia até a penteadeira.*)

BERTHA: Espera um minuto! Olha em baixo daquela bandeja! A bandeja com o pente e a escova. (*Afunda, ofegante, numa cadeira de balanço.*) Tem cinco mangos embaixo.

GOLDIE: Bertha, não tem dinheiro nenhum embaixo daquela bandeja.

BERTHA: Tá dizendo que eu tô dura?

GOLDIE: Faz dez dias que você tá dura, Bertha. Está sem grana desde que ficou doente.

BERTHA: Mentirosa!

GOLDIE (*com raiva*): Não me xinga, Bertha! (*Elas se encaram. Uma Menina, vestindo algo parecido com uma roupa de ginástica, de cetim, aparece na porta e espia com curiosidade. Dá um leve sorriso e desaparece.*)

BERTHA (*finalmente*): Chama a Lena aqui! Ela não vai me enganar.

GOLDIE (*indo até a penteadeira*): Olha, Bertha, só pra te deixar satisfeita. Tá vendo embaixo da bandeja? Tem nada lá. Só um cartão velho que você recebeu do Charlie uma vez.

BERTHA (*devagar*): Fui roubada. É, fui roubada. (*Em velocidade crescente.*) Só porque estou doente e cansada e acabada pra me defender, vocês me roubam! Sabe o que eu faria se tivesse forças? Virava isto aqui do avesso. Pegava o dinheiro que você me roubou ou descobria onde você escondeu, sua velha –

GOLDIE: Bertha, você gastou o seu último tostão. Você usou pra comprar gim.

BERTHA: Não!

GOLDIE: Foi na terça-feira à noite, a noite em que você ficou doente, você comprou uma garrafa de gim naquela noite. Eu juro que você comprou, Bertha!

BERTHA: Não acreditaria nem que você jurasse pela sua mãe morta! Traz a Lena aqui! É uma cilada! (*Ela se levanta e cambaleia até a porta.*) Lena! Lena! Chama a polícia!

GOLDIE (*alarmada*): Não, Bertha!

BERTHA (*mais alto ainda*): CHAMA A POLÍCIA! (*Se apoia contra o batente da porta, soluça amargamente e cobre os olhos com uma mão. O jukebox começa a tocar de novo. Ouve-se uma balbúrdia de pessoas dançando fora.*)

GOLDIE: Bertha, fica calma! Para com isso agora!

BERTHA (*voltando-se para ela*): Não me diga pra ficar calma, sua puta velha! Chama a polícia rápido ou eu vou –! (*Goldie agarra o braço dela e elas lutam, mas Bertha se desvencilha.*) Vou dar parte deste roubo pra polícia nem que seja a última coisa que eu faça! Você seria capaz de roubar a esmola de um preto cego, de tão generosa que é! Você vem aqui tentando me enrolar com essa história de padre e de confissão e – CHAMA A POLÍCIA! (*Ela bate na parede e soluça.*)

GOLDIE (*impotente*): Bertha, você precisa de um bom calmante. Volta pra cama, meu anjo, e eu te trago dois calmantes e uma caixa de aspirina.

BERTHA (*rapidamente, de olhos fechados, com a cabeça jogada para trás e os punhos cerrados*): Você vai devolver os 25 dólares que roubou debaixo do pente e da escova!

GOLDIE: Olha, Bertha –

BERTHA (*sem mudar de posição*): Você devolve ou eu vou te processar! (*Seus lábios tensos tremem; um fio brilhante de saliva escorre pelo queixo dela. Fica parada como alguém em transe catatônico.*) Tenho amigos na cidade. Figurões. (*Exultante*) Advogados, políticos! Derrubo qualquer sacanagem que você armar pra mim. (*Seus olhos brilham arregalados.*) Pensa que eu sou marginal, é? (*Ela ri descontroladamente.*) Que piada? Eu tenho meus direitos constitucionais!

(*Sua risada decresce e se interrompe, ela cambaleia e se afunda na cadeira de balanço. Goldie a observa com pavor extremo. Esquiva-se, cautelosamente, ao passar por Bertha e sai ofegante e aterrorizada pela porta.*)

BERTHA: Ah, Charlie, Charlie, você era um doce, um doce! (*Balança a cabeça e sorri em agonia.*) Você jogou sujo comigo tantas vezes que eu perdi a conta, Charlie – me abandonou, casou com uma cantorazinha de coral – Ai, meu Deus! Eu te amo tanto que sinto uma dor aqui dentro só de olhar o seu bendito rosto no retrato! (*Seu êxtase se desvanece e o olhar esquizofrênico de suspeita retorna.*) Cadê aquela megera? Cadê os meus dez dólares? Ei, Você! Volta aqui com o dinheiro! Te estouro os miolos se te pegar por aí fazendo festa com meu dinheiro!... Ah, Charlie... Estou com uma dor de cabeça horrível, Charlie. Não, querido, não sai esta noite! (*Levanta-se da cadeira de balanço.*) Ei, você! Traz uma bolsa de gelo – minha cabeça dói. Estou com uma ressaca do diabo, benzinho! (*Ela ri.*) Pensa que sou marginal, é? Manda sua mãe pra rua! Chama meu advogado! Eu tenho influência nesta cidade. É. Minha família é dona da metade dos poços de petróleo no estado de – de – Nevada. (*Ela ri.*) É mesmo uma piada! (*Lena, uma garota judia, morena, com um short e uma blusa de cetim cor-de-rosa, aparece na porta. Bertha olha para ela com olhos semiabertos.*) Quem é você?

LENA: Sou eu, a Lena.

BERTHA: Ah. Lena. Hein? Senta e descansa um pouco. Pega um cigarro, meu bem. Não estou me sentindo bem. Não tem mais cigarro aqui. A Goldie pegou. Ela pega tudo o que é meu. Senta e – pega um –

LENA (*na porta*): A Goldie me disse que você não estava se sentindo muito bem esta noite, então eu pensei em vir te ver, querida.

BERTHA: É, não é uma piada? Estou bem. Volto a trabalhar essa noite. Pode apostar. Eu nunca entrego os pontos, não é mesmo, garota? Já me viu desistir? Posso estar com um pouco de azar agora, mas – é só isso. (*Ela para como se esperasse por concordância.*) É só isso, não é Lena? Não estou velha. Ainda sou bonita, não sou?

LENA: Claro que é, Bertha. (*Pausa.*)

BERTHA: Bom, tá rindo do quê?

LENA: Eu não tô rindo, Bertha.

BERTHA (*sorrindo levemente*): Pensei que talvez você achasse engraçado eu dizer que ainda sou bonita.

LENA (*depois de uma pausa*): Não, Bertha, você me entendeu mal.

BERTHA (*rouca*): Escuta, queridinha, eu conheço o prefeito desta maldita província. Eu e ele somos assim. Viu? Derrubo qualquer sacanagem que você armar pra cima de mim, não importa qual. Pensa que eu sou marginal, é? Que piada! Lena, pega a minha mala? Onde é que tá? Já fui expulsa de lugares melhores do que este. (*Levanta e se arrasta vagamente pelo quarto e depois despenca na cama. Lena se aproxima da cama.*) Meu Deus, estou muito cansada. Vou ficar deitada até minha cabeça parar de rodar... (*Goldie aparece na porta. Ela e Lena trocam olhares significativos.*)

GOLDIE: Então, Bertha? Já resolveu?

BERTHA: Resolveu o quê?

GOLDIE: O que vai fazer?

BERTHA: Me deixe em paz. Estou muito cansada.

GOLDIE (*casualmente*): Bom, eu liguei pro hospital, Bertha. Uma ambulância tá vindo te buscar. Vão te colocar numa enfermaria limpa e bonita.

BERTHA: Diz pra me jogarem no rio. Vai ser economia pro governo. Ou talvez tenham medo que eu polua a água. Acho que vão ter que me cremar pra evitar uma epidemia. Único jeito seguro de se livrar dos restos de Bertha. Não é uma piada? Olha pra ela, Lena, pra aquela vaca que se chama Goldie, a dourada. Ela acha que é generosa. Não é uma piada? A única coisa grande nela é o que ela tem pra sentar. É, a vaca velha! Ela vem aqui com conversa mole de chamar um padre, só pra me trancar numa ala de indigente. Comigo não. Comigo não tem nada disso, entendeu?

GOLDIE (*contendo a sua fúria*): Olha como fala. Eles vão te enfiar numa camisa de força, é isso aí!

BERTHA (*levantando subitamente*): Sai daqui! (*Atira um copo em Goldie que grita e sai. Bertha então se vira para Lena.*) Senta e escreve uma carta pra mim. Tem papel embaixo daquela boneca.

LENA (*procurando na penteadeira*): Não, não tem, Bertha.

BERTHA: Não tem? Me roubaram até isso? (*Lena anda até a mesa junto à cama e pega um bloco de papel.*)

LENA: Aqui tem uma folha, Bertha.

BERTHA: Tá bom. Escreve a carta. Pra Mr. Charlie Aldrich, dono da maior loja de ferragens da cidade de Memphis. Escreveu?

LENA: Qual é o endereço, Bertha?

BERTHA: Avenida Central, 563. Escreveu? É isso mesmo. Mr. Charlie Aldrich. Querido Charlie. Estão armando pra me trancar no hospício. Sob acusação de responsabilidade criminal, sem o devido processo legal. Escreveu? (*Lena para de escrever.*) E eu estou tão bem da cabeça quanto você neste momento, Charlie. Não tem nada de errado com a minha cuca e nunca vai ter. Escreveu? (*Lena olha pra baixo e finge que escreve.*) Então vem aqui, Charlie, e me liberta daqui, querido, pelos velhos tempos. Beijos e abraços da sua antiga paixão, Bertha... Espera um pouco. Põe um "P.S." e pergunta pela mulher dele e o seu – Não! Risca isso! Isso não cabe aí. Risca tudo, toda essa droga! (*Há um silêncio doloroso. Bertha suspira e se vira devagar na cama, colocando os seus cabelos úmidos para trás.*) Pega uma folha de papel em branco. (*Lena se levanta e tira outra folha do bloco. Uma Menina coloca a cabeça pela porta.*)

MENINA: Lena!

LENA: Já vai.

BERTHA: Pegou?

LENA: Peguei.

BERTHA: Está bem. Escreve só isso: Lembranças de Bertha – pra Charlie – com todo o amor. Escreveu? Lembranças de Bertha – pra Charlie...

LENA (*levantando e arrumando a blusa*): Escrevi.

BERTHA: Com todo... amor... (*Recomeça a música lá fora.*)

CORTINA

Esta Propriedade Está Condenada

Tradução
Helena Dutt-Ross

* *

PERSONAGENS

WILLIE, *uma menina*
TOM, *um garoto*

* *

CENÁRIO

Aclive por onde passa a ferrovia nos arredores de uma cidadezinha no Mississippi, em uma daquelas manhãs de inverno, branca e leitosa, típica dessa região. O ar é úmido e frio. Atrás do pequeno aclive dos trilhos está a fachada amarela de uma casa grande que tem um ar de trágico abandono. Algumas das janelas superiores estão pregadas com tábuas e parte do teto despencou. O terreno é totalmente plano. No fundo, à esquerda, há uma placa que diz "GIM COM JAKE".[1] Há, também, alguns postes telefônicos e algumas árvores secas pelo inverno. O céu é de uma imensa brancura leitosa: às vezes, corvos fazem sons que lembram o rasgar de um tecido.

A menina, Willie, caminha com dificuldade pelos trilhos do trem, equilibrando-se com os braços esticados, uma mão segurando uma banana; a outra, uma boneca de pano estropiada, com os cabelos louros desgrenhados.

É uma aparição inusitada – magra como um bambu e com uma combinação esdrúxula de roupas finas de segunda mão. Ela veste um longo de veludo azul, com uma gola de renda encardida e falsas pedras preciosas cintilantes. Calça sapatos de pelica prateados gastos, com grandes fivelas ornamentais. Seus pulsos e dedos brilham com bijuterias. Seu rosto infantil está borrado de rouge vermelho e seus lábios estão pintados em forma de um absurdo

---

[1] Tal como usada no texto, a expressão "Gin with Jake" parece referir-se a uma placa comercial de propaganda. A expressão "all Jake" significa "tudo bem", "tudo ok". (N. T.)

*Arco de Cupido.*² *Ela tem uns treze anos e na sua aparência há algo de indiscutivelmente infantil e inocente, apesar da maquiagem. Ri desbragadamente numa espécie de precoce e trágico abandono.*

O garoto, Tom, um pouco mais velho, observa-a debaixo do barranco. Ele usa calças de veludo cotelê, uma camisa azul e um suéter, e carrega uma pipa de papel de seda vermelho com uma rabiola espalhafatosa de fitas.

* * *

TOM: Oi. Quem é você?

WILLIE: Não fala comigo até eu cair. (*Ela prossegue, equilibrando-se. Tom a observa com fascinação muda. Suas oscilações vão ficando cada vez maiores. Ela fala sem ar.*) Dá pra – pegar – minha boneca maluca?³

TOM (*subindo o barranco aos tropeços*): Dá.

WILLIE: Não quero – quebrar ela – quando eu cair! Acho que não aguento – mais muito – tempo – né?

TOM: É.

WILLIE: Eu quase – já caí! (*Tom se oferece para ajudá-la.*) Não, não me toca. Não vale ajudar. Você tem que fazer – tudo

---

² A atriz cinematográfica Theda Bara popularizou o visual vamp em 1920. A boca, na década de 1920, era delineada por dentro em cores escuras e o arco do cupido desenhado para parecer um pequeno coração. (N. T.)

³ No original, "crazy doll": boneca de pano artesanal. As alusões seguintes indicam que, neste caso, trata-se de uma boneca com corpo de pano e cabeça de porcelana. (N. T.)

– sozinha! Deus, tô tremendo! Não sei por que fiquei tão nervosa! Tá vendo aquela caixa d'água lá atrás?

TOM: Tô.

WILLIE: Foi lá – que eu – comecei! É o mais longe – que eu já cheguei – sem cair – nenhuma vez. Quer dizer, vai ser – se eu conseguir continuar – até o próximo – poste telefônico. Ih! Lá vou eu! (*Ela perde o equilíbrio e rola barranco abaixo.*)

TOM (*de pé, mais alto que ela*): Machucô?

WILLIE: Ralei um pouco o joelho. Ainda bem que não pus a meia de seda.

TOM (*descendo o barranco*): Cospe aí que para de arder.

WILLIE: Ok.

TOM: É o remédio dos bichos, sabe. Sempre lambem a ferida.

WILLIE: Eu sei. O maior estrago foi na minha pulseira, acho. Um diamante caiu. Onde será que foi parar?

TOM: Nunca vai achar no meio dessa fuligem.

WILLIE: Não sei. Ele brilhava muito.

TOM: Não era um diamante de verdade.

WILLIE: Como você sabe?

TOM: Só acho que não era. Se fosse você não tava andando pelo trilho de trem com uma boneca estropiada e um pedaço de banana podre.

WILLIE: Ah, eu não ia ter tanta certeza. Eu podia ser diferente, sei lá. Nunca se sabe. Qual o seu nome?

TOM: Tom.

WILLIE: O meu é Willie. Nós dois temos nome de menino.

TOM: Por que isso?

WILLIE: Esperavam que eu fosse um menino, mas não era. Eles já tinham uma menina. Alva. Era minha irmã. Por que você não tá na escola?

TOM: Achei que ia ventar e eu podia empinar minha pipa.

WILLIE: Por que achou isso?

TOM: É que o céu tava muito branco.

WILLIE: Isso é um sinal?

TOM: É.

WILLIE: Eu sei. Parece que varreram todo o céu com uma vassoura. Não é?

TOM: É.

WILLIE: Está totalmente branco. Como uma folha de papel em branco.

TOM: Uh-huh.

WILLIE: Mas não tem vento.

TOM: Não.

WILLIE: Está alto demais pra gente sentir. Está lá em cima, no sótão, tirando o pó dos móveis.

TOM: Uh-huh. Por que num tá na escola?

WILLIE: Disformei. Faz dois anos neste inverno.

TOM: Que ano cê tava?

WILLIE: Quinta A.

TOM: Miss Preston.

WILLIE: Ela. Ela achava as minhas mãos sujas, até eu explicar que era fuligem dos trilhos do trem.

TOM: Ela é bem durona.

WILLIE: Ah, não, ela é frustrada porque não casou. Não teve chance, coitada. Então ela tem que ensinar na quinta A[4] pelo resto da vida. Começaram a dar álgebra e eu não ligava a mínima pro maldito X, aí saí.

TOM: Nunca vai aprender nada andando pelo trilho do trem.

WILLIE: Nem você empinando pipa vermelha. Além disso...

TOM: Quê?

WILLIE: O que uma garota precisa é traquejo social. Aprendi tudo com a minha irmã, Alva. Ela era muito popular com os ferroviários.

---

[4] Não existe um sistema escolar unificado nos Estados Unidos, havendo, portanto, diversidade de nomenclatura para as séries escolares. No Sul, o sistema escolar é administrado pelos municípios. A expressão usada no original, "Five A", indica que Willie, apesar de ter treze anos, ainda estava na Escola Elementar. (N. T.)

TOM: Maquinistas?

WILLIE: Maquinistas, foguistas, encarregados. Até um superintendente de carga. Nós temos uma pensão pra ferroviários. Ela era, assim, a Atração Principal. Bonita? Jesus, ela parecia uma estrela de cinema!

TOM: Sua irmã?

WILLIE: É. Um deles trazia pra ela, depois de cada viagem, uma caixa enorme de seda vermelha em forma de coração cheia de bombons e caramelos. Não é uma maravilha?

TOM: É. (*O crocitar dos corvos corta o ar frio.*)

WILLIE: Sabe onde a Alva tá agora?

TOM: Memphis?

WILLIE: Não.

TOM: Nova Orleans?

WILLIE: Não.

TOM: Saint Louis?

WILLIE: Cê nunca vai adivinhar.

TOM: Então, onde ela tá? (*Willie não responde logo.*)

WILLIE (*com solenidade*): No jardim dos ossos.

TOM: Onde?

WILLIE (*violentamente*): Jardim dos ossos, cemitério, cova! Cê é burro?

TOM: Não. É triste!

WILLIE: Cê não sabe nem a metade, garoto. A gente teve grandes momentos naquele casarão amarelo.

TOM: Acredito.

WILLIE: Tocava música o tempo todo.

TOM: Música? Que tipo?

WILLIE: Piano, vitrola, guitarra havaiana.[5] Todo mundo tocava alguma coisa. Mas agora – tá tão quieto. Cê ouve alguma coisa?

TOM: Não. Tá vazia?

WILLIE: Fora eu, tá. Pregaram uma placa grande.

TOM: Diz o quê?

WILLIE (*bem alto, mas com a voz levemente embargada*): "ESTA PROPRIEDADE ESTÁ CONDENADA!"

TOM: Cê num mora lá ainda?

WILLIE: Uh-huh.

TOM: Que aconteceu? Onde foi todo mundo?

WILLIE: Mamãe fugiu com um *cabineiro*. Depois disso, tudo esfacelou. (*Um trem apita ao longe.*) Ouviu o apito? É o Expresso Cannonball. É o transporte mais rápido entre Saint Louis, Nova Orleans e Memphis. Meu velho deu pra beber.

---

[5] A guitarra havaiana esteve em grande evidência nos Estados Unidos nos anos de 1920 e 1930. (N. T.)

TOM: E onde ele tá agora?

WILLIE: Sumiu. Acho que eu devia dar queixa no Departamento de Pessoas Desaparecidas. Foi o que ele fez quando a mamãe sumiu. Ficamos lá, Alva e eu. Até ela ficar fraca do pulmão. Você viu a Greta Garbo n'*A Dama das Camélias*? Passou lá no Delta Brilliant na primavera. Ela morreu do mesmo que a Alva. Fraqueza no pulmão.

TOM: É?

WILLIE: Só que com ela – foi muito bonito. Sabe. Violinos tocando. Montes e montes de flores brancas. Todos os amantes dela voltam numa cena linda!

TOM: É?

WILLIE: Mas os da Alva sumiram.

TOM: É?

WILLIE: Que nem ratos de navio! Era assim que ela descrevia. Ah, não – não foi que nem a morte nos filmes.

TOM: Não?

WILLIE: Ela dizia, "Onde está Albert? Onde está Clemence?" E nenhum deles tava lá. Eu mentia pra ela, dizia: "Eles mandaram lembranças. Eles vêm te ver amanhã". "Onde está Mr. Johnson?", ela me perguntou. Ele era o superintendente de carga, a pessoa mais importante que já tivemos na pensão. "Ele foi transferido para Grenada", eu falei. "Mas manda lembranças." Ela sabia que eu tava mentindo.

TOM: É?

WILLIE: "É isso que eu recebo!", ela disse. "Eles todos fogem de mim que nem ratos de um navio afundando!" Menos o Sidney.

TOM: Quem é Sidney?

WILLIE: Aquele que deu pra ela a grande imensa linda caixa de seda vermelha com chocolates da American Beauty.

TOM: Ah.

WILLIE: Ele continuou fiel.

TOM: Que bom.

WILLIE: Mas ela nunca ligou pro Sidney. Ela disse que os dentes dele estragaram e por isso ele não cheirava bem.

TOM: Aw!

WILLIE: Não foi como a morte nos filmes. Quando alguém morre nos filmes eles tocam violino.

TOM: Mas não tocaram pra Alva.

WILLIE: Não. Nem mesmo uma droga de vitrola. Disseram que era contra as regras do hospital. Sempre cantando pela casa.

TOM: Quem? Alva?

WILLIE: Dando festas enormes. Esse era o número favorito dela. (*Ela fecha os olhos e estica os braços, simulando o êxtase de uma cantora de blues profissional. Sua voz é extraordinariamente aguda e pura, com um precoce timbre emocional.*)

> You're the only star
> in my blue heaven –
> And you're shining just
> For me!⁶

Essas roupas são dela. Herdei dela. Tudo que era da Alva é meu. Menos as contas de ouro maciço.

TOM: O que aconteceu com elas?

WILLIE: Com elas? Ela nunca tirou.

TOM: Ah!

WILLIE: Eu também herdei todos os fãs da minha irmã. Albert e Clemence e até o superintendente de carga.

TOM: É?

WILLIE: Todos sumiram. Acho que tinham medo de arcar com as despesas. Mas agora apareceram de novo, todos eles, como um bando de cafajestes. Eles me levam pra sair à noite. Agora eu sou popular. São festas e danças e todos os eventos da ferrovia. Ó só!

TOM: Quê?

WILLIE: Sei rebolar (*Ela para em frente a Tom e faz movimentos pélvicos espasmódicos.*)

---

⁶ "Você é a única estrela / No meu paraíso azul / E você brilha só / Para mim!". A música é "You're The Only Star in my Blue Heaven", escrita por Gene Autry e gravada em 1936 pelos irmãos Delmore e por Acuff Roy, conhecido como o "Rei da Country Music" nos anos de 1930-1940. (N. T.)

TOM: O Frank Waters disse que...

WILLIE: O quê?

TOM: Você sabe.

WILLIE: Sei o quê?

TOM: Que você levou ele pra dentro e dançou pra ele sem roupa.

WILLIE: Ah. Eu preciso lavar o cabelo da minha Boneca Maluca. Eu tenho medo de lavar porque pode descolar onde ela teve a fratura exposta no crânio. Acho que a maior parte do cérebro dela espirrou pra fora. Depois disso ela começou a bancar a tonta. Dizendo e fazendo as coisas mais chocantes.

TOM: Por que você não faz isso pra mim?

WILLIE: O quê? Colar a sua fratura exposta?

TOM: Não. O que você fez pro Frank Waters.

WILLIE: Porque eu tava solitária naquela hora e agora não tô mais. Pode dizer isso pro Frank Waters. Diz pra ele que eu herdei todos os fãs da minha irmã. E que eu saio sempre com homens que têm bons empregos. O céu tá branco mesmo. Não tá? Branco como uma folha em branco. Na quinta A a gente desenhava. Miss Preston nos dava uma folha de papel ofício em branco e dizia pra gente desenhar o que quisesse.

TOM: E o que você desenhava?

WILLIE: Eu lembro que uma vez desenhei meu pai levando uma garrafada. Ela disse que tava bom, Miss Preston disse: "Olha só. Aqui temos um desenho do Charlie Chaplin com o chapéu de lado!". E eu disse, "Ah, não, não é o Charlie Chaplin, é o meu pai, e aqui não é um chapéu, é uma garrafa!".

TOM: E o que ela disse?

WILLIE: Ah, bom. Não dá pra fazer uma professora rir.

> You're the only star
> In my blue hea-VEN...

O diretor sempre dizia que devia ter algo errado com o meu ambiente familiar porque a gente recebia os ferroviários e alguns dormiam com a minha irmã.

TOM: E dormiam?

WILLIE: Ela era A Atração Principal. A casa está muito vazia agora.

TOM: Você não está mais morando lá, tá?

WILLIE: Claro.

TOM: Sozinha?

WILLIE: Uh-huh. Não era pra tá, mas estou. A propriedade está condenada, mas não tem nada errado com ela. Uma fiscal da prefeitura veio bisbilhotar ontem. Eu reconheci pelo formato do chapéu. Não é o que eu chamaria de elegante.

TOM: Não?

WILLIE: Parecia que ela tinha tirado da tampa do fogão. Alva entendia muito de moda. Ela tinha a ambição de ser estilista de grandes confecções em Chicago. Ela mandava suas fotos. Mas nunca deu certo.

> You're the only star
> In my blue hea-ven...

TOM: E o que você fez? Com a fiscal?

WILLIE: Me abaixei lá em cima. Fingi que não tinha ninguém em casa.

TOM: Bom, e como você faz pra comer?

WILLIE: Ah, eu não sei. Se você ficar de olho, sempre encontra coisas por aí. Por exemplo, essa banana ainda está ótima. Jogada numa lata de lixo nos fundos do café Blue Bird. (*Ela acaba de comer a banana e joga a casca fora.*)

TOM (*sorrindo*): É. Que nem a Miss Preston.

WILLIE: Ah, não, ela não. Ela te dava papel em branco e dizia "desenhe o que quiser!". Uma vez desenhei pra ela o – ah, eu já te contei isso, né? Você dá um recado pro Frank Waters?

TOM: O quê?

WILLIE: Diz pra ele que o superintendente de carga comprou pra mim sapatos de pelica. Chiques. Iguais aos da Alva. Eu vou dançar com eles lá no Moon Lake Casino. Vou dançar a noite toda e chegar bêbada em casa de manhã! E vamos ter serenatas com todo tipo de instrumentos. Trompetes e trombones. E guitarras havaianas. Yeah! Yeah! (*Ela levanta, animada.*) O céu vai estar branco assim.

TOM (*impressionado*): Vai?

WILLIE: Uh-huh. (*Ela sorri vagamente e se volta devagar para ele.*) Branco – como uma – folha de papel em branco... (*Então, animada.*) Eu vou – vou desenhar nele!

TOM: Vai?

WILLIE: Claro!

TOM: Desenhar o quê?

WILLIE: Eu dançando! Com o superintendente de carga! Com meus sapatos chiques! É! É! De salto alto. Tão alto que nem este poste do telégrafo! E eles vão tocar minha música favorita!

TOM: Sua favorita?

WILLIE: A mesma que da Alva. (*Sem fôlego, com paixão.*)

> You're the only STAR
> In my blue HEA-VEN ...

Eu vou –

TOM: O quê?

WILLIE: Eu vou usar um ramalhete!

TOM: O que é isso?

WILLIE: Flores que você espeta no vestido em uma ocasião formal! Botões de rosa! Violetas! E lírios! Quando você volta pra casa estão murchando, mas você coloca na água pra reanimar.

TOM: Uh-huh.

WILLIE: Era o que a Alva fazia. (*Ela faz uma pausa, e no silêncio o trem apita.*) O Expresso Cannonball...

TOM: Você pensa muito na Alva, né?

WILLIE: Ah, nem tanto. Só às vezes. Não foi como a morte dos filmes. Os fãs sumiram. E não tinha nenhum violino. Eu vou voltar agora.

TOM: Pra onde, Willie?

WILLIE: Pra caixa d'água.

TOM: Ah, é?

WILLIE: E começar tudo de novo. Talvez eu quebre um recorde. A Alva quebrou uma vez. Numa maratona de dança,[7] em Móbile, no estado vizinho do Alabama. Você pode contar tudo que eu te disse pro Frank Waters. Não tenho tempo pra gente inexperiente. Agora estou saindo com ferroviários mais disputados e que têm os melhores salários também. Cê não acredita em mim?

TOM: Não. Acho que cê tá inventando demais.

WILLIE: Bom, eu podia provar se quisesse. Mas não vale a pena convencer você. (*Ela alisa o cabelo da Boneca Maluca.*) Eu vou viver um tempão, que nem a minha irmã. E quando eu ficar

---

[7] Maratonas de dança, bastante difundidas nos Estados Unidos na década de 1920-1930, eram competições de resistência em que os casais dançavam quase ininterruptamente durante centenas de horas competindo pelo prêmio em dinheiro. (N. T.)

fraca do pulmão vou morrer que nem ela – talvez não como nos filmes, com os violinos tocando – mas com os meus brincos de pérola e minhas contas de ouro maciço de Memphis...

TOM: E?

WILLIE (*examinando a Boneca Maluca incisivamente*): E aí acho que –

TOM: O quê?

WILLIE (*alegre, mas com leve fascínio*): Alguém vai herdar todos os meus fãs! O céu está branco de verdade.

TOM: Tá mesmo.

WILLIE: Branco como uma folha de papel em branco. Eu vou voltar agora.

TOM: Até mais.

WILLIE: É. Até mais. (*Ela começa a voltar pelos trilhos, balançando grotescamente para manter o equilíbrio. Ela desaparece. Tom lambe o dedo e o levanta para testar o vento. Vem a voz de Willie cantando à distância.*)

> You're the only star
> In my blue heaven –

(*Há uma pausa curta. O palco começa a escurecer.*)

> And you're shining just –
> For me!

CORTINA

Fala Comigo como a Chuva e me Deixa Ouvir...
(1953)

Tradução
Gisele Freire

* *

PERSONAGENS

Um Homem
Uma Mulher
Voz de criança em *off*.

* *

CENÁRIO

Um quarto mobiliado a oeste da Oitava Avenida na região central de Manhattan.[1] *Deitado em uma cama dobrável, um Homem, de cueca amarrotada, acorda com dificuldade, respira ruidosamente como alguém que foi para cama muito bêbado. Uma mulher está sentada em uma cadeira sem braços junto à única janela do quarto, e sua silhueta delineia-se vagamente contra um céu carregado com uma chuva prestes a cair. A Mulher segura um copo de água e beberica, como um passarinho. Os rostos de ambos são jovens e maltratados como os de crianças em um país devastado pela fome. Na fala deles há certa gentileza, um tipo de formalidade terna como a de duas crianças solitárias que querem ser amigas, e, entretanto, tem-se a impressão de que há muito tempo compartilham dessa intimidade e que esta cena já se repetiu tantas vezes que o seu conteúdo emocional plausível, como a reprovação e a contrição, se esgotou completamente só restando a aceitação desesperada de algo inalterável entre eles.*

* * *

HOMEM (*com voz rouca*): Que horas são? (*A mulher murmura algo inaudível*). O quê, meu bem?

MULHER: Domingo.

HOMEM: Sei que é domingo. Você nunca dá corda no relógio.

---

[1] A Oitava Avenida, no West Side de Manhattan, próxima ao Rio Hudson, era, na época a que a peça se reporta, uma região pobre e degradada. (N. T.)

(*A Mulher estende o braço fino e desnudo para fora da manga amarfanhada do seu quimono de Rayon cor-de-rosa*[2] *e pega o copo de água, cujo peso parece puxá-la um pouco para frente. O Homem assiste da cama com solenidade e ternura enquanto ela beberica a água. Uma música tênue começa hesitante, repetindo muitas vezes uma frase como se alguém no quarto ao lado quisesse lembrar uma canção num bandolim. Algumas vezes a frase é cantada em espanhol. A música pode ser "Estrellita".*[3] *A chuva começa; vai e volta durante a peça; ouve-se a revoada dos pombos através da janela e a voz de uma criança cantando lá fora –*)

VOZ DE CRIANÇA: Chuva, Chuva vai embora!
Volta a cair outra hora!

(*O canto é arremedado por outra criança ao longe.*)

HOMEM (*finalmente*): Não sei se descontei meu cheque do seguro desemprego. (*A Mulher inclina-se para frente como se o peso do copo a puxasse; coloca o copo no peitoril da janela que faz um pequeno barulho que parece assustá-la. Ri ofegante por um momento. O Homem continua, sem muita esperança*). Espero que não tenha descontado meu cheque. Onde

---

[2] Rayon: fibra manufaturada feita de celulose. O tecido é conhecido no Brasil por esse mesmo nome. (N. T.)

[3] "Estrellita": Letra tirada de um poema de Jane Taylor ("La Estrella") criado no século XIX. O poema foi publicado em 1806 na coletânea intitulada *Rhymes for Nursery*. Canta-se com a melodia francesa "Ah! vous dirai-je, Maman" (a publicação antiga mais conhecida dessa melodia data de 1761). "Estrellita, ¿dónde estás? / Me pregunto qué serás. / En el cielo y en el mar, / Un diamante de verdad. / Estrellita, ¿dónde estás? / Me pregunto qué serás". (N. T.)

está minha roupa? Olha nos meus bolsos, veja se eu estou com meu cheque.

MULHER: Você voltou enquanto eu estava fora procurando por você, pegou o cheque e deixou um bilhete na cama que eu não consegui entender.

HOMEM: Você não conseguiu entender o bilhete?

MULHER: Só um número de telefone. Liguei para o número, mas tinha tanto barulho que não conseguia ouvir.

HOMEM: Barulho? Aqui?

MULHER: Não, barulho lá.

HOMEM: Onde era "lá"?

MULHER: Não sei. Alguém disse "vem pra cá" e desligou e depois só dava ocupado...

HOMEM: Quando acordei estava numa banheira cheia de pedras de gelo derretendo e cerveja Miller's High Life. Minha pele estava azul. Eu estava sem ar numa banheira cheia de pedras de gelo. Era perto de um rio, mas não sei se o East ou o Hudson. Nesta cidade fazem atrocidades com quem perde os sentidos. Estou todo dolorido como se tivesse sido chutado escada abaixo, não como se tivesse caído, mas chutado. Lembro que uma vez rasparam minha cabeça. Outra vez me jogaram numa lixeira num beco e acordei com cortes e queimaduras no corpo. Gente ruim abusa de você quando você perde os sentidos. Quando acordei estava nu numa banheira cheia de pedras de gelo derretendo. Rastejei até a sala e alguém estava saindo por outra porta quando entrei, abri a porta e ouvi a porta de um elevador fechar e vi as portas de um corredor de hotel. A TV estava ligada e tinha um disco tocando ao mesmo tempo; na sala, vários carrinhos preparados para o serviço de quarto e presuntos inteiros, perus inteiros, sanduíches triplos endurecendo, e garrafas, e garrafas, e garrafas de todos os tipos de bebidas que nem tinham sido abertas e baldes de gelo derretendo... Alguém fechou uma porta quando entrei... (*A Mulher beberica água.*) Quando entrei alguém estava saindo. Ouvi uma porta bater e fui até a porta e ouvi a porta de um elevador fechar... (*A Mulher pousa o copo.*) – E por todo chão desse quarto perto do rio, peças de – roupa – espalhadas... (*A Mulher arqueja enquanto uma revoada de pombos passa pela janela aberta.*) – Sutiãs! – Calcinhas! – Camisas, gravatas, meias, – etc.

MULHER (*com fraqueza*): Roupas?

HOMEM: É, todos os tipos de objetos pessoais, e copos quebrados e móveis revirados, como se tivesse havido o maior quebra pau e o quarto tivesse sido – invadido...

MULHER: Oh.

HOMEM: O vandalismo deve ter – dominado – o local...

MULHER: Você estava –?

HOMEM: – na banheira, no – gelo...

MULHER: Ah...

HOMEM: E me lembro de pegar o telefone e perguntar que hotel era aquele, mas não lembro se me disseram ou não... Me dá um pouco dessa água. (*Os dois se levantam e se encontram no centro do quarto. O copo é passado seriamente. Ele bochecha, encarando-a e cruza a sala para cuspir pela janela. Então ele volta para o centro do quarto e devolve o copo para ela. Ela toma um gole da água. Ele coloca os dedos com ternura no longo pescoço dela.*) Agora eu recitei a ladainha das minhas tristezas! (*Pausa: ouve-se o bandolim.*) E o que você tem para me dizer? – Me conta um pouco sobre o que está se passando por trás de seus – (*Seus dedos tateiam pela testa e olhos dela. Ela fecha os olhos e levanta uma mão, deixando-a no ar como se fosse tocá-lo. Ele pega a mão, a examina inteira e então pressiona os dedos nos lábios dele. Quando solta os dedos dela, ela o toca com eles. Ela toca seu peito magro e liso, liso como o de uma criança, e então toca os lábios dele. Ele levanta sua própria mão, deixa seus dedos deslizarem pelo pescoço dela e entrarem pela abertura do seu quimono enquanto o bandolim toca com mais intensidade. Ela se vira e se recosta nele, apoia o pescoço no ombro dele e ele corre os dedos pela curva do pescoço dela e diz* –) Faz tanto tempo que não ficamos juntos a não ser como um casal de estranhos morando juntos. Vamos encontrar um ao outro, assim talvez a gente não se perca. Fala comigo! Ando perdido! – Pensei muito em você, mas não conseguia ligar, meu bem. Pensei em você o tempo todo, mas não consegui ligar. O que eu diria se ligasse? Poderia dizer, estou perdido? Perdido na cidade? Passado de mão em mão por aí como um cartão postal sujo? – E aí desligar... Estou perdido nesta – cidade...

MULHER: Não ingeri nada, só água desde que você saiu! (*Ela diz isso quase alegre, rindo dessa afirmação. O Homem dá um abraço apertado nela, com um grito suave e assustado.*) Nadinha, só café instantâneo até acabar, e água! (*Ela ri convulsivamente.*)

HOMEM: Você pode falar comigo agora, meu bem? Pode falar comigo, agora?

MULHER: Posso!

HOMEM: Então, fala comigo como a chuva e – me deixa ouvir, me deixa deitar aqui e – ouvir... (*Ele cai de costas na cama, e vira de bruços, um braço pende para fora da cama e às vezes bate no chão com os nós dos dedos. O bandolim continua.*) Faz muito tempo que – não nos abrimos um com o outro. Agora me conta. O que você tem pensado em silêncio? – Enquanto fui passado por aí nesta cidade como um postal sujo... Conta, fala comigo! Fala comigo como a chuva e vou ficar deitado aqui e ouvir.

MULHER: Eu –

HOMEM: Você tem que falar, é necessário! Eu tenho que saber, então fala comigo como a chuva e vou ficar deitado aqui e ouvir, ficar aqui deitado e –

MULHER: Quero ir embora.

HOMEM: Quer?

MULHER: *Quero ir embora!*

HOMEM: Como?

MULHER: *Sozinha!* (*Ela volta para a janela.*) – Eu me registrarei com um nome falso em um hotelzinho na costa...

HOMEM: Que nome?

MULHER: Anna – Jones... A camareira será uma velhinha que fala do neto... Eu sentarei na cadeira, enquanto ela faz a cama, meus braços penderão dos – lados, e a voz dela será – suave... Ela me contará o que o neto comeu no jantar! – tapioca com – creme... (*A Mulher senta-se próxima à janela e toma um gole de água.*) – O quarto terá o frescor de uma sombra, preenchido pelo murmúrio da –

HOMEM: Chuva?

MULHER: É. Chuva.

HOMEM: E –?

MULHER: A ansiedade – passará.

HOMEM: É...

MULHER: Depois de um tempo a velhinha dirá: "Sua cama está pronta, senhorita", e eu direi – "Obrigada... Pegue um dólar na minha carteira". A porta fechará. E eu ficarei sozinha de novo. As janelas serão altas, com persianas azuis compridas e será a estação da chuva–chuva–chuva... Minha vida será como o quarto, terá frescor – o frescor de uma sombra e – preenchida pelo murmúrio da –

HOMEM: Chuva...

MULHER: Receberei um cheque pelo correio toda semana, sem falta. A velhinha descontará os cheques para mim, pegará livros na biblioteca e as roupas para lavar... Sempre terei coisas limpas! – Me vestirei de branco. Nunca serei muito forte nem terei muita energia sobrando, mas terei o suficiente para, depois de algum tempo, andar na – orla – andar na praia sem esforço... À noite andarei na orla da praia. Haverá uma praia aonde irei me sentar, perto de onde a banda toca as músicas de Victor Herbert[4] enquanto escurece... Terei um quarto grande com persianas nas janelas. Haverá uma estação de chuva, chuva, chuva. E estarei tão exausta da minha vida na cidade que não me importarei de só ficar ouvindo a chuva. Ficarei tão quieta. As rugas desaparecerão do meu rosto. Meus olhos não ficarão mais irritados. Não terei amigos. Não terei nem conhecidos. Quando ficar com sono, voltarei andando devagar para o hotelzinho. O recepcionista dirá: "Boa noite, Miss Jones", e eu darei só um breve sorriso e pegarei minha chave. Nunca olharei o jornal ou escutarei o rádio; não terei a menor ideia do que está acontecendo no mundo. Não terei a menor noção da passagem do tempo... Um dia olharei no espelho e notarei que meu cabelo está ficando grisalho, e pela primeira vez me darei conta de que faz 25 anos que estou vivendo nesse hotelzinho sob um nome falso, sem amigos ou conhecidos e sem nenhum tipo de contato. Isso me surpreenderá um pouco, mas não me incomodará. Ficarei feliz que o tempo

---

[4] Victor Herbert (1859-1924): compositor nascido na Irlanda e radicado nos Estados Unidos. Compôs inúmeras operetas de sucesso na Broadway entre 1890 e a Primeira Guerra Mundial. (N. T.)

tenha passado tão facilmente assim. De vez em quando talvez saia para ir ao cinema. Sentarei na última fileira com toda aquela escuridão à minha volta e vultos imóveis sentados de cada lado sem notar minha presença. Olhando a tela. Pessoas imaginárias. Pessoas fictícias. Lerei livros longos e diários de escritores mortos. Vou me sentir mais próxima deles do que jamais me senti das pessoas que conheci antes de me retirar do mundo. Será doce e tranquila essa minha amizade com os poetas mortos, pois não terei que tocá-los ou responder às suas perguntas. Eles falarão comigo e não esperarão que eu responda. E ficarei com sono ouvindo as vozes deles explicando os mistérios para mim. Dormirei com o livro ainda entre meus dedos, e choverá. Acordarei, escutarei a chuva e voltarei a dormir. Uma estação de chuva, chuva, chuva... Então, um dia, quando eu tiver fechado um livro ou voltado sozinha do cinema às onze da noite – olharei no espelho e verei que meus cabelos ficaram brancos. Brancos, completamente brancos. Brancos como a espuma das ondas. (*Ela levanta-se e continua falando enquanto anda pelo quarto* –) Passarei as mãos pelo meu corpo e sentirei como fiquei espantosamente leve e magra. Ah, meu Deus, como estarei magra. Quase transparente. Quase irreal. Então perceberei, saberei, meio vagamente, que estive hospedada aqui nesse hotelzinho, sem qualquer – contato social, responsabilidade, preocupação, ansiedade ou qualquer tipo de perturbação – por quase cinquenta anos. Meio século. Praticamente uma vida. Não lembrarei nem dos nomes das pessoas que conhecia antes de vir para cá, nem saberei o que é ser alguém que espera por alguém que – talvez não venha... Então eu saberei – olhando no espelho – que chegou a hora de andar sozinha na orla mais uma vez com o vento forte batendo em mim, o vento límpido e claro que sopra do limiar do mundo e até de mais longe, do frio espaço sideral, e até além de qualquer coisa que exista além do espaço... (*Ela senta-se novamente, vacilante, perto da janela.*) – Então sairei e andarei pela orla. Andarei sozinha e o sopro do vento me deixará leve, cada vez mais leve.

HOMEM: Querida. Volta pra cama.

MULHER: E mais leve, mais leve, mais leve, mais leve e mais leve! (*Ele vai até ela e a levanta da cadeira, com força.*) – Até que finalmente não terei mais corpo nenhum, e o vento me carrega para sempre em seus braços frios e límpidos, e me leva embora!

HOMEM (*pressionando os lábios no pescoço dela*): Volta pra cama comigo!

MULHER: *Eu quero ir embora! Quero ir embora!* (*Ele a solta e ela vai ao centro do quarto, soluçando incontrolavelmente. Ela senta-se na cama. Ele suspira e inclina-se para fora da janela, a luz cintila além dele, a chuva cai mais forte. A Mulher tem calafrios e cruza os braços de encontro aos seios. Ela para de soluçar, mas respira com dificuldade. A luz cintila e o vento frio geme. O Homem fica debruçado para fora. Por fim, ela diz para ele, com doçura.*) Volta pra cama. Vamos, volta pra cama, meu bem... (*Ele vira seu rosto perdido para ela enquanto –*)

A CORTINA CAI

Algo Não Dito
(1958)

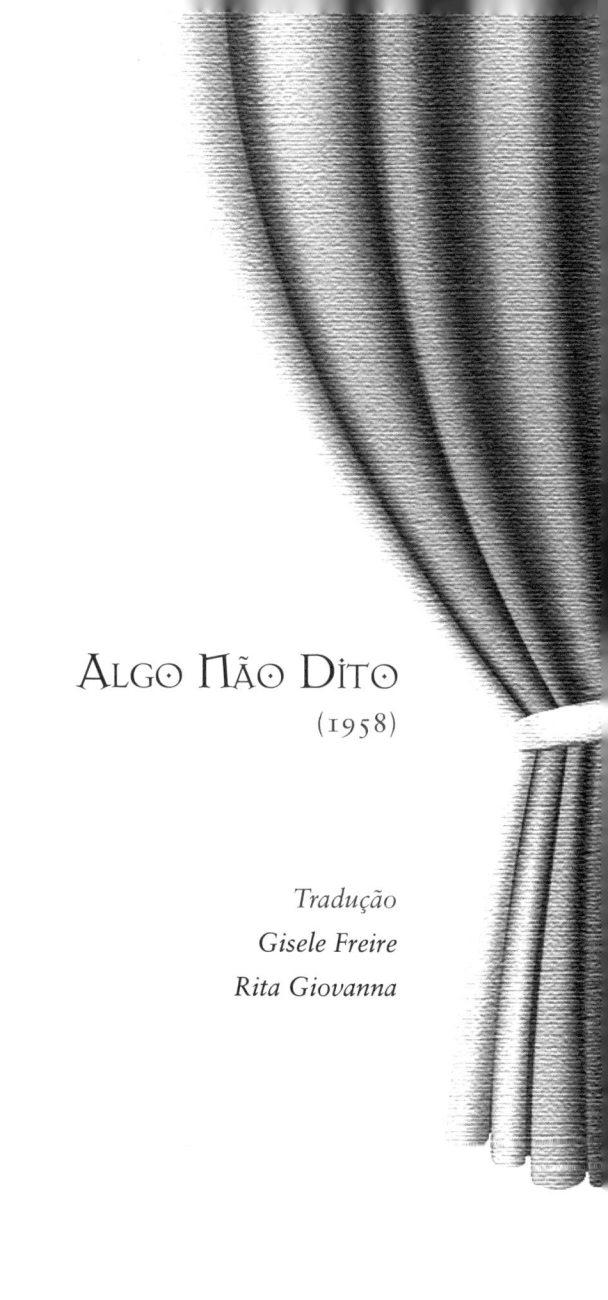

Tradução
Gisele Freire
Rita Giovanna

* *

PERSONAGENS

MISS CORNÉLIA SCOTT
MISS GRACE LANCASTER

* *

CENÁRIO

Miss Cornélia Scott, 60 anos, uma rica solteirona do Sul dos EUA, está sentada a uma mesinha de mogno posta para duas pessoas. Em frente ao lugar desocupado, há uma rosa solitária em um vaso de cristal. Ao lado de Miss Scott há um telefone, uma salva de prata para a correspondência e um bule de café de prata entalhada. Um toque imperial é dado por uma cortina de veludo púrpura localizada exatamente atrás de Miss Scott. Uma vitrola pode ser vista no limiar da área iluminada.

Quando sobe a cortina, ela está discando ao telefone.

* * *

CORNÉLIA: É da residência de Mrs. Horton Reid? Estou ligando em nome de Miss Cornélia Scott. Miss Scott lamenta, mas não poderá comparecer esta tarde ao encontro das Filhas da Confederação[1] porque acordou com dor de garganta e ficará de cama. Por obséquio, transmita à Miss Reid suas

---

[1] United Daughters of the Confederacy: organização sulista fundada em 1894 destinada a preservar a memória histórica do Sul dos Estados Unidos a partir de uma perspectiva identificada ao seu ponto de vista político e econômico. As associadas precisam ter no mínimo dezesseis anos e parentesco de sangue comprovado com homens e/ou mulheres que tenham servido à causa da Confederação ou que tenham prestado auxílio material à causa. Há divisões da UDC em todos os estados do Sul. A *homepage* é http://www.hqudc.org/about/index.html. A Confederação mencionada refere-se aos estados norte-americanos (Carolina do Sul, Mississipi, Flórida, Alabama, Georgia, Luisiânia, Texas, Virgínia, Arkansas, Tennessee e Carolina do Norte), que declararam a sua separação da União, dando origem à Guerra Civil ou Guerra de Secessão (1861 a 1865). (N. T.)

desculpas por não ter avisado antes. Obrigada. Ah, um momento! Acho que Miss Scott tem outro recado.

(*Grace Lancaster entra na área iluminada. Cornélia faz um gesto de advertência*).

– O que, Miss Scott? (*Breve pausa.*) Ah. Miss Scott pede que Miss Esmeralda Hawkins telefone para ela assim que chegar. Obrigada. Até logo. (*Ela desliga o telefone.*) Como vê, estou representando minha própria secretária esta manhã!

GRACE: Estava tão escuro que não acordei.

(*Grace Lancaster tem entre 40 e 45 anos, gasta, mas ainda bonita. Seus cabelos louros levemente grisalhos, seus olhos claros, sua figura frágil em um penhoar de seda cor-de-rosa dão a ela um aspecto imaterial, em forte contraste com a magnificência romana de Miss Scott. Há entre as duas uma tensão misteriosa, uma atmosfera de algo não dito.*)

CORNÉLIA: Já abri a correspondência.

GRACE: Algo interessante?

CORNÉLIA: Um cartão de Thelma Peterson, da Clínica Mayo.[2]

GRACE: Ah, como está Thelma?

---

[2] Clínica Mayo: clínica médica norte-americana que, dos anos de 1930 ao início dos anos de 1970, manteve uma ala onde eram realizadas lobotomias (cirurgias que consistem no seccionamento das fibras nervosas da região pré-frontal dos núcleos medianos do tálamo) como tratamento alternativo para casos de esquizofrenia e de depressão grave. No texto original da peça o termo usado pela personagem é apenas "... at Mayo's". Na tradução preferiu-se usar "Clínica Mayo" pelo fato de essa instituição não ser conhecida aqui. (N. T.)

CORNÉLIA: Ela diz que está se "recuperando bem", seja lá o que isso quer dizer!

GRACE: Tiraram alguma coisa dela?

CORNÉLIA: Várias coisas, eu acho.

GRACE: Aqui está a *Fortnightly Review of Current Letters*![3]

CORNÉLIA: Para meu grande espanto. Pensei que tivesse cancelado minha assinatura desta publicação.

GRACE: É mesmo, Cornélia?

CORNÉLIA: Claro que você lembra. Cancelei minha assinatura assim que saiu aquele ataque grosseiro ao meu primo, Cecil Tutwiler Bates, o único romancista digno que o Sul dos Estados Unidos gerou desde Thomas Nelson Page.

GRACE: Ah, é. Lembro muito bem. Você escreveu uma carta enfurecida de protesto para o editor da revista e recebeu uma resposta tão conciliatória de uma editora associada chamada Caroline Não Sei Das Quantas que ficou completamente derretida e cancelou o cancelamento!

CORNÉLIA: Nunca fiquei derretida com respostas conciliatórias. Nem completa, nem sequer parcialmente. E se escrevi para o editor-chefe e recebi uma resposta da editora associada, a minha reação àquela impertinência dificilmente seria o que você chama de "derretida".

---

[3] Literalmente a *Revista Quinzenal de Letras Contemporâneas*. (N. T.)

GRACE (*mudando de assunto*): Ah, aqui está o novo catálogo da *Gramophone*, de Atlanta!

CORNÉLIA (*concordando*): É, está aí.

GRACE: Vi que já marcou alguns itens.

CORNÉLIA: Acho que deveríamos aumentar nossa coleção de *Lieder*.[4]

GRACE: Você marcou um Sibelius[5] que nós já temos.

CORNÉLIA: Já está um pouco arranhado. (*Suspira profundamente e olha fixamente para o telefone silencioso.*) Você também pode perceber que marquei algumas seleções operísticas.

GRACE (*animada*): Onde? Quais? Não estou vendo!

CORNÉLIA: Por que tanto entusiasmo com este catálogo, querida?

GRACE: Adoro discos!

CORNÉLIA: Gostaria que os adorasse o suficiente para colocá-los de volta nos seus devidos lugares dentro das capas.

GRACE: Ah, o Vivaldi que nós queríamos!

CORNÉLIA: "Nós" não, querida. Só você.

---

[4] Em alemão *Lieder* é o plural de *Lied*, cujo significado é "canção". Os *Lieder* constituíam um gênero de canções do romantismo europeu compostas geralmente para voz e piano, com letras poéticas e dotadas de aspirações literárias. Os temas geralmente tratavam de cenas pastorais ou do amor romântico. (N. T.)

[5] Jean Sibelius (1865-1957), compositor finlandês ligado ao romantismo nacionalista e famoso por suas sinfonias. (N. T.)

GRACE: *Você* não, Cornélia?

CORNÉLIA: Acho Vivaldi uma pálida sombra de Bach.[6]

GRACE: Que estranho, eu tinha a impressão de que você – (*O telefone toca.*) – Devo atender?

CORNÉLIA: Se puder fazer essa gentileza.

GRACE (*atendendo*): Residência de Miss Scott! (*Isso é anunciado num tom de reverência, como se mencionasse um lugar sagrado.*) Ah, não, não, é a Grace, mas Cornélia está aqui ao meu lado. (*Passa o telefone.*) Esmeralda Hawkins.

CORNÉLIA (*severamente*): Estava esperando a ligação dela. (*Ao telefone.*) Alô, Esmeralda, minha querida. Estava esperando sua ligação. De onde você está ligando? É claro que eu sei que é da reunião. *Ça va sans dire, ma petite!*[7] Hah hah! Mas de qual telefone, porque existem dois: aquele do hall de entrada ou aquele no *boudoir*[8] das damas, onde elas

---

[6] A opinião de Cornélia alude, aqui, a uma antiga controvérsia: Bach (1685-1750) transpôs concertos para violino e outras composições de Vivaldi (1678-1741) para o piano, e ao fazê-lo mergulhou profundamente em recursos de composição anteriormente empregados pelo compositor veneziano. Até o século XIX o interesse suscitado pela obra de Vivaldi decorria quase que totalmente do fato de ela ter sido considerada um elemento integrante da formação de Bach, avaliação que só começaria a ser reavaliada a partir dos anos de 1920-1930. Karl Heller, *Antonio Vivaldi: The Red Priest of Venice*. Trad. David Marinelli. Portland, OR, Amadeus Press, 1997, p. 12. (N. T.)

[7] A expressão francesa utilizada por Cornélia refere-se a algo que é tido como óbvio, e significa, ao pé da letra, "não é preciso dizer". (N. T.)

[8] *Boudoir*: vestiário feminino, aposento ou quarto feminino. A expressão é usada em francês no original da peça. (N. T.)

provavelmente estarão tirando os casacos. Ah, no de baixo? Suponho que neste momento todas "As Filhas" já estejam reunidas. Agora suba e me ligue de lá para conversarmos com um pouco mais de privacidade, querida, já que eu quero deixar minha posição muito clara antes da reunião começar. Obrigada, querida.

(*Desliga o telefone e olha irritada para o nada.*)

GRACE: As – Filhas da Confederação?

CORNÉLIA: É! Hoje é o dia da Eleição Anual.

GRACE: Ah, que ótimo. Por que você não está na reunião?

CORNÉLIA: Preferi não ir.

GRACE: Você preferiu *não* ir?

CORNÉLIA: É, preferi não *ir*... (*Põe a mão no peito e respira ofegante, como se tivesse subido as escadas correndo.*)

GRACE: Mas é a eleição anual da diretoria!

CORNÉLIA: É! Foi o que eu disse. (*Grace deixa cair a colher. Cornélia grita em sobressalto.*)

GRACE: Mil desculpas! (*Toca o sino chamando a criada.*)

CORNÉLIA: Intrigas, intrigas e falsidade me revoltam tanto que eu seria incapaz de respirar o mesmo ar! (*Grace toca o sino mais alto.*) Por que você está tocando esse sino? Você sabe que a Lucinda não está!

GRACE: Mil desculpas. Onde a Lucinda foi?

CORNÉLIA (*sussurra, quase inaudível*): Há um grande funeral de gente de cor na cidade. (*Ela pigarreia alto e repete a frase.*)

GRACE: Ah, querida. Você está com aquela laringite nervosa.

CORNÉLIA: Não dormi, não dormi na noite passada.

(*O telefone toca ao seu lado. Ela grita e o afasta como se tivesse em chamas.*)

GRACE (*atende*): Residência de Miss Scott. Ah, um momento, por favor.

CORNÉLIA (*puxando o telefone*): Esmeralda, você já subiu?

GRACE (*num sussurro alto*): Não é Esmeralda, é Mrs. C. C. Bright!

CORNÉLIA: Um momento, um momento, um momento! (*Empurra o telefone para Grace com um olhar furioso.*) Como ousa me pôr na linha com esta mulher!

GRACE: Cornélia, eu não pus, eu só ia perguntar se você –

CORNÉLIA: *Cale-se!* (*Ela se afasta da mesa, encarando-a.*) – Agora me passe o telefone. (*Ela atende com frieza.*) Em que posso ser útil? Não. Infelizmente não poderei abrir meu jardim à visitação nesta primavera. Considero a jardinagem um passatempo estético e não um esporte competitivo. Visitas individuais serão bem-vindas se marcadas com antecedência porque, assim, poderei pedir ao meu jardineiro que lhes mostre o jardim, mas não Peregrinos[9] em bando, não depois

---

[9] A palavra "Pilgrims", utilizada no original pela personagem, é empregada aqui em sentido metafórico, referindo-se não aos colonizadores puritanos da região

da devastação que o meu jardim sofreu na última primavera – Peregrinos chegando com cachorros – colhendo flores e – Você será muito bem-vinda, sim, até logo! (*Ela devolve o telefone para Grace.*)

GRACE: A eleição teria sido menos desgastante se tivesse ido, Cornélia.

CORNÉLIA: Não sei do que você está falando.

GRACE: Você não é candidata a um cargo?

CORNÉLIA: "Candidata a um cargo?" O que significa "candidata a um cargo"?

GRACE: Ora essa, ah ah – *concorrendo* a – alguma coisa?

CORNÉLIA: Você já me viu *"concorrer"* a qualquer coisa, Grace? Sempre que ocupei um cargo em uma sociedade ou clube, foi pela *insistência* dos outros membros, porque eu, realmente, tenho aversão a cargos. Mas isso é diferente, completamente diferente. É como se fosse um teste. Sabe, há algum tempo eu sei que há uma panelinha, *um complô*, entre as Filhas contra mim!

GRACE: Ah, Cornélia, tenho certeza que você está enganada.

CORNÉLIA: Não. Há um movimento contra mim.

GRACE: Um movimento? Um movimento contra você?

Nordeste dos Estados Unidos, mas aos grupos numerosos de turistas e de visitantes aos quais, habitualmente na primavera, ela permitia visitar os jardins de sua mansão. (N. T.)

CORNÉLIA: Um movimento organizado para me manter longe de qualquer cargo importante.

GRACE: Mas você sempre não ocupou um cargo importante no Conselho?

CORNÉLIA: Nunca fui *presidente*.

GRACE: Ah, você quer ser *presidente*?

CORNÉLIA: Não, você não me entendeu. Não "*quero*" ser presidente.

GRACE: Ah?

CORNÉLIA: Não "*quero*" ser absolutamente nada. Só quero acabar com esse movimento contra mim e foi por isso que reuni todas as minhas forças.

GRACE: Suas – *forças*? (*Seus lábios tremem ligeiramente como se tivesse um impulso histérico de rir.*)

CORNÉLIA: É. Ainda tenho alguns amigos no Conselho que resistiram ao movimento.

GRACE: Hamm?

CORNÉLIA: Tenho um sólido apoio de todos os antigos membros da Diretoria.

GRACE: Então devo concluir que você não tem nada com o que se preocupar!

CORNÉLIA: O Conselho cresceu muito rápido nos últimos tempos. Foram admitidas mulheres que não poderiam nem estar sentadas na primeira fila da Segunda Igreja Batista![10] Essa é a triste verdade...

GRACE: Mas já que essa é uma sociedade patriótica de verdade...

CORNÉLIA: Querida Grace, há duas alas das Filhas da Confederação na cidade de Meridian. A ala Forrest, que é para gentinha, e *esta para qual é suposto* ter-se *um pouco* de *distinção*! Eu não sou esnobe. Sou muito democrática. Você sabe *disso*! Mas – (*O telefone toca. Cornélia vai até ele e o empurra para Grace.*)

GRACE: Residência da Miss Scott. Ah, sim, sim, só um momento! (*Passa o telefone para Cornélia.*) Esmeralda Hawkins.

CORNÉLIA (*ao telefone*): Você está em cima agora, querida? Imaginei, você demorou tanto para retornar a ligação. Ah, mas pensei que tivesse dito que o almoço havia acabado. Bem, estou feliz que tenha reposto suas energias se alimentando um pouco. De que consistiu o buffet? Frango *à la king*! Era de se esperar. Típico da pobre Amélia! Com pedaços de pimentão e champignon? E que fizeram as que vivem de dieta? Beliscaram a beira dos pratos? Ah, pobrezinhas! – e depois suponho que serviram pavê de limão siciliano com biscoito champanhe? O quê? Pavê de limão galego! E *sem* biscoito champanhe? *Que deslize! Que sacrilégio!* Estou atônita. Ha, Ha, Ha... (*Pega a xícara se*

---

[10] O comentário feito por Cornélia tem caráter preconceituoso e associa-se ao fato de a Igreja Batista congregar um número elevado de fiéis das classes trabalhadoras, brancos e negros. (N. T.)

sacudindo.) E agora, o que está acontecendo? Discutindo o Programa de Direitos Civis? Então não votarão, pelo menos, por mais meia hora! – Agora, Esmeralda, *espero que entenda minha posição com clareza*. Não quero assumir nenhum cargo no Conselho, a menos que seja por aclamação. Você sabe o que isso quer dizer? É um termo parlamentar. Quando alguém é escolhido para um cargo por unanimidade não há necessidade de votação. Em outras palavras, automaticamente eleita por indicação sem oposição. É, minha querida, simples assim. Fui três vezes tesoureira, duas vezes secretária, e uma vez a responsável pelas orações – e que trabalho monótono, aquelas longas preces pelos Confederados Mortos![11] – No total faz, deixe ver, quatorze anos que sirvo ao Conselho! – Minha querida, a questão é simplesmente essa, se As Filhas acreditam que demonstrei capacidade e lealdade suficientes para ser nomeada como presidente, sem a necessidade de voto – por aclamação unânime! – então, com certeza, serei obrigada a aceitar... (*Com voz trêmula de emoção.*) – Mas se por outro lado, essa – hã – *panelinha!* – você sabe a quem me refiro! – tiver a audácia suficiente para propor outra pessoa para o cargo – Você entende a minha posição? Neste caso, por mais difícil que pareça, – prefiro sair de cena completamente! – No instante em que outra indicação for

---

[11] Soldados Confederados: aqueles que lutaram na Guerra Civil Americana, Guerra de Secessão (1861-1865), a favor dos onze Estados Confederados do Sul dos Estados Unidos – latifundiários aristocratas –, pela continuação da escravatura. Lutaram contra os estados do Norte industrializado, que eram a favor da abolição da escravidão, já que esta não tinha tanto peso econômico para eles. (N. T.)

feita e apoiada, a minha deve ser retirada de uma vez, incondicionalmente! Ficou bem claro Esmeralda? Ótimo! Agora desça de volta para a reunião. Boa digestão do seu frango *à la king*, minha querida, e me ligue novamente do telefone de cima assim que tiver alguma novidade. (*Desliga o telefone e olha tristemente para o vazio. Grace espeta um gomo de grapefruit com um garfo de prata.*)

GRACE: Ainda não começou?

CORNÉLIA: Começou o quê, querida?

GRACE: A eleição!

CORNÉLIA: Ainda não. Mas parece estar – na eminência, embora...

GRACE: Cornélia, por que você não pensa em outra coisa até isto acabar?

CORNÉLIA: O que a faz pensar que estou nervosa por causa disso?

GRACE: Você está – você está *ofegante*!

CORNÉLIA: Não dormi bem a noite passada. Você ficou perambulando pela casa com aquela sua fisgada no lado.

GRACE: Mil perdões, você sabe que não é nada, é uma contração muscular de tensão.

CORNÉLIA: Qual a origem dessa tensão, Grace?

GRACE: Dessa tensão? (*Solta um riso tímido e perplexo.*) Ah! – Não sei...

CORNÉLIA: Tensão *de quê?*– Você gostaria que *eu* dissesse?

GRACE: Com licença, eu – (*levanta-se*)

CORNÉLIA (*cortante*): Aonde você vai?

GRACE: Vou lá em cima um instante! Acabei de me lembrar que preciso tomar minhas gotas de beladona!

CORNÉLIA: Não faz bem *depois* de comer.

GRACE: Tem razão, não faz.

CORNÉLIA: Mas você quer escapar?

GRACE: Claro que não...

CORNÉLIA: Ultimamente você tem fugido de mim como se eu te ameaçasse com uma faca.

GRACE: Cornélia! – Eu ando – sobressaltada!

CORNÉLIA: Sempre quando algo é quase – *dito* – entre nós!

GRACE: Detesto ver você tão agitada por causa do resultado de uma eleição boba de um clube feminino!

CORNÉLIA: Não estou falando das Filhas. Não estou sequer pensando nelas, eu estou –

GRACE: Gostaria que tirasse isso da cabeça. Agora seria um ótimo momento para ouvirmos alguns discos. Deixe-me colocar uma sinfonia na vitrola!

CORNÉLIA: Não.

GRACE: Que tal Bach para Piano e Cordas?! Aquele que ganhamos no Natal de Jessie e Gay?

CORNÉLIA: Não, eu disse, Não, eu disse, Não!

GRACE: Algo bem leve e calmo então. Velhos madrigais franceses, talvez?

CORNÉLIA: Qualquer coisa para evitar uma palavra entre nós? Qualquer coisa para fugir de uma conversa, especialmente quando a criada não está em casa?

GRACE: Ah, aqui está! É este mesmo! (*Ela coloca o disco na vitrola. Landowska[12] tocando uma seleção de peças musicais para cravo. A vitrola está no limiar da área iluminada ou quase fora.*)

(*Cornélia encara severamente Grace que retorna à sua cadeira com afetado encantamento, entrelaçando as mãos e fechando os olhos.*)

GRACE (*com voz de deleite*): Ah, como isso suaviza as coisas, como é doce, delicado e – puro...

CORNÉLIA: É! E completamente desonesto.

GRACE: Música? Desonesta?

CORNÉLIA: Completamente! "Suaviza as coisas" ao invés de – falar abertamente sobre elas...

---

[12] Wanda Landowska (Varsóvia, 5 de julho de 1879 – Lakeville, 16 de agosto de 1959): musicista, musicóloga e cravista polaca cujas apresentações, ensino, gravações e escritos desempenharam um papel importante na retomada do interesse pelo instrumento no início do século XX. Foi a primeira a gravar ao cravo (1931) as "Variações Goldberg" de Bach. (N. T.)

GRACE: "A música tem encantos que acalmam o coração selvagem."[13]

CORNÉLIA: Ah sim, se o coração selvagem permitir.

GRACE: Ah, sublime – sublime...

CORNÉLIA (*com má vontade*): Landowska é uma artista de rara precisão.

GRACE (*extasiada*): Um rosto tão nobre, um perfil tão fino e forte quanto o de Edith Sitwell. Depois disso ouviremos *Façade*,[14] de Edith Stiwell:[15] "Jane, Jane, alta como uma grua, volta a ranger à luz da manhã..."

CORNÉLIA: Minha querida, será que não deixou de notar algo?

GRACE: Onde?

CORNÉLIA: Bem embaixo do seu nariz.

---

[13] No original: "Music hath charms to soothe the savage breast": a música tem encantos que acalmam o coração selvagem. A expressão foi criada por William Congreve (1670-1729), dramaturgo e poeta inglês, na tragédia *The Mourning Bride* [A Noiva Enlutada], de 1697: "Musick has Charms to sooth a savage Breast, To soften Rocks, or bend a knotted Oak". (N. T.)

[14] *Façade*: Série de poemas da poetisa inglesa Edith Sitwell (1887-1964), publicada em livro e em áudio. O título *Façade* vem do fato de um pintor ter afirmado que Edith Sitwell "até podia ser muito esperta, mas não passava de uma fachada!". (N. T.).

[15] Edith Sitwell tinha ascendência aristocrática, tinha 1,83 m de altura, era desengonçada e excêntrica por natureza, e usava um turbante já então fora da moda. Depois de uma infância infeliz, marcada por uma relação difícil com os pais, achou por bem entreter-se escandalizando a classe média inglesa. Foi atacada de todas as formas, o que deu origem a frequentes e ácidas trocas de insultos. No original: "Jane, Jane, tall as a crane, the morning light creaks down again". (N. T.)

GRACE: Ah! Refere-se à minha flor!

CORNÉLIA: É! Refiro-me à sua rosa!

GRACE: Claro que notei a minha rosa, eu a vi assim que entrei na sala.

CORNÉLIA: Você não fez nenhuma alusão a ela.

GRACE: Eu teria feito, mas você estava tão preocupada com a reunião.

CORNÉLIA: Eu não estou preocupada com a reunião.

GRACE: A quem devo agradecer esta adorável rosa? À minha generosa patroa?

CORNÉLIA: Você encontrará mais quatorze na sua escrivaninha na biblioteca quando for cuidar da correspondência.

GRACE: Mais quatorze rosas?

CORNÉLIA: Um total de quinze!

GRACE: Maravilhoso! – Por que quinze?

CORNÉLIA: Há quanto tempo você está aqui, querida? Há quantos anos você faz desta casa uma casa de rosas?

GRACE: Que jeito lindo de falar. Ah, claro. Sou sua secretária há quinze anos.

CORNÉLIA: Há quinze anos minha companheira! Uma rosa para cada ano, um ano para cada rosa!

GRACE: Que jeito encantador de se – referir à – ocasião...

CORNÉLIA: Primeiro pensei "pérolas", depois pensei, Não, rosas. Mas talvez eu devesse ter dado algo de ouro, ha, ha! – O silêncio vale ouro, dizem!

GRACE: Ah, querida. Aquela vitrola idiota está tocando o mesmo disco de novo!

CORNÉLIA: Deixe, deixe. Eu gosto!

GRACE: Apenas me deixe –

CORNÉLIA: Sente-se!! – Fez quinze anos esta manhã, em seis de novembro, que alguém muito doce, suave e silenciosa! – Uma viuvinha, tímida e quieta! – chegou à Edgewater Drive, número 7, pela primeira vez. Era outono. Eu estava podando folhas secas das roseiras para protegê-las da geada, quando escutei passos no cascalho – Passos leves, rápidos, delicados, como a Primavera chegando no meio do Outono, e quando levantei os olhos, constatei, era a Primavera! Uma figurinha tão magra que a luz brilhava através dela, como se fosse feita da seda de uma sombrinha branca. (*Grace dá um risinho espantado. Cornélia magoada, com rispidez.*) Por que você riu? Por que riu assim?

GRACE: Soou – ha ha! – soou como o primeiro parágrafo de um conto de revista feminina.

CORNÉLIA: Que comentário sarcástico.

GRACE: Eu não disse nesse sentido, eu –

CORNÉLIA: Que outro sentido poderia ter?

GRACE: Cornélia, você não sabe como eu sou? Eu sempre fico meio encabulada com emoções.

CORNÉLIA: Fica apavorada por qualquer coisa que denuncie sentimentos.

GRACE: Quem não te conhece bem, aliás, quase todos que conhecemos, ficaria espantado ao ouvir, Cornélia Scott, esta digna e respeitável senhora, se expressando de maneira tão lírica!

CORNÉLIA: Ninguém me conhece bem! Acho que nem *você*!

GRACE: Cornélia, você tem que admitir que sentimentos não são do seu feitio.

CORNÉLIA: *Nada é do meu feitio além do silêncio? (Ouve-se o tique-taque do relógio nitidamente.) Estou condenada ao silêncio por toda a vida?*

GRACE: Só não é do seu feitio –

CORNÉLIA: Não é do meu feitio, não é do meu feitio, e o que você sabe sobre o que é ou não do meu feitio?

GRACE: Pode negar, Cornélia, o quanto quiser, mas é evidente que você está completamente descontrolada de ansiedade com as eleições das Filhas da Confederação!

CORNÉLIA: Mais um insulto velado?

GRACE: Ah, Cornélia, por favor!

CORNÉLIA (*imitando os gestos de Grace*): "Ah, Cornélia, por favor!!"

GRACE: Se disse algo errado, por favor, me perdoe, peço as mais humildes desculpas.

CORNÉLIA: Não quero suas desculpas. (*Há um silêncio constrangedor. Ouve-se o tique-taque do relógio. De repente Grace estende-se para tocar a mão de Miss Scott adornada de veias e joias. Cornélia retira rapidamente a mão como se o toque a tivesse queimado.*)

GRACE: Obrigada pelas rosas.

CORNÉLIA: Também não quero seu agradecimento. Tudo o que eu quero é um pouco de retribuição ao meu afeto; não muito, só um pouco de vez em quando!

GRACE: Você sempre tem, Cornélia.

CORNÉLIA: E mais uma coisa: um pouco de franqueza, também.

GRACE: Franqueza?

CORNÉLIA: É, franqueza, se não é pedir demais a uma mocinha tão orgulhosa!

GRACE (*levantando da mesa*): Não sou orgulhosa e nem mocinha, Cornélia.

CORNÉLIA: Sente-se. Não saia desta mesa.

GRACE: Isto é uma ordem?

CORNÉLIA: Não dou ordens a você, eu peço.

GRACE: Às vezes os pedidos de uma patroa são difíceis de distinguir de ordens. (*Ela senta-se.*)

CORNÉLIA: Por favor, desligue a vitrola. (*Grace se levanta e desliga a vitrola.*) Grace! – Você não sente que há – *algo não dito* entre nós?

GRACE: Não, não, não sinto.

CORNÉLIA: Eu sinto. Sinto que há muito tempo há algo não dito entre nós.

GRACE: Você não acha que há sempre algo não dito entre duas pessoas?

CORNÉLIA: Não vejo motivo para isso.

GRACE: Mas não existem muitas coisas sem motivo?

CORNÉLIA: Não vamos transformar isso numa discussão metafísica.

GRACE: Tudo bem. Mas você me mistifica.

CORNÉLIA: É muito simples. Eu apenas sinto que há algo não dito entre nós que precisa ser dito... Por que você está me olhando assim?

GRACE: Como eu estou olhando para você?

CORNÉLIA: Com terror evidente.

GRACE: Cornélia!

CORNÉLIA: Está sim, está sim, mas eu não vou me calar!

GRACE: Vá em frente, continue, por favor!

CORNÉLIA: Vou continuar – Eu vou, vou, eu – (*O telefone toca e Grace vai atender.*) Não, não, não, deixe tocar! (*O telefone continua tocando.*) Tire do gancho!

GRACE: Eu só vou –

CORNÉLIA: Eu disse fora do gancho! (*Grace tira o telefone do gancho. Uma voz diz: "Alô? Alô? Alô? Alô?"*)

GRACE (*soluçante*): Não aguento mais!

CORNÉLIA: FIQUE QUIETA! *Alguém pode escutar você!*

VOZ: Alô? Alô? Cornélia? Cornélia Scott? (*Cornélia bate o fone no gancho.*)

CORNÉLIA: Agora pare com isso, pare com esse truquinho feminino idiota.

GRACE: Você diz que há algo não dito. Talvez haja, eu não sei. Mas sei que há coisas que é melhor não serem ditas. Também sei que quando o silêncio entre duas pessoas se mantém por muito tempo é como se houvesse um muro impenetrável entre elas! Talvez haja este muro entre nós, um muro impenetrável. Ou talvez *você* possa quebrá-lo. Eu sei que eu não posso, não posso sequer tentar. Você é a forte de nós duas, e com certeza sabe disso. – Nós duas estamos ficando grisalhas! – Mas não do mesmo grisalho. Nessa roupa de veludo você parece o imperador Tibérius! – Em sua toga imperial! – Seu cabelo e seus olhos têm a cor do ferro, ferro cinza! Parece invencível! As pessoas próximas, de alguma forma – temem você. Sentem a sua força e a admiram por isso. Querem saber sua opinião sobre isso ou aquilo. Quais as boas peças da Broadway nesta temporada, quais livros valem a pena ser lidos e quais são um lixo – e quais discos que prestam e – qual é a opinião adequada sobre os – projetos de lei no

Congresso! – Ah, você é uma fonte de sabedoria! – E, além disso, você tem a sua – *riqueza!* É, você tem a sua – *fortuna!* – Todos os seus imóveis, suas ações nominais e ao portador, sua – mansão na Edgewater Drive, sua – secretariazinha – tímida, seus – jardins suntuosos nos quais os Peregrinos não podem entrar...

CORNÉLIA: Ah, isso, agora você está falando, finalmente você está falando! Por favor, continue. Continue falando.

GRACE: Eu sou – muito – diferente! – Estou ficando grisalha também, mas de um grisalho diferente. Não de ferro como o seu, nem imperial, Cornélia, mas cinza, é, cinza, da – cor de uma... *teia de aranha...* (*Ela põe o disco de novo, bem baixinho.*) – Um branco maculado, cinza de esquecimento. (*O telefone toca novamente. Nenhuma das duas parece notar.*) – E, sendo assim, sendo essa a diferença entre a natureza dos nossos grisalhos, o seu e o meu – Você não pode esperar que eu dê respostas claras a perguntas que fazem a casa tremer em silêncio! Falar de coisas que não são ditas há quinze anos! – Esse longo tempo pode transformar o silêncio num muro que somente dinamite poderia derrubar e – (*Ela pega o fone.*) Não sou tão forte, tão corajosa, eu não sou –

CORNÉLIA (*com ferocidade*): Você está falando ao telefone!

GRACE (*ao telefone*): Alô? Ah, sim, ela está. É Esmeralda Hawkins. (*Cornélia agarra o telefone.*)

CORNÉLIA: O que Esmeralda? O que você está dizendo? A sala está cheia de mulheres? Que balbúrdia! O que é que você está tentando me dizer? Elas já votaram? O que, o que, o quê? Isto é enlouquecedor! Não ouço uma palavra do que você diz, parece Quatro de Julho,[16] uma grande celebração! Ha, ha, agora tente de novo, com a boca mais perto do fone! O que, o quê? Se eu estaria disposta a quê? Você não pode estar falando sério! Você perdeu a cabeça? (*Fala à Grace com voz de pânico.*) Ela quer saber se eu aceitaria a *vice-presidência*! (*ao telefone*) Esmeralda, quer me ouvir? O que está acontecendo? Houve alguma nova desistência? Como vão as coisas? Por que você me ligou antes da votação acabar? Mais alto, por favor, fale mais alto e tampe o fone com a mão no caso delas estarem escutando. Quem perguntou se eu aceitaria a vice-presidência, querida? Ah, a Mrs. Colby, claro! – aquela bruxa traiçoeira! *Esmeralda!!* Escute! EU – NÃO ACEITAREI – NENHUM CARGO – EXCETO – O MAIS ALTO! Entendeu? EU – NÃO ACEITAREI NENHUM CARGO A NÃO SER – *ESMERALDA!* (*Deixa o fone cair no gancho.*)

GRACE: Elas já votaram?

CORNÉLIA (*atordoada*): O quê? – Não, estão em recesso de cinco minutos antes de a eleição começar...

GRACE: As coisas não estão indo bem?

CORNÉLIA: "Você aceitaria a vice-presidencia...", ela me perguntou, "... se por alguma razão elas não te elegerem

---

[16] Feriado da Independência dos Estados Unidos. (N. T.)

presidente?" – Aí ela desligou como se alguém tivesse arrancado o telefone dela ou se a casa tivesse – pegado fogo!

GRACE: Você gritou, então acho que ela deve ter ficado assustada.

CORNÉLIA: Em quem se pode confiar neste mundo, com quem se pode contar?

GRACE: Acho que talvez você devesse ter ido à reunião.

CORNÉLIA: Acho que não ter ido é muito mais significativo.

GRACE (*levantando-se novamente*): Se me der licença agora?

CORNÉLIA: Não! Fique aqui!

GRACE: Se isso for só um pedido, eu –

CORNÉLIA: É uma ordem! (*Grace senta-se e fecha os olhos.*) Quando você veio a esta casa pela primeira vez – você sabia que eu não a esperava?

GRACE: Ah, mas Cornélia, você tinha me convidado.

CORNÉLIA: Nós mal nos conhecíamos.

GRACE: Nós tínhamos nos conhecido no verão anterior, quando Ralf estava...

CORNÉLIA: Vivo! É, nós nos conhecemos em Sewanee,[17] onde ele ministrava um curso de verão.

---

[17] Sewanee é o nome de uma cidade no Tennessee. Há também a Universidade, cujo endereço é Sewanee: The University of the South – 735 University Avenue, Sewanee, TN. (N. T.).

GRACE: Ele já estava doente.

CORNÉLIA: Eu pensei: É uma pena que aquela menina adorável, delicada, não tenha encontrado alguém que pudesse apoiá-la, que pudesse protegê-la! Dois meses depois eu soube por meio de Clarabelle Drake que ele havia morrido...

GRACE: Você me escreveu uma carta tão doce dizendo que estava muito sozinha desde a perda da sua mãe, insistindo que eu ficasse aqui até passar o choque. Você parecia entender o quão desesperada eu estava para me afastar, por um tempo – de vínculos antigos. Hesitei em vir. E não vim até você me escrever uma segunda carta...

CORNÉLIA: Depois de receber as suas. Você desejava a minha insistência.

GRACE: Eu queria ter certeza que era realmente desejada! Eu vim com a intenção de ficar algumas semanas. Estava com tanto medo de ficar mais tempo que o desejado!

CORNÉLIA: Como você foi cega em não ver o quão desesperadamente eu queria mantê-la aqui para sempre!

GRACE: Ah, eu vi que você – (*O telefone toca.*) Residência de Miss Scott! – Sim, ela está.

CORNÉLIA (*pegando finalmente o telefone*): Cornélia Scott! Ah, é você Esmeralda! Então, como foi? *Não acredito! Eu simplesmente não acredito...* (*Grace senta-se silenciosa.*) – MRS. HORNSBY ELEITA? É o que chamo de azarão! Menos de um ano no conselho... Você – propôs – *meu nome?* – Ah, entendi! Mas eu disse para você retirá-lo se – Não, não, não, não explique, não importa, já ouvi demais. Sabe que estou me filiando às Filhas dos Barões de Runymede! Sim, está tudo acertado, sou descendente direta do Conde de – Não, uma linhagem direta está comprovada, então é claro que eu também me qualifico para as Damas Coloniais e para a Sociedade Huguenote. E com todas as minhas outras atividades e tudo mais, ora, eu *jamais* poderia ter aceitado o cargo – mesmo se – *elas quisessem...* É claro que eu vou me demitir do conselho local! Ah se vou! Minha secretária está sentada bem aqui ao meu lado. Com papel e lápis na mão! Vou ditar minha carta de demissão do conselho local assim que desligar. Ah, não, não, não, não estou zangada, nem me sinto insultada, de maneira alguma. Só estou me divertindo – ha ha! – um pouco... *MRS. HORNSBY?* Nada triunfa como a mediocridade, não é? Obrigada e até logo, Esmeralda. (*Desliga o telefone, atordoada. Grace levanta-se.*)

GRACE: Papel e lápis?

CORNÉLIA: É, papel e lápis... Eu tenho que – ditar uma carta... (*Grace sai da mesa. Quando está quase fora da área iluminada, vira-se e olha para os ombros rígidos de Cornélia e um ligeiro sorriso, nem mal-intencionado e nem complacente, aparece no seu rosto. Então ela sai da área iluminada. Um momento depois se ouve sua voz vinda do escuro.*)

GRACE: *Que rosas lindas! Uma para cada ano!*

CORTINA

DADOS INTERNACIONAIS DE CATALOGAÇÃO NA PUBLICAÇÃO (CIP)
(CÂMARA BRASILEIRA DO LIVRO, SP, BRASIL)

Williams, Tennessee, 1911-1983.
  27 carros de algodão e outras peças em um ato / Tennessee Williams; tradução Grupo Tapa. – São Paulo: É Realizações, 2012. – (Biblioteca Teatral. Coleção dramaturgia)

  Título original: 27 wagons full of cotton, and other one-act plays.
  ISBN 978-85-8033-067-0

  1. Teatro norte-americano I. Título. II. Série.

12-15588   CDD-812

ÍNDICES PARA CATÁLOGO SISTEMÁTICO:
1. Teatro : Literatura norte-americana   812

Este livro foi impresso pela Prol Editora Gráfica para É Realizações, em outubro de 2012. Os tipos usados são da família Sabon Lt Std e Dark11. O papel do miolo é pólen bold 90g, e o da capa, cartão supremo 300g.